本书受浙江省教育厅 "十四五"第二批本科省级教学改革备案项目（项目编号：JGBA2024731）、上海财经大学浙江学院发展基金项目"银行业开放问题研究"（项目编号：2023FZJJ02）资助。

外商投资法视角下中国银行业的开放问题研究

WAISHANG TOUZIFA
SHIJIAO XIA ZHONGGUO YINHANGYE DE
KAIFANG WENTI YANJIU

赵竞竞 著

西南财经大学出版社

中国·成都

图书在版编目(CIP)数据

外商投资法视角下中国银行业的开放问题研究/赵竞竞著.--成都:西南财经大学出版社,2025.3. --ISBN 978-7-5504-6531-2

Ⅰ. F832

中国国家版本馆 CIP 数据核字第 2025BP0807 号

外商投资法视角下中国银行业的开放问题研究

WAISHANG TOUZIFA SHIJIAO XIA ZHONGGUO YINHANGYE DE KAIFANG WENTI YANJIU

赵竞竞　著

策划编辑:何春梅
责任编辑:周晓琬
责任校对:邓嘉玲
封面设计:墨创文化
责任印制:朱曼丽

出版发行	西南财经大学出版社(四川省成都市光华村街 55 号)
网　　址	http://cbs.swufe.edu.cn
电子邮件	bookcj@swufe.edu.cn
邮政编码	610074
电　　话	028-87353785
照　　排	四川胜翔数码印务设计有限公司
印　　刷	四川五洲彩印有限责任公司
成品尺寸	170 mm×240 mm
印　　张	18
字　　数	329 千字
版　　次	2025 年 3 月第 1 版
印　　次	2025 年 3 月第 1 次印刷
书　　号	ISBN 978-7-5504-6531-2
定　　价	88.00 元

前言

　　外商投资法改革是近年来我国对外开放制度改革最重要的内容之一，在改革进程的不断推进之下，我国已初步建立起全新的外商投资法律格局，此前许多涉及外资领域的制度与监管体系也面临全面调整的现实需求。自2013年我国设立上海自由贸易试验区作为金融开放试验田后，银行业对外开放以及配套制度的完善，也开始成为当前的一项首要任务。本书立足于这两项制度改革趋势的现实碰撞，以《中华人民共和国外商投资法》及其配套制度建立起来的全新外商投资法律格局为视角，对我国银行业开放制度建设进行系统、深入的分析和研究。

　　伴随着外商投资法的全面改革，我国全新的外商投资法体系在四个维度上对银行业开放提出了更高的制度要求，这四个维度分别是银行业开放的外资准入、银行业开放的监管模式、银行业开放的竞争机制以及银行业开放的安全审查机制。本书将围绕这四个维度对银行业相关制度的改革与完善问题进行讨论。鉴于2019年之后的数据无法有效地衔接，因而本书中采用数据时间多截至2019年。

　　首先是外资银行的准入机制建设问题。随着经济全球化与投资自由化的不断发展，一方面，投资与投资者的含义被扩大化，国民待遇和最惠国待遇在制度层面上，由营运阶段延伸适用于准入阶段；另一方面，外资与东道国在市场准入方面的利益摩擦愈发激烈，国际投资保护主义有复起的苗头——隐性的外资准入门槛开始以全新的面貌出现。近年来我国在投资领域的身份转化——逐步由资本输入国转化为资本输出国

——决定了我国在外资准入制度建设方面需要考虑的问题更加复杂。此外，银行不同于其他企业，其负债经营的模式具有一贯的高风险性，且对整个社会而言又存在极强的渗透性和扩散性，与社会各阶层、国民经济各部门都有着紧密的联系。可以说，银行业的稳定是一国金融主权之命脉，因此，要不要照搬其他行业的外资准入经验——对一国银行业的外资准入概括地采取更为宽松的国民待遇，实在是一国制定银行业外资准入标准时不得不深思熟虑的问题。

其次是银行业开放的监管模式改革问题。从20世纪80年代以来各国银行金融市场开放实践的效果来看，同样的开放政策可能引致完全不同的开放结果，对于一国银行业开放是否有益这个问题，并不存在唯一答案，影响一国银行市场在开放后是否稳健的因素可能是准入制度，也可能是配套监管模式。自初次在上海自由贸易试验区试点以来，负面清单对我国银行业开放发挥的影响已不再局限于具体制度和清单内容的调整，更多还体现在对政府转变管理职能提出的全新要求——以更开放、透明和规范的治理模式来调整市场关系。在新时期的特殊要求下，有必要对既有的负面清单管理模式进行更为细致、深入的梳理与构建。

再次是开放后的竞争机制完善问题。开放意味着更多的市场竞争在所难免，因而竞争制度的健全也是投资法视角下银行业开放的重要命题。考虑到我国以公有制为主体的市场结构，国企作为国民经济的重要组成部分，发挥关键性作用。而这恰恰要求我国在构建银行业开放市场竞争制度时，应特别谨慎对待美国等西方国家近年来倡导的国际投资原则——竞争中性原则①。尽管该原则最初设置的目的是通过消除国有企

---

① 竞争中性（或竞争中立）原则最早由澳大利亚联邦政府提出并确立，其在《联邦竞争中立政策声明》中的规定为矫正国有企业扭曲的竞争优势提供了依据。经济合作与发展组织于2004年首次就国家对市场的作用和国企优势造成的竞争扭曲进行了深入讨论，并于2011年发布研究报告，确立了竞争中性的框架和运行方式。该报告除了对竞争中性的概念以及如何系统审查竞争状况等做出了明确规定，也为有效、合理地限制国有企业的竞争优势提供了可行方案。竞争中性原则已获得了多项多边投资协定的积极响应，并逐渐发展为一项国际性规范政策。

业因政府所有权带来的竞争优势来营造国企和私营企间的公平竞争环境，然而复杂的国际实践已然赋予其更多更广泛的制度内涵。盲目接纳吸收这一原则，将有极大可能使我国国有商业银行在今后的国际竞争关系中遭遇实质性歧视。要应对竞争中性原则带来的外部挑战，我国应当紧抓开放机遇，完善银行业竞争机制，对内促进市场资源配置的公平化、效率化，对外不断加强我国参与竞争规则制定和价值重塑的话语权。

最后是银行业开放过程中的金融安全审查机制建设问题。无论程度如何，银行业开放之于一国的底线是安全。从国际银行业开放的经验教训中可以看到，在缺少金融安全制度的情况下贸然开放银行市场，即使拥有健全的准入、监管和竞争制度，也未必能够保障市场运行的稳健。作为投资法领域的"安全阀"，国家金融安全审查制度的建立健全，在银行业开放进程中不可或缺。而要加强该制度建设，我国还应在立法中明确国家金融安全审查的地位；细化金融安全审查的对象；完善金融安全审查的标准；明确审查机构，并进一步完善权限配置；建立健全金融安全审查监督机制。

本书聚焦于外商投资法改革在银行业开放进程中的最终落实效果，从准入制度、监管模式、竞争原则、安全审查制度四个法律维度探讨如何构建一整套安全、高效的银行业投资开放制度体系。

赵竞竞

2024 年 9 月

目录

绪　论

一、研究背景和研究意义

（一）基于外国投资法发展完善的现实需要

随着经济全球化与投资自由化的不断发展，国界已经不再是国际投资的必然障碍。而就目前的趋势情况来看，在这一过程中，投资与投资者的含义被扩大化，国民待遇和最惠国待遇从营运阶段延伸适用于准入阶段。鉴于目前越来越多的国家已经开始意识并重视外资在经济发展中发挥的重要作用，对外资的法律保护也随之增强和完善。① 因而禁止东道国对外资施加业绩要求的范围也渐趋扩大。在这种扩大开放的总体趋势之下，一些国家渐渐开始产生对保护本国利益的反思，因而国际投资法中开始出现对东道国主权保护的回归趋势。就其中的准入制度构建而言，对于关涉国计民生或国家安全的敏感领域，各国开始通过设置相应的限制规范调控试图进入其中的外国投资。与此同时，虽然我国近年来通过积极的立法改革，对外资准入的投资限制有所放宽，但相对西方发达国家而言，对外国投资设立的门槛仍然较高。因此，我国在投资领域的身份转化——逐步由资本输入国转化为资本输出国——决定了我国投资领域立法目标的转变方向有所不同：由侧重保护东道国主权向兼顾投资者利益转变。

从我国目前的外商投资立法体系的构建情况来看，《中华人民共和国外商投资法》（以下简称《外商投资法》）及其配套制度的颁布意味着原有的外资"三法"退出历史舞台，取而代之的将会是以《外商投资法》这部新法为核心而建立的一套更为统一、规范的促进、保护和规范外商投资活动的法律体系。然而《外商投资法》及其配套制度目前可见的许多条款和框架性内容都归于宏观，亟需进一步完善、细化和落地；此外，其他配套规范的补充、完善与调和，与《中华人民共和国公司法》（以下简称

---

① 这种国际投资法中的规范性共识在国际实践中受到越来越广泛的认可，表明由发达经济体主导的立法价值取向发生了变化，开始由一味地强调投资者保护，逐步开始关注兼顾东道国主权和公共利益。

《公司法》）重叠和冲突的内容如何解决，新旧法规之间的过渡问题也需要关注。因此本书聚焦外商投资法这一全新立法结构之下的现实问题，以制度架构的完善为探索方向，是有着适应时代的现实意义的。

（二）基于准入制度以及负面清单管理模式改革问题的需要

伴随着全球经济一体化的不断发展和深入，一国吸引外资的能力在某种程度上决定了该国在世界政治经济舞台上的竞争实力，两权相较之下，近年来更多的国家和地区开始选择卸下"防线"、逐步尝试给予外国投资更为宽泛的国民待遇，以换取与国际市场更大的融合。"准入前国民待遇"的适时提出恰如其分地反映了大部分国家和地区对于外资采取的这种新的开放趋势：除以美国为主导的北美自由贸易协定（North American Free Trade Agreement，NAFTA）、跨大西洋贸易与投资伙伴关系协定（Transatlantic Trade and Investment Partnership，TTIP）等重要国际多边协定始终坚持高标准的外资准入条件外，许多发展中国家也在新标准的引入方面显示出积极主动的态度。2013 年 7 月 13 日，中国表示同意以负面清单模式为基础，与美国进行双边投资协定（Bilateral Investment Treaty，BIT）实质性谈判，这意味着"准入前国民待遇"在我国的适用也开始被正式提上日程。随后，通过几版负面清单的不断完善，乃至于《外商投资法》中的立法确认，使得"准入前国民待遇+负面清单"管理模式成为我国今后外资准入制度的"新常态"。但下列问题依旧值得注意：

①银行业开放与准入要求的特殊性。许多国家在积极尝试对外国投资降低准入门槛的同时，却不约而同地选择了对银行业的准入国民待遇单独加以规定。其中缘由似乎并不难解：银行不同于其他企业，其负债经营的模式具有一贯的高风险性，且对整个社会而言又存在极强的渗透性和扩散性，与社会各阶层、国民经济各部门都有着紧密的联系。可以说，银行业的稳定是一国金融主权之命脉，因此，是否照搬其他行业的外资准入经验，对一国银行业的外资准入也概而括之地采取更为宽松的国民待遇，实在是一国制定准入标准时不得不深思熟虑的问题。

②完善银行业外资准入与负面清单的制度背景。我国对于"准入前国

民待遇+负面清单"制度的实践与摸索等,近年来都是通过自贸区来完成的。即使在我国全新的外商投资法体系中最终对这一制度做出了最高立法层级的确认,但这种"单向承诺"式的实践模式也被认为是国内法意义上的准入负面清单。有别于采用国际协定方式确定的准入负面清单,这一模式下可借鉴参考的国际经验并不充分。因此,在探讨我国外资准入国民待遇和负面清单制度的构建时,就不能脱离外商投资法体系这个大的立法背景。这也使得以外商投资法的视角探讨我国的银行业开放准入相关制度成为必然。此外,在我国深化改革开放的大背景下,负面清单对我国外商投资管理体制发挥的影响已不再局限于具体制度和清单内容的调整,更多还体现在对政府转变管理职能提出的全新要求——以更开放、透明和规范的治理模式来调整市场关系,乃至于管理国家。在新时期的特殊要求下,有必要对既有的负面清单管理制度进行更为细致、深入的梳理,以为后续的制度深化与完善打下坚实基础。

③厘清行政管制与私法自治权的必要性。在资本开放和放松准入限制的背景下,意味着大量外资企业进入市场的同时也获得了更多的自由,在政府监管与行政干预能力和手段有限的情况下,厘清行政管制与外资主体的私法自治权限是法学研究的重要命题。本书将焦点对准准入制度设置过程中,包括机构准入和业务准入两部分内容中的行政干预(尤其是行政审批权限)问题,从行政管制形式(主体管制、行为管制)的角度探讨自治权限与管制的基本要求,并旨在对行政管制的制度约束问题(包括实体约束和程序约束等方面)取得结论。

④银行业准入开放配套制度完善的现实需要。从20世纪80年代以来各国银行金融市场开放实践的效果来看,同样的开放政策可能引致完全不同的开放结果。有些国家得以通过银行金融市场的开放吸引国际资本、扩张金融版图;有些国家的金融系统则在开放中严重崩溃,并由此深陷危机泥沼。由此可见,对于一国银行业开放是否有益这个问题,并不存在唯一

答案，有许多学者通过各个角度展开研究以试图分析其中因果①，也有不少选择从准入制度的本质上去探寻银行业准入放开与金融稳健之间的关系，②并提出决定开放成效的关键很大程度上取决于一国为开放配套的制度体系是否科学完善。研究选题的主要任务之一，就是厘清银行准入配套制度完善与否对一国银行业市场开放的影响，并从中国的银行业开放语境下将这些内容有效地融入公开透明的负面清单准入管理制度中去。

（三）基于竞争中性原则确立与制度化的需要

竞争中性（或竞争中立）原则最早由澳大利亚联邦政府提出并确立，其在《联邦竞争中立政策声明》中的规定为矫正国有企业扭曲的竞争优势提供了依据。经济合作与发展组织（Organization for Economic Co-opation and Development，OECD）于2004年首次就国家对市场的作用和国企优势造成的竞争扭曲进行了深入讨论，并于2011年发布研究报告，确立了竞争中性的框架和运行方式。该报告除了对竞争中性的概念以及如何系统审查竞争状况等做出了明确规定，也为有效、合理地限制国有企业的竞争优势提供了可行方案。目前竞争中性原则已获得了多项多边投资协定的积极响

---

① 现有文献绝大多数都将发展中国家的种种制度文化"缺陷"作为问题的答案，但这个答案却似乎导向一种认知，即发达国家的金融市场必然更为安全。可对比希腊等发达国家以及中国、印度等发展中国家在2008年金融危机中的表现，则似乎足以直接推翻这一认知。

② 一直以来以准入制度中的标准对一国金融市场开放与否进行判断始终比较单一，且"程式化"。举例来说，世界贸易组织（World Trade Organization，WTO）和国际货币基金组织（International Monetary Fund，IMF）主要根据直接行政限制来定义金融是否开放，而没有根据外国金融机构进入、经营的实际难度来界定是否开放；现有定义也大多把国内法律传统、市场势力、惯例造成的障碍排除在外。因而按照现有定义来分析实际现象便会出现相悖的情况：金融很开放的发达国家，外资金融机构事实上却恰恰很难进入和经营。纵观发达国家的金融市场外资准入制度，从规则字面意义来看，不可谓不开放，但除开具体条文之外的那些"有效的政府保护机制"则往往会被忽略。有学者将这些"有效的政府保护机制"定义为"非制度化市场障碍"，即是指一国在保持国内市场总体开放的前提下，根据本国经济利益的需要，以公益性、社会性、程序性等诉求为依据，以专项法规的定向约束和管理体系的特别设计为手段，以对国外竞争者设置制度化的或非制度化的市场障碍为目的，以防止外资金融机构控制本国金融市场、扰乱金融稳定为归宿的一系列措施。

应，并逐渐发展为一项国际性规范政策，[①] 成为发达国家主导国际投资规则的又一利器。[②] 面对这一外部挑战，我国应当紧抓机遇，通过一系列竞争机制的建设，对内，实现国企改革的平稳过渡，以及市场资源配置的公平、高效；对外，加强我国参与竞争中性规则制定的话语权。

（四）基于国家金融安全制度配套及完善的需要

一国金融市场的开放必然与金融安全问题休戚相关，而银行业因其自身特有的风险属性，在其开放过程中必然需要更深远地考量国家安全这一命题。从各国的实践经验来看，同样是在实现银行业开放的过程中，国家金融安全状况却可能存在截然不同的结果。有些国家不仅平稳开放，还获益良多，如美国、印度等；有些国家则在开放过程中遭受重挫，如拉美国家。[③] 从国际经验来看，一国银行业开放通常会对其金融安全造成极为深远的影响，包括以打乱既定资源配置来削弱一国对市场金融资源的控制，以进一步催化竞争关系来挑战一国银行业的整体效率等，所有这些影响都

---

① 相较竞争中性原则最初设置的目的，即旨在通过消除国有企业因政府所有权带来的竞争优势来平衡国企和私营企业间的公平竞争环境，复杂的国际实践已然给这一原则赋予了更多更广泛的制度内涵。

② 例如，美国作为竞争中性原则的极力倡导者，在其《美国与欧盟重申开放、透明和不歧视投资政策的承诺》中明确表示其将推动一套国际投资原则，旨在建立公平的竞争环境。然而近年来，美国的竞争中性规则却开始体现出严格的结果导向标准，即只要政府对企业给予了帮助行为，无论企业的优势地位是通过符合市场规则的公平竞争得来的，抑或是不正当借助政府优待获取的，都将该行为视为违反竞争中性规则。美国并未明确把竞争中性原则规定在法律中，而是采用"单边强制性"的适用模式将其转化为由美国主导的国际贸易投资新规则。在美国主导推动的一系列区域和自由贸易协定中，如TPP和TTIP，该原则都正有体现。欧盟虽未专门制定竞争中性的法律法规，但竞争中性原则却在欧盟的竞争法中有着全面的体现，欧盟对于成员国政府不正当干预之下的市场竞争优势，特别是对成员国政府以行政干预手段破坏企业间正常竞争秩序的行为，予以严格限制；此外，欧盟通常还会将竞争中性原则作为评价他国法律制度的标准，并在投资协定中以此作为重要的谈判筹码。

③ 20世纪90年代，为缓解货币危机，拉美国家纷纷推行了以金融自由化为核心的金融改革，包括开放银行业市场，但换来的却是本国在开放过程中逐渐失去对金融资源的控制权，拉美国家银行体系的主导地位逐渐被外资金融机构掌握，这大大破坏了其经济发展的可持续性。

将动摇一国银行业的稳定性等。因此，考虑到我国要在银行业不断加深开放的背景下保障金融安全，就必须：①加强对金融资源的控制，如通过设置合理的准入门槛进行必要限制；②保障金融机构和市场的高效运转，如建立完善的银行业竞争安排制度，调动市场主体参与竞争以及创新的积极性；③维护金融体系的稳定，如构建完善的国家安全审查制度以在某些关键领域设置必要的"安全阀"。我国《外商投资法》及其配套制度对以上这些关涉银行业开放金融安全的问题都做了原则性的规定，如要求全面建设"准入前国民待遇＋负面清单"管理制度、提出建立公平的竞争环境、提出完善国家安全审查制度等，因而本书以此作为研究我国银行业开放制度的切入点是有着现实意义的。

二、文献综述

（一）国内研究综述

1. 关于银行业开放的研究

随着我国对外开放的程度不断加深，银行业开放成为越来越多研究关注的内容。许多学者已经尝试着从不同的角度探讨和衡量我国银行业的开放水平。王维安（2003）通过对外资银行市场准入、机构设置、业务对象、机构数量与规模等方面的发展现状进行综合考察后，最终选择以外资银行在华资产占比来测量我国银行业的开放度；他指出，虽然入世以后我国银行的开放速度较快，但与大部分新兴经济体相比，外资银行资产占比仍然较低。张金清等（2007）在借鉴国际研究的基础上，根据我国实际情况构建了一整套银行业对外开放的评价体系，并据此对我国 1979—2006 年的银行业开放水平进行测度。[1] 此后，张金清等（2008）又试图选择从金融服务的角度衡量我国的银行业开放程度。曾令美（2013）选择从银行业

---

[1] 通过数据比较可以看到，虽然我国的银行业对外开放水平一直呈上升趋势，但在国际比较中仍然表现出开放水平较低的状态。关于这一点在其他许多学者的研究中也多有提及。

控制力指标的角度分析银行业开放后本国银行与外资银行的竞争力与控制力情况。宋翠玲（2013）在此前研究的基础上，指出银行业的开放不仅应考虑对外开放，更应当考虑对内开放的问题，并选择以官方承诺水平和现实开放水平两个维度作为主要测度依据，对我国银行业开放现状进行总结和反思。另一些学者则试图从国际银行业开放的实践经验中探讨对我国有益的制度参考，如曾康霖等（2006）分析了国际社会对于银行业开放利弊的争议，并着重探讨了国别差异对开放风险的影响。董艳玲（2007）、李超等（2008）、倪东明（2012）等则分别从印度、日本、韩国和新加坡等国的银行业开放经验教训中总结出我国银行业开放的启示，提出银行业对外开放应松紧结合，要实现金融自由化与宏观调控的有机统一，在开放过程中加入政府的积极引导和必要监管。

2. 关于外资银行准入制度的研究

国际实践证明，好的准入制度对于一国银行金融市场的发展助益匪浅。程吉生（2004）便曾经通过对美国外资银行监管的立法进程及其主要内容进行比较研究，指出正是因为美国在准入形式、准入条件、准入范围以及收购和兼并方面做了优秀的制度安排，因而使得美国的金融市场得以保持稳健运行。在此基础上程吉生（2006）又进一步指出，美国2003OCC "最终规则"弱化了各州监管机构对外资银行的控制，从而使美国外资银行监管进一步呈现"联邦化"趋势。这给我国的外资银行监管带来了新的思路，即不应追求法律规定上的绝对一致，而应更关注内外资的实际平等竞争机会；并应确保银行监管机构的独立性和充分性。徐泉（2004）从国际投资自由化的角度对准入制度进行了论述，指出国际投资法中对外资管辖权弱化的趋势只会对发展中国家更为不利。

由于我国外资银行准入监管制度的起步较晚，因而在制度完善性和效用方面还存在很强的局限性。李金泽（2002a，2002b，2003）认为，我国现有的外资银行市场准入制度在法制体例、调整范围，以及相关配套专门立法方面尚很欠缺，此外准入的规定也仍局限于外资银行的新设，对于以收购方式进入我国市场的问题并未提起重视。张峭喆等（2014）指出外资市场准入制度的转型是我国目前准入制度中的首要困难，过松或过严都会影响外资市场的稳健发展。项安安（2017）从外资审批的角度检验了我国的外资准入制度，认为在机构设置、标准设置、结果救济措施方面尚存在许多问题，其中立法权、审批权过于分散更是使得相关制度存在许多隐患。针对以上这些研究，有一些学者，如岳彩申（2001）、贺小勇（2002）等，试图通过多角度的研究探索完善国外资银行准入监管制度的进路。其中凌江红（1996）以国际经验为依据，提出了银行业市场准入法定条件的五个层面的要求。鉴于我国银行业市场尚处于发展的起步阶段，应对外资冲击的能力尚可，因而设置市场准入壁垒便在所难免。由于银行业的特殊性，其准入壁垒的设置较一般的服务业准入具有较显著的特征，如其准入壁垒主要针对的是"服务提供者"而不是服务本身；壁垒的行使权力被赋予监管当局，因而其隐蔽性往往较强；紧密反映发展中国家与发达国家间的不同政策导向；其本质带有"排斥性"。吴汉铭（2012）从实务的角度讨论了外资"协议控制"的准入限制，认为通过协议控制模式进入的外资会产生规避外资准入政策监管、增加外汇流入与结汇压力等一系列问题，因此有必要统一外资政策对"协议控制"的调整口径，明确可协议控制的适用范围，同时必须相应地加大资本金结汇的检查力度。李宇（2018）则以自治与管制的全新视角，讨论了准入限制与自由化之间的逻辑联系。

此外，由于银行业的外资准入涉及审慎性监管的内容，因而较一般的服务业准入更为复杂。贺小勇（2004）据此指出，我国的外资银行准入条件与 WTO 标准之间存在无可避免的冲突，而面对质疑，我国应当妥善对现有审慎性限制措施进行修改，同时保障金融立法的透明度。汤凌霄（2004）认为我国外资银行准入监管中一项严重的问题在于过分重视硬件而忽视软件，通过分析银行业准入监管的发展趋势后他指出，我国应当致力于构建科学的市场准入指标体系，重视新设立、鼓励并购设立，同时取消地域限制，在中西部地区展开尝试。邓菲（2006）在研究 WTO 框架下外资银行准入监管中的审慎性措施时指出，放松管制的金融自由化需求与金融安全目标之间天然存在冲突和矛盾，因此合理的审慎性措施必须符合几项基本要求，即合法性目的、立足于各国实际的措施、必须参考国际标准，以及必须保证竞争条件的平等性。

3. 关于外资银行监管的研究

我国学界对于外资银行监管的研究起步较晚，目前既有的研究也大致集中于对外资银行监管制度的国际比较，且其中大多仍停留在制度层面的直观分析。时建中（2003）概括性地介绍了外资银行监管的基本原则以及巴塞尔委员会对外资银行监管的主要要求。王志军（2006）、恽伟荣（2006）、陈歆（2019）等以美国的银行市场以及其中的外资银行的发展为研究对象，介绍了美国的外资银行监管立法、外资银行监管制度特征等内容。其中陈歆（2019）整理了美国银行业发展现状、经营状况的国际比较以及外资银行的最新监管动向，并分析了其在市场机制完善、金融科技创新等方面给中国银行监管带来的积极示范作用。王健（2010）以印尼、巴西和中国等新兴市场为例，从监管动因、监管目标、监管模式等方面总结了其外资银行监管的经验与教训，指出外资银行监管模式的国际差异性很大程度上取决于不同的经济发展水平、银行部门结构、银行市场开放程度等因素。刘源（2017）以共建"一带一路"国家的金融监管架构作为研究对象，试图从这些国家的监管主体、监管模式等探索对完善我国银行业监管有价值的启示。此外，高晋康等（2007）曾试图从风险防控的角度探讨银行业监管问题，在对我国银行业的风控理念、风控职能部门功能分割、风控体系的独立性和协调性、风控的内部约束监督机制和外部评价机制等方面的问题进行深入研究后，提出银行业监管应做到"职权分离、相互制约"。

4. 关于国民待遇及负面清单的研究

（1）国民待遇

对于国民待遇的内涵与效用的定义，主流研究中的分歧并不大，尽管从内容来看，这些研究大多仍停留于制度介绍阶段。余劲松（2004）认为，准入阶段国民待遇的实质，是限制了东道国控制外资准入的自由裁量权。刘笋（2011）认为，国民待遇为不同国籍的投资者创造了公平竞争的条件。王淑敏（2012）指出，国民待遇作为自由度最高的优惠待遇，其实质是东道国经济主权的让渡，因而有必要通过相关条款的限制保障让渡后国家主权弱化的程度维持在最低水平。这样就解释了国民待遇原则适用例外的正当性。

随着 2013 年中美间开始以准入前国民待遇作为 BIT 谈判的基础，对于国民待遇研究的关注点就被更多地聚焦于准入阶段。许多学者开始从各个角度定义准入前国民待遇，并试图梳理其制度发展的沿革过程。庞明川等（2014）首先介绍性地解释了准入前国民待遇的制度沿革及定义，并将其与负面清单管理模式的适用联系起来。此后，在外商投资法改革背景之下，对于准入前国民待遇的研究有了更具体的方向，崔凡等（2019）指出《外商投资法》确立的更为开放的准入管理制度属于"自上而下"的开放模式。宋晓燕（2019）进一步指出，《外商投资法》的颁布从立法层面确立了国民待遇在我国开始全面适用于外资准入各个阶段，而要在这一过程中确保开放稳定与实现开放效果，配套制度的完善是关键。随后她在研究中据此提出了关于竞争中性原则、国家安全审查制度等问题的完善建议，在准入前国民待遇与其他外商投资制度建设之间建立了系统的研究框架。

（2）负面清单

前期，国内对于负面清单的讨论主要集中在对正面清单和负面清单的差异性研究上，如刘超等（2014）、黄鹏等（2014）、龚柏华（2013b）等。刘征峰（2018）指出，不能单纯以概念来判定负面清单和正面清单的积极效用，二者之间的区别主要反映在逻辑上而非实效上。张磊（2014）、王中美（2014）、申海平（2014）、顾晨（2014）等则从国际制度比较着手，结合自贸区内对负面清单的实践，探讨负面清单制度在我国全面推广实践的进路。赵玉敏（2012）的研究表明全世界至少有 77 个国家采用了负面清单管理模式，而如何将国际经验本土化、制度化、细致化是我国目前完善负面清单管理制度的重要任务。我国在自贸区内的负面清单实践的模式是国内法意义上的贸易开放，而申海平（2014）的研究表明，采用国内法意义上的负面清单模式的国家数量相对较少，可借鉴的国际经验并不充分。因此国际实践对我国的影响主要可以从外商投资法的设置方面着手。对此，许多学者开始从国际投资规制的角度研究负面清单，如陶立峰（2015）、朱颖等（2015）、彭德雷（2017）、张晓楠等（2019）等。

龚柏华（2013c）则从负面清单实质内涵的角度解释该制度的适用，以及可能对我国外资管理体制改革产生的影响。他提出了负面清单制度所隐含的"空白地带"和"沉默"的制度内核，认为将这一制度从上海自贸试验区进一步推广到区外适用，能够有效地推动我国的法制改革。王利明（2014）在此基础上详细地就负面清单与法律"空白地带"之间的关系进行了深入研究，他基于负面清单"法无禁止即自由"的实质内涵，从管制与私法自治关系角度出发，探讨了负面清单管理模式之下我国外资管理部门的职能转变以及相应的政策应对。对此，刘征峰（2018）认为，负面清单的改革必须要与"权力和责任清单"相配套。

专门讨论金融业负面清单的文献较少，针对银行业的负面清单问题单独进行考量的更是寥寥。李墨丝等（2015）在对我国上海自贸试验区内最初试点金融业负面清单的情况做出的评价中指出，自贸试验区负面清单主要限于设立阶段、限于直接投资，且未涵盖各国通用的金融业的不符措施。吕文洁（2016）专门讨论了金融业负面清单的架构及其特点，以美国在其投资协定中规范的内容为范本，探讨了金融业负面清单在不符措施的分类和要件格式、政府层级义务分类等方面的特殊要求，指出金融服务业负面清单在清单数目及类型上的特点，其承诺开放水平视不符措施内容而定，与数目不直接相关；部分金融业务几乎成为各国共同采用的不符措施。龚柏华（2013a）以中美 BIT 中的金融服务条款为研究切入点，提出我国应借谈判之机，用好"金融审慎例外条款"，依据国情适度地在金融领域适用负面清单，以避免金融核心利益在开放过程中受到损害。马兰（2019）则从国内自主开放、国际谈判，以及国内外统筹协调三个维度探讨了我国完善金融业负面清单的进路，指出应在国际层面负面清单具备充分经验积累的基础上，再反过来完善国内立法层面的负面清单。

5. 关于竞争中性原则及银行业竞争安排的研究

（1）竞争中性原则

从 2012 年前后起，国内学界开始关注国际投资法中的竞争中性（中立）原则，以及其对我国国有企业改革的影响。大多数研究都是介绍国际（主要是澳大利亚和美国）立法经验和分析竞争中性原则可能对我国既有制度造成的挑战，如王婷（2012）、赵学清等（2013）、黄志瑾（2013）、余菁等（2014）、邢星（2015）、张占江（2015）等。这些研究的局限性在于流于概念介绍的形式，有一些研究虽然也尝试探讨了我国应对国际形势、适用竞争中立原则的内容（如在自贸区的尝试等），但往往浅尝辄止，所给出的结论也不过是理论性的陈述，实践价值较低。当然，在竞争中性原则在我国正式确立之前的任何时段讲规则完善问题，只能是空泛之谈。近年来，一些学者基于中国的实践经验，开始对竞争中立原则展开更为深层次的思考。刘笋等（2018）与过去许多学者提倡全盘吸收、应对竞争中立原则的观点不同，提出了"伪竞争中立原则"，认为结合我国以公有制为主体的基本经济机构来看，全盘接受"伪竞争中立"原则的后果只会是对本国国有企业产生歧视。毕金平等（2018）指出，美欧主导竞争中立规则虽未明确提及遏制中国国企发展，但从该规则提出的背景和内容不难看出其阻止发展中国家国企，尤其是中国的国有企业提高国际市场竞争力的战略意图。这也是在众多主张推广适用竞争中性原则的呼声中，少数几个直接提出反思意见的研究。

（2）银行业竞争安排

我国目前还没有对银行业的竞争中性适用的研究，对于银行业竞争安排的研究大多侧重于对反垄断的讨论。国际经验证明，金融行业发展中所面临的各种风险以及其行业本身在国民经济中的重要作用，使得国家干预和管制措施具有必要性。许多学者都承认银行业天生便具有"垄断"之属性。而不同于西方普遍存在的以市场竞争优势而产生的金融垄断，我国银行业的垄断格局受政府干预的影响非常大。吴敬琏（2013）认为，长期的垄断符合我国银行业监管对市场稳定的追求。持相同观点的学者中，有相当大一部分对我国银行业的这种垄断状态持开放态度，如王俊林（2012）指出，垄断是中国银行业暴利的根源；邱兆祥等（2015）也认为较高的市场集中度促成了我国银行业市场长期的稳定程度。

此外，部分研究则是对这一垄断现状及其后果表示担忧。席月民（2008）指出，我国银行业的竞争在传统的国家垄断的基础上，开始出现了许多新型垄断特征，这些特征包括价格串通、滥用市场支配地位、集中加剧以及行政权限制竞争等，若不对这些行为进行规制，将严重影响我国的金融稳定。高玉泽（2003）认为正是因为银行业存在严重的垄断现象，才催生出我国银行业产业化发展滞后、规模经济受限以及盈利能力低下等现实问题。廖国民等（2005）指出，正是我国银行业存在集中化的垄断体制，政府行政干预导致竞争低效，并最终导致了银行业不良资产的大量累积。这一观点得到了其后诸多研究的全面支持，多数学者都选择将银行业垄断归因于行政权力的不当介入。张维迎（2012）曾指出，我国的经济发展与特权之间存在极为紧密的联系，其并非真正意义上的以权利为基本导向的体制模式，因而随着制度改革的不断推进，垄断业已成为金融市场进一步发展不可逾越的高墙。

在诸多关于银行业反垄断的研究中，有一类研究的切入点较为特殊。周小川（2012）对垄断本身持反对态度，他指出"银行业盈利模式并非依赖银行业垄断，……银行业垄断恐怕也站不住脚"，但他随即又否定了一些观点提出的银行业垄断盈利说，认为造成我国银行高利润的原因并不是银行业垄断。秉持此观点的学者并不在少数，王国刚（2012）直接反驳了王俊林（2012）的提法，认为银行业并不存在垄断暴力，对于中国银行市场垄断的指责更无从提起。更有甚者，许多学者还提出了银行弱势群体论，认为国有银行的高度垄断严重阻碍了银行市场竞争压力的释放，在这种压力之下，我国的国有商业银行一直以来都运行低效，因而可以毫不夸张地说，国有商业银行反而成为我国银行业改革开放中的"弱势群体"。至2015年，时任建行行长张建国在两会期间关于"银行弱势群体论"的表述，更是将这一观点推上了风口浪尖。

6. 关于银行业金融安全制度的研究

（1）银行业金融安全

目前单独探讨银行业的开放安全的研究并不多，大多都是将其作为国家金融安全的一部分进行论述。我国学界最早对国家金融安全展开集中讨论是在 1997 年亚洲金融危机至入世期间。在许多主要研究中，学者都是先对银行业金融安全的概念进行界定，再给出相应的风险防范或应对的建议措施。如梁勇（1999）在我国入世的契机之下，认真探讨了新时期我国对外开放与国家经济安全之间的关系，认为这一阶段维护中国经济安全的要点是防止泡沫经济、保障引进外资质量，以及减少金融风险。郑汉通（1999）则认为，在经济全球化背景下，维护我国金融安全的重心应放在保障我国金融利益不受侵犯上。此外，这一时期还有许多研究都开始聚焦于探讨市场开放与国家金融安全之间的联系，如雷家骕（2000）提出，保障金融安全的关键在于占据对外开放的主动权和控制权，只有掌握了金融政策制定的话语权才能够较好地应对各类金融风险。戴小平（2000）则从区域经济运行的大环境来考察一国的金融安全，他认为金融业即使在表面上看来处于稳健运行的状态，但也无法改变其自身脆弱性的内在属性。事实也证明了，当外部金融风险达到一定程度，即使是内部金融市场相对稳定的国家也难免遭受波及，近年多次全球性金融危机的爆发即是典型例证。

（2）国家安全审查

国内对外国投资并购国家安全审查法律制度的研究缘起于 21 世纪初我国企业在美国并购遭遇的几次闭门羹，大量学者如杨莹（2005）、周放生（2005）、刘东洲（2006）、杨建（2006）、黄进喜（2007）、师车（2007）等，在这一时期都对国外立法实践做了较为初步的介绍，但是对该制度在我国的践行以及反思的研究几乎没有。随着国务院办公厅《外国投资者并购境内企业安全审查制度》的出台，更具系统性和针对性的研究开始全方位展开，如蒋姮等（2007）、邵沙平等（2008）、胡健（2008）、漆彤（2009）、韩龙（2009）等。其中一些研究从安全审查制度本身可能产生积极和负面影响进行衡量，如余菁等（2014）指出，与传统外国投资管制手段相比较，国家安全审查制度在制度公开性、正式性和管制的系统性上有着无可比拟的优势。还有学者如李宇（2018），从安全审查对市场干预问题的角度展开探讨，认为国家安全审查制度作为一种全程管控的制度，其力度并不亚于事前审批，甚至可以被认为是一种比行政审批"更加恣意"的程序。

（二）国外研究综述

1. 关于银行业开放的研究

（1）外资银行开放对东道国银行业影响的研究

对于银行业开放可能给东道国带来的影响，各研究的观点不一。有些研究认为银行业的开放有助于提高东道国银行市场的运行效率。如20世纪80年代初，Goldberg等（1981）、Warren（1982）等进行的一系列针对美国银行业开放的研究表明，外资银行的进入为美国金融市场带来了积极影响，这些学者据此对开放的准入政策持鼓励态度。Khoury等（2000）以美国银行业开放为对象，探讨了外资银行进入美国市场的动机，并在对现有理论进行总结的基础上，对可能影响外国银行在美国发展的一些因素进行了推测。其研究指出，外国银行的活动越来越多地致力于为外国直接在美投资提供便利，涉及与美国企业贸易的竞争关系时，这些银行必然会选择拒绝为本国的跨国公司提供融资。

（2）银行业开放与金融安全

外资银行提供的业务范围非常广泛，包括与外国人和国内居民进行有关本币和外币存款和贷款的交易，促进外币交易和外汇风险对冲，参与国际银团贷款，以及为客户提供国际贸易融资等。Domanski（2005）、Van Horen（2007）、De Grauwe（2009）、Suk-Joong Kim（2010）等研究表明，广泛的跨境活动使得这些银行在从事国际银行活动方面享有压倒性的优势，因为它们在多个银行管辖区开展业务，这意味着它们能够在国家层面上利用银行监管漏洞和系统性风险，通过将业务国际化到海外进行套利。与此同时，在当前全球管制区域放松的银行系统环境下，银行不仅在各自的国内市场很活跃，而且在全球都很活跃，它们的资产负债表两边通常都有国际敞口，因此，银行系统一旦遭受风险，其波及面将是前所未有的广泛，而渗透性也将是前所未有的强大。也正是基于这一认识，晚近对于银行业开放与金融安全的研究大多建立在对金融危机内生机制探讨的基础上，较有代表性的研究主要有 Morris & Shin（2004）、Shin（2009）、Sholarin（2008、2009）、Allen & Gale（2007）、Goldman（2007）、Duffi（2008）等人的研究。事实上，银行业蕴含的危机并不一定产生于经济下行期，即使处于高速的经济发展期，也可能隐藏着金融风险。巴西、俄罗斯、印度、中国和大多数西方国家近 20 年的经济繁荣之后，Greenlaw 等（2008）的针对性研究表明，全球商业银行超高的盈利水平也伴随着同样高的系统性风险。也正因如此，许多观点认为银行业普遍存在的道德风险和逆向选择会在外资银行大量进入东道国金融市场后被放大，进而给东道国带来金融安全冲击。其中，丰富的国别实例研究为这一观点提供了大量的依据，如 Radelet（1998）、Natalia 等（2001）、Cardenas 等（2003）、Bollard（2004）、Peek & Rosengen（1997、2000）等。反对观点则认为，银行业的开放不仅不会给东道国带来负面影响，相反，还有利于促进东道国银行市场的完善，实现市场运行效率的提升。例如，Levine（1996）、Berger 等（2001）、Cerutti 等（2005）在研究了拉美国家的银行业开放进程后指出，外资银行的高占比不仅能够降低东道国银行业金融风险发生的可能性，还有助于维护东道国金融业的稳定。

2. 关于外资银行准入监管的研究

目前国外单独针对外资银行准入监管展开的研究相对较少，且大多数涉及准入制度研究的文献并未对具体涉及的准入行业进行细化。在这些研究中，对于外资准入限制效用与测度的研究较为丰富。一些学者尝试从经济学的角度对外资银行监管的正当性进行阐述，如 Diamond（1984）、Dewatripont & Tirole（1994）、Benston & Kaufman（1996）、Besanko & Kanatas（1996）等。他们认为商业银行的负外部性源于其内在的不稳定性，是伴随银行成立而产生的，因而无法被完全消除；也正是因为银行具有负外部性，才给了各国政府对其进行监管的正当理由。但也有一些研究对此持反对意见。Barth 等人（2001、2004）的研究表明，与理论预判不同，银行监管的严格并不能降低银行危机发生的概率，因此在考虑银行业监管在银行部门运行效率中发挥的作用时，Barth 等人指出，其积极的正面效应并不显著。Claessens & Glaessner（1998）通过对 WTO 中的 8 个亚洲地区的经济体金融服务业"开放程度"进行测度后指出，跨境提供金融服务的壁垒主要被分为 6 大类，而其中的 5 类都与外资准入制度有关。James（2006）在针对 WTO 成员的银行业具体承诺表兑现情况的一项研究中指出，许多 WTO 成员存在特殊情况下以磋商为基础，引入临时性准入限制的情形。此外，还有一些学者试图从监管机构以及金融监管体制构成的角度探讨银行业准入监管问题，如一项针对英国银行监管部门监管效果的研究结果表明统一的监管部门与分散的监管部门相比，大大减少了监管成本的支出，并由此再次强调了银行业监管机制建设的重要性（Briault，2002）。

3. 关于外国投资国民待遇的研究

Hoekman Bernard（1999）指出，国民待遇主要体现在外国投资在市场准入中所获得的投资待遇，因而其适用问题在很大程度上可以被视作一国外资准入制度的体现。

Norton 等（2001）的研究提出，美国通过实际实施的"国民待遇"在本土银行和外国银行机构之间建立了一个"公平竞争的环境"，这同时也为外国银行机构最初进入美国提供了一个基于国际标准的"门户"。

4. 关于负面清单的研究

根据联合国贸发会议（UN Trade and Development，UNCTAD）的定义，负面清单除特别列明排除的内容之外，以国民待遇为基础提供完全的准入。Garsten Fink & Martin Molinreuevo（2008）讨论了负面清单模式在 WTO 框架下的适用，否定了 GATS 模式仅是单纯意义上的正面清单模式，指出其应当是正面清单和负面清单模式两者的有机统一，在 GATS 体系下，正面清单被用于划定开放领域，而负面清单则通常被用于对既定开放领域的限制。

对于负面清单模式的研究，始终伴随着其与正面清单模式的比较。Thomas Pollan（2006）在 UNCTAD 的基础上将外资管理模式根据开放程度由低到高分为：投资控制模式、正面清单模式、区域性最惠国待遇模式、互惠国民待遇模式、负面清单模式和完全开放模式。在这些管理模式中，负面清单模式是比正面清单模式、区域性最惠国待遇模式以及互惠国民待遇模式都更开放的外资管理模式。Will Martin & Mari Pangestu（2003）在一项针对国际贸易模式选择的研究中也对此持一定程度上的支持态度，其认为负面清单模式在 WTO 框架下的一大重要特质在于对"透明度"这一核心原则的全面体现。与传统的正面清单模式相比，其在体现透明度方面的优势可谓是无可比拟的，这种优势根植于其基本逻辑结构之中，极大地降低了贸易活动参与者的信息获取成本，使贸易活动参与者得以更容易地在法律政策允许的范畴内从事国际贸易活动。因而事实上负面清单模式也更容易凭此在贸易模式选择时获得更多倾斜。对此，反面观点则认为正面清单模式与负面清单模式之间并无必然的后者比前者更具有优越性的关系，如 Torrent Ramon 等人（2015）就曾指出，一份范围过广且限制诸多的负面清单，并不一定会比正面清单更具效率。Gary 等（2007）的研究则更倾向于实践过程中的折中，他们虽然承认在 WTO 框架下的正面清单模式极大程度上制约了贸易自由化的进一步深化，但也认为负面清单并不是今后 FTA（自由贸易协定）或 RTAs（区域贸易协定）贸易模式下的必然选择，在他们的研究中发现，发展中国家往往不会像发达国家那样对采用负面清单持积极态度。此类关涉地域性选择的研究不在少数，Sherry（2002）在早前的考察中就已发现，对于清单模式的选择具有地域性，但这些选择的差异也并不完全体现在发展中国家与发达国家之间，事实上，由于受到 NAFTA 的深远影响，西半球的发展中国家反而更愿意采用负面清单模式。

5. 关于竞争中性原则的研究

竞争中性原则最早确立于澳大利亚，由澳大利亚国家竞争政策调查组提出的 *Hilmer Report* 第一次系统性地对竞争中性原则的概念以及其在国家竞争政策中的作用做了详细介绍。根据 *Hilmer Report* 的规定，澳大利亚将有效的国家竞争政策解读为处理好包含政府与私营部门竞争关系、企业不正当竞争关系、公共垄断等在内的六个层面的内容。此后，越来越多西方研究者，如 La Porta（1999）、Marquez R.（2002）、Kikeri & Kolo（2006）等，开始将视线聚焦到发展中国家国有企业在参与国际竞争中发挥的作用上。他们通过全方位的研究指出国有企业在助推新兴经济体 GDP 发展方面发挥了重大影响，换言之，正是由于国有企业的参与才直接促成了许多新兴经济体国际竞争实力的增强。这些研究成果直接推动了以美国为首的西方国家以公平竞争为要求，试图否定发展中国家国有企业竞争地位的一系列政策行动。在美国的大力鼓吹下，OECD、UNCTAD 等国际组织也展开了大量针对竞争中性政策的研究工作。OECD（2009）对竞争中性原则的内涵和外延进行了全面解读，同时提出了该制度在一国竞争安排中适用的方向。Geddes（2004）通过研判美国联邦政府授权的一些企业，如美国国家铁路客运公司（Amtrak）、美国邮政（USPS）等，凭借垄断权参与市场竞争的具体案例，对该制度在美国的实施以及国有企业在竞争中发挥的作用进行探讨。Christiansen（2013）也在研究中指出，保障国有企业在一些自然垄断行业中的竞争优势是十分有必要的。近年来，越来越多的亚洲国家开始深入思考竞争中性原则在本国实践的可行性进路，因而针对国别研究的文献也越来越多，有代表性的如 Tang Van 等（2016）、Zhao（2016）、Ye（2017）等人的研究。此外，针对竞争中性原则发展趋势的研究也开始大量出现，如 Sauvant 等（2014）、Jin（2015）、Petit（2015）等人的研究。

第一章

外商投资法视角下的
我国银行业开放格局

伴随着我国近年来在对外开放进程中的不断摸索与探进，外商投资法改革至今已取得了阶段性的重要成果。《中华人民共和国外商投资法》（以下简称《外商投资法》）及配套制度的颁布与实施，从顶层设计上确立了一套引进外资的纲领性规范，尤其是在准入制度、管理模式、竞争安排以及安全制度设计方面做出的全面规划，都将对今后我国的对外开放制度构建产生深远影响。在诸多开放领域中，银行业的开放蕴含着自身独特的逻辑与法理，通过对这些逻辑与法理进行分析总结，有助于凝练其与外商投资法规范架构之间的理论联系。

第一节　《外商投资法》实施前我国的银行业开放基础

近年来，我国银行业在经历开放稳步推进、制度不断健全、秩序逐步完善的同时，也承受着来自国内外的巨大压力。回顾改革开放以来银行业开放的主要历程以及配套制度的沿革与完善，大多数国内外经验教训都表明，要应对国内外复杂的金融形势，实现银行业在不断开放背景下的稳健发展，应牢牢把握两对核心命题：开放与风险，竞争与监管。

一、我国银行业的开放历程与制度基础

（一）开放历程

银行业是涉及一国经济命脉与战略安全的关键领域，故我国对于银行业开放的政策基调一直以来都十分谨慎。1979 年，日本输出入银行作为新

中国引入的第一家外资银行在北京设立代表处。① 紧接着，我国又在 1981 年试点扩大机构准入的范围，允许外资银行在经济特区内设立营业性机构，批准香港南洋商业银行于次年在深圳经济特区设立分行。1983 年 2 月，《关于侨资、外资金融机构在中国设立常驻代表机构的管理办法》出台，进一步扩大了银行业开放的试点范围，允许侨资外资银行经批准后可以有条件地在国内其他指定城市设立派出机构，但此类机构仅能够在特定范围内从事极为有限的非营利性活动。1985 年，国务院颁布《中华人民共和国经济特区外资银行、中外合资银行管理条例》，从流程管理上对外资侨资银行、中外合资银行的机构设置、业务范围、运营条件等做出了相对较为详细的规范。② 此后我国主要依托香港的金融机构，以及有经营对华业务历史的日本银行和欧美银行等，继续探索银行业对外开放道路，在经济特区和沿海城市成立多家外资银行营业性机构。至 1993 年，成立的外资银行营业性机构（包括代表处和分行）数量已达 76 家。③ 这一时期我国银行业对外开放的主要特点可大致总结为以下四条：一是以试点带动开放探索，多数外资新设银行业机构为"一事一批"，不具有可复制可推广性；二是开放政策的实施有较强的地域限制，往往仅限于北京、几个经济特区以及少数沿海城市；三是外资银行的机构准入形式单一，仅限于设立代表处和分行；四是对外资银行开放的业务范围也十分有限，主要经营外汇业务。

---

① 1979 年之前，我国在经过几年对外资银行的清理后，事实上保留了几家外资及侨资银行的在华经营权：汇丰银行（两家，分别位于上海和厦门）、渣打银行、东亚银行、华侨银行（两家，分别位于上海和厦门）。但在此基础上再未引入任何新的外资或侨资金融机构。

② 至 1989 年，外资银行共在内地设立 208 个代表处，其中日本 90 个、美国 18 个、法国 18 个、香港 18 个、英国 9 个、意大利 7 个、其他地区合计 48 个。

③ 1990 年 8 月，中共中央做出关于开发浦东的战略决策，国务院批准上海成为引进营业性外资金融机构的沿海开放城市，并颁布《上海外资金融机构管理办法》，批准英国渣打银行、汇丰银行、新加坡华侨银行等重新登记并扩大营业范围；1992 年，国务院将外资银行设立营业性机构地域范围，由经济特区扩展至大连、天津、青岛、南京、宁波、福州和广州 7 个沿海城市。

1994 年国务院发布《中华人民共和国外资金融机构管理条例》（以下简称《外资金融机构管理条例》）进一步将实施金融对外开放的城市增加到 24 个。① 1996 年 12 月，央行尝试扩大外资银行的业务范围，宣布允许外资银行在特定条件下可以在上海浦东试点经营人民币业务，并于 1998 年又批准了第二批位于经济特区的外资银行提供人民币业务，为积极入世做好了准备。②

加入 WTO 后，我国承诺将于五年内逐步取消对外资银行外汇业务、人民币业务、营业许可（非审慎性措施）等方面的限制，并根据入世承诺的要求在此后几年内再取消外资银行业务地域限制③、引导在华外资银行市场格局过渡④、开放外资银行业务范围，以及引进战略投资者⑤等方面取得了重大进展。此后，对于外资银行进入中国的审查基本只保留了机构准入、业务准入、持股比例等方面的限制。

在我国加速开放银行业市场的过程中，外国投资者在进入时往往会选择两种形式：申请设立本地法人或分支机构、参股中资银行。2017 年原银监会先后颁布《关于外资银行开展部分业务有关事项的通知》以及《中国银监会中资商业银行行政许可事项实施办法》，允许外资法人银行在境内设立银行业金融机构开展发债、上市、并购、融资等一系列综合服务，允许外商独资银行、中外合资银行入股中资商业银行。2018 年，国家主席习近平在

① 包括 1985 年开放的厦门、珠海、深圳、汕头、海南经济特区，1990 年开放的上海，1992 年开放的大连、天津、青岛、南京、宁波、福州、广州，以及 1994 年开放的北京、沈阳、石家庄、杭州、苏州、成都、重庆、西安、武汉、合肥和昆明。

② 根据原银监会公布的数据，截至 1997 年年底，在华外资银行营业性机构达到 164 家，资产总额 380 亿美元。

③ 2006 年 12 月起，在华外资银行一旦获准设立就可以在全国范围内提供人民币服务。

④ 截至 2007 年年末，原银监会共批准 21 家外资银行分行改制为法人银行，改制银行资产总额 890 亿美元，占所有外资银行总资产的 58%。

⑤ 2003 年年底，我国出台《境外金融机构投资入股中资金融机构管理办法》，允许外资机构作为战略投资者入股中资银行，并做出单一机构不超 20%、多家不超 25% 的外资持股比例限制。工行、建行、中行、交行等国有银行在 2004—2007 年间率先引入境外战略投资者，形成"引资、引智、引制"的初步合作框架。

博鳌亚洲论坛中指出要"大幅度放宽市场准入",特别是金融业方面。同年6月出台的《2018版外商投资准入特别管理措施（负面清单）》将此前关于银行业投资限制的内容全部移除。此后两年，银保监会共计出台了近34条金融业开放措施，促使我国对于银行业外资持股比例以及经营业务的限制都得到了极大的放宽。2019年9月，国务院对《外资银行管理条例》进行了修改，从外资银行股东条件、机构设立、业务限制、分行营运监管要求四个方面进一步放宽了对外资银行的限制。同年11月15日，《国务院关于在自由贸易试验区开展"证照分离"改革全覆盖试点的通知》出台，规定从2019年12月1日起，在自贸试验区内对所有银行业涉企经营许可事项实行全覆盖清单管理，在下放审批权限、精简审批程序、延长审批有效期的同时，"把更多行政资源从事前审批转到加强事中事后监管上来"。

回顾我国银行业的对外开放之路，其经历了由部分地区试点到全国全面推广、由准入严格限制到准入逐步放开、从机构类型单一到市场格局健全、从事前监管到事中事后监管的过程，取得了显著的开放成效，在我国不断推进开放力度的政策节奏之下，有望建成公平一致、有序竞争的外资银行业市场环境。

（二）开放制度基础

我国于20世纪80年代尝试银行业的对外开放制度建设。1985年，国务院首次尝试允许外资通过直接投资或合资的方式在中国境内经济特区设立总行、分行或中外合资银行，由央行负责经济特区内外资银行的设立、审批以及运营的监督管理。[①] 1990年，以上海作为金融对外开放的主要试点城市，央行颁布了《上海市外资金融机构、中外合资金融机构管理办

---

① 1985年国务院颁布《中华人民共和国经济特区外资银行、中外合资银行管理条例》，其中对于外资银行在准入方面的限制较为严格，除有对外资银行注册资本、分行营运资金以及机构市场退出机制做出特别规定外，外资银行业务许可的范围也十分有限，主要集中于开展外汇业务（如境外汇款与托收业务、外汇结算业务、外汇存贷款业务等），由外汇管理局颁发相关外汇业务的许可证。

法》，再一次强调了央行对外资金融机构拥有审批、管理和监督的职权，并对外资银行的投资主体资格（包括投资主体性质和资产状况）、注册资本和营运资金、业务范围、营运管理、法律责任等方面提出了比中资银行更严格的要求。1994 年，国务院颁布《中华人民共和国外资金融机构管理条例》（以下简称《外资金融机构管理条例》）在更高效力层级上对外资银行的规范和管理做出规定。央行也随即在 1996 年发布《中华人民共和国外资金融机构管理条例实施细则》（以下简称《外资金融机构管理条例实施细则》）作为其配套规范。2003 年原银监会从央行手中接过了对外资银行的审批和监管职权，并发布《中华人民共和国银行业监督管理法》和重新修订《外资金融机构管理条例实施细则》。2006 年国务院和原银监会分别发布《中华人民共和国外资银行管理条例》（以下简称《外资银行管理条例》）和《中华人民共和国外资银行管理条例实施细则》（以下简称《外资银行管理条例实施细则》），并在此后由相关主管部门多次进行修订。

2018 年，原银监会与原保监会合并成立银保监会，对全国银行业和保险业实行统一监督管理。根据"简政放权"要求，逐步将监管重心由事前审批转至事中与事后监管，银保监会一成立便通过一系列规章制定与修改对外资银行进行规范化、专业化管理，针对外资银行的制度规范体系基本得以确立：除国务院对外资银行颁布的一部法规以及银行业监管部门发布的规章及行政性文件外，对外资银行的其他国内监管规范主要散见于《中华人民共和国商业银行法》（以下简称《商业银行法》），以及央行和银保监会对各类商业银行的监管规则（见表 1-1）中。同时我国还与多个国家与地区的金融监管当局分别签订了监管合作谅解备忘录或监管合作协议，通过广泛的信息交流与人员合作，共同对双方互设的银行业金融机构实施监管。

表 1-1 我国专门针对外资银行的主要监管制度

发布机关	发布时间	部门规章及规范性文件
国务院	2019 年	《外资银行管理条例》（国务院令第 720 号）

表1-1(续)

发布机关	发布时间	部门规章及规范性文件
国家发展改革委、央行、原银监会	2004 年	《境内外资银行外债管理办法》
原银监会（现银保监会）	2008 年	《外资银行跨境监管沟通机制》（银监办发〔2008〕60号）
	2008 年	《关于外资银行开展债券担保业务有关事项的意见》（银监办发〔2008〕250 号）
	2015 年	《关于外资银行在银行间债券市场投资和交易企业债券有关事项的通知》（银监办发〔2015〕31 号）
	2017 年	《关于外资银行开展部分业务有关事项的通知》（银监办发〔2017〕12 号）
	2018 年	《关于进一步放宽外资银行市场准入有关事项的通知》银保监办发〔2018〕16 号
	2019 年	《外资银行管理条例实施细则》（银保监会令〔2019〕6号）
	2022 年	《中国银保监会外资银行行政许可事项实施办法（2022修正）》
央行	2015 年	《中国人民银行关于外资银行结售汇专用人民币账户管理有关问题的通知》（银发〔2015〕12 号）

银行业外资的监管与其他行业外商投资的监管制度不尽相同，一般涉及三个层面的内容：一为准入监管，即具体对外资银行是否能够进入一国金融市场，以及能够取得多大范围的业务权限进行调整，这是银行业开放的第一道"门槛"；二为运营监管，即对外资银行在跨过准入"门槛"后如何开展经营活动进行过程管理；三为市场退出监管，目的在于确保外资银行终止经营事由发生时能够平稳地退出本国金融市场。就微观的条款内容来看，我国现行外资银行监管制度中仍存在许多问题，有关文献已就此做了详细而深入的研究，本书便不再就此展开论述。从宏观角度，仅就监管规范的整体制度架构而言，还存在以下几个方面的问题。

1. 效力层级低、规范分散

与一些国家针对外资银行专门立法的做法不同,[①] 我国并未针对外资银行进行专门立法,在外资银行监管制度的整体架构上仍存在一些问题:

（1）规则效力层级普遍较低

由全国人大立法制定的《商业银行法》与《中华人民共和国银行业监督管理法》（以下简称《银行业监督管理法》）主要调整的对象其实是中资银行,对外资银行的监管规制虽也可适用,但以上两部立法的具体条文并未对外资银行在实际监管过程中的特殊性予以进一步明确。实践中,只能通过《外资银行管理条例》以及配套的《外资银行管理条例实施细则》对外资银行的机构准入及经营活动进行专门调整,对于这一效力层级规则未能明确的内容,再通过其他行政性文件予以补充。这一制度架构在我国银行业开放初始曾经一度发挥了积极作用:入世之初,我国银行业开放处于起步阶段,国内各项银行业监管制度皆不完善,且银行市场自身风险承受能力也十分低下,此时效力层级较低的行政性文件在更新、调整方面有其独特的灵活性优势,能够根据我国改革开放中的经验做出相应的调整。事实上,在过去的二十年间,我国正是通过频繁的外资银行监管制度更迭实现了开放门槛的稳步降低。而如今,我国的金融业开放已进入了一个全新阶段,特别是随着中国银行业国际化的进程不断加快,我国既是资本输入大国,也是最大的资本输出国之一,工商银行、建设银行等大型国有商业银行已经被列入全球系统性重要银行,对全球金融稳定和全球金融标准的制定发挥着巨大的影响力。据此再反观我国的银行业立法现状,无论是规则架构的建设还是制度配套都反映出一定的滞后性。实践中,金融系统稳健的发达国家通常根据国内健全的外资银行立法对外承诺,这使得一些适宜于国情的金融保护措施能够随着国内法的适用而被长期保留下来,而我国由于缺乏在更高立法层级上建立的外资银行法体系,因此在开放中不得不根据对外承诺来相应修改国内制度,虽然这种做法在制度摸索期会对国内法制的完善产生一定的帮助,但并不利于传统银行法习惯以及必要金

---

① 如美国《1978 年国际银行法》。

融保护措施的延续。

（2）规范性文件分散，且内容较为笼统

由于我国对外资银行的监管缺乏一套专业、宏观、系统的法制框架，规章及规范性文件间条文重复和规范冲突的问题就难以避免。如《中国银保监会外资银行行政许可事项实施办法》（以下简称《外资银行行政许可事项实施办法》）与《外资银行管理条例》关于审慎性条件、机构设立股东要求等方面存在大篇幅的重复规定，而在一些具体要求上则仍存在规定不明甚至冲突的内容。① 这些问题不仅给银行业监管执法制造了麻烦，还对外资银行遵循制度适用依据产生不必要的困扰。此外，我国外资银行的规则体系，主要侧重于对准入审批的规定，对准入流程有详细的规定，而事后监管方面的规范则较为笼统，仅原则性地做出比照中资银行监管的一系列安排，未能系统性地针对外资银行的监管内容进行专门区分。

2. 准入监管原则不明确

《外资银行管理条例》虽已对外资银行的监管目标进行了明确，② 但对外资银行的监管原则却未有涉及。就目前国际通行做法而言，外资银行的监管原则主要有四个，分别是本国银行业保护主义原则、对等互惠的国际合作原则、最惠国待遇原则以及国民待遇原则。

本国银行业保护主义原则是贸易保护主义在银行业开放中制度外化的表现，主要强调将银行业监管重心放在保护本国银行业机构不受外资影响和控制上，极端者则表现为完全反对外资银行进入本国金融市场。

对等互惠的国际合作原则具体表现为东道国允许外国银行机构进入本

---

① 《外资银行行政许可事项实施办法》要求拟设外商独资银行、中外合资银行的股东应具备的条件之一为"具有有效的反洗钱制度，但中方非金融机构股东除外"。而《外资银行管理条例》则未在此项对中方股东与外方股东做出区别规定。此外，《外资银行行政许可事项实施办法》对外方股东所在国家或地区经济状况提出了审查要求，需符合"经济状况良好"的条件，而《外资银行管理条例》中则仅要求外方股东所在国家或地区"拥有完善的金融监管制度，并且其金融监管当局已与银保监会建立良好的监管合作机制"。

② 《外资银行管理条例》第一条确定的监管目标是"加强和完善对外资银行的监督管理，促进银行业的稳健运行"。

国市场的条件取决于其母国给予东道国银行机构进入其市场时的条件，一国监管机构在制定外资银行监管政策时具有较大的自由裁量空间，以给予不同外资银行不同优惠政策，并可据此拒绝某些国家外资银行的进入。

最惠国待遇原则是WTO体系下的一项基本开放原则，在银行业开放中主要表现为一国给予另一国银行机构的开放优惠不低于在同一领域内给予任何第三国银行的待遇。也有许多国家在实践中将对等原则与最惠国原则相结合，在对等的前提下承诺给予WTO成员的银行在机构准入、经营范围、地域限制方面享受优惠待遇。

国民待遇原则是银行业全面开放之下的产物，其核心价值在于赋予了外资银行与内资银行完全相同的政策待遇，具体操作上又可分为准入前国民待遇以及准入后国民待遇。《外商投资法》及其配套制度的颁布标志着国民待遇在外国投资领域获得了更大范围的应用，但就目前我国现行的外资银行立法内容来看，无一对准入监管的原则进行明确，这在外资银行监管制度内容完整性、保持监管部门政策目标及施用原则一致性上是十分不足的。值得一提的是，我国对于内外资银行的监管实际上采用的是"双轨"模式，无论是在准入行政许可，还是在业务范围限制方面，外资银行都未能获得完全的国民待遇。就现行外资银行监管制度框架来看，缺乏专门立法的统一协调与规范，使得各部法规与规章之间仍存在衔接问题。[①]

3. 规范内容与配套制度不完善

在竞争安排方面，我国现阶段对于外资银行监管最大的问题在于缺少反不正当竞争和反垄断的有关制度，在既有的几部外资银行监管规章中甚至对于"竞争"的提法都很少，仅有的几处涉及"竞争"的表述也不过是

---

① 例如，《中华人民共和国银行业监督管理法》与《中华人民共和国外资银行管理条例》均未对相互衔接问题进行规定。此外关于规章间具体条款的衔接问题，国内有许多学者都展开过讨论，在此不再赘述。

笼统地表明要提高外资银行的"整体竞争能力"和"业务竞争能力",①但对于如何提升外资银行的这些竞争能力,以及如何营造和维护银行市场的竞争关系,则未明确。事实上,即使是对于中资银行的竞争原则安排也仅仅是在《商业银行法》中原则性地提出"商业银行开展业务,应当遵守公平竞争的原则,不得从事不正当竞争"。以及在《银行业监督管理法》中有"银行业监督管理应当保护银行业公平竞争,提高银行业竞争能力"的笼统表述。这一制度缺失无疑将使我国在面对外资银行取得市场垄断地位的情形时处于被动。

在信息披露和风险防范机制的规范方面,现行外资银行监管制度采取了比照中资银行实行监管的方法,对于外资银行在涉及跨国经营时存在的特殊性和复杂性未能予以重视并加以区别规范。②《外资银行管理条例》仅对存款准备金以及呆账准备金制度做了一般提法,但对于具体操作细节则未有涉及,不利于构建健全的风险防范制度。与此同时,《银行业保密法》《银行业金融机构破产条例》等自进入立法程序后迟迟未能出台,也使得外资银行在市场退出相关制度方面有待进一步完善。③

---

① 《中国银保监会外资银行行政许可事项实施办法》第四十四条规定:"外商独资银行、中外合资银行设立分行级专营机构的,申请人……应当具备……专营机构符合该项业务的发展方向,符合银行的总体战略和发展规划,有利于提高银行整体竞争能力……"第一百二十条规定:"外商独资银行、中外合资银行申请开办信用卡发卡业务,除应当具备本办法第一百一十九条规定的条件外,还应当……符合外商独资银行、中外合资银行业务经营总体战略和发展规划,有利于提高总体业务竞争能力。"第一百二十一条规定:"外商独资银行、中外合资银行申请开办信用卡收单业务,除应当具备本办法第一百一十九条规定的条件外,还应当……符合外商独资银行、中外合资银行业务经营总体战略和发展规划,有利于提高业务竞争能力。"

② 《外资银行管理条例》第三十六条规定:"外资银行营业性机构应当遵守国家统一的会计制度和国务院银行业监督管理机构有关信息披露的规定。"第五十四条:"外商独资银行、中外合资银行应当设置独立的内部控制系统、风险管理系统、财务会计系统、计算机信息管理系统。"第六十五条则对未按照有关规定进行信息披露的外资银行规定了相应的处罚办法。总体而言对于外资银行的信息披露机制规定得十分宽泛笼统,在针对性和明确的可操作性上有所欠缺。

③ 《外资银行管理条例》虽然单列一章对外资银行的"终止与清算"进行规范,但仅有的五个条款大多为原则性规定,缺乏具体操作细节。

在金融安全制度构建方面，我国的国家安全审查制度尚仅有一个原则性的规则框架，具体针对银行业的安全审查规范则近乎空白。此外，我国允许外资金融机构实行混业经营，而相关监管政策则继续依照分业监管的模式分别交由银保监会和证监会制定，政出多门以及有效协调机制的缺失，难免会导致对外资银行部分业务的调整出现监管真空。

（三）开放监管体制

1975 年成立的巴塞尔委员会对于世界各国制定银行业监管规则的影响是不容忽视的。[1] 巴塞尔委员会认为，银行业是高风险行业，面对开放市场，不论是发展中国家还是发达国家，监管不力以及不健全的银行体系都会给一国乃至全球金融的稳定造成威胁，所以"没有任何境外银行机构可以逃避监管"；[2] 又因监管措施不能不受约束，否则也会阻碍金融市场的健康发展，因此对于银行的监管又必须是"有限且有效的"。[3]

1. 我国的外资银行监管机构

我国实行的是"单一"银行监管机构体制，自 2003 年国务院将银行监管职能从央行剥离后交由原银监会承担后，就从制度层面正式确立了原银监会（后与原保监会合并为银保监会）作为唯一拥有银行业监管权机构的法定地位。与此同时，央行仍具有在特定领域对银行业金融机构行使检

---

① 目前巴塞尔委员会的成员包括28个国家和地区的45个中央银行和银行监管机构，涉及的银行业资产占全球银行业的90%。Basel Committee Charter, https://www.bis.org/bcbs/charter.htm#consultation。

② 为进一步协调成员国监管标准间的差异、划分东道国与母国的监管职责，并形成统一的监管价值标准，巴塞尔委员会于1983年发布了《对银行国外机构监管的原则》(*Principles for the Supervision of Bank's Foreign Establishments*，简称《1983 协议》)。该协议包含了两个基本思想：一是任何海外银行都不能逃避监管；二是任何监管都应适度且恰当。

③ Barth 等人的研究发现，银行监管比较严格的国家经常出现银行危机，可见监管并未能在提高银行部门运行效率中发挥积极的正面效应。

查监督、信息收集等监管权。① 这意味着，银保监会在行使某些银行业监管权时，如制定商业银行收费项目和标准②、支付结算与清算监管③等，有可能会与央行的监管权限产生重叠。此外，对于外资银行开展外汇业务的具体监管程序与审批权限也可能会存在银保监会和外汇管理局之间职能重叠的情况。④ 如何划分权力边界以避免这些机构之间产生监管权冲突，甚至动摇"单一"监管体制，是值得立法者深思的问题。

在监管机构的职能划分上，多年来我国一直实行着"分业监管"的分工模式，即针对不同的金融服务部门（银行、证券、保险以及其他金融业）由不同的监管机构进行管理。"分业监管"也是世界上大多数国家选

---

① 如《中华人民共和国中国人民银行法》第三十二条规定，中国人民银行有权对金融机构以及其他单位和个人进行检查监督。第三十三条规定，中国人民银行根据执行货币政策和维护金融稳定的需要，可以建议国务院银行业监督管理机构对银行业金融机构进行检查监督。第三十四条规定，当特定情况下中国人民银行经国务院批准，有权对银行业金融机构进行检查监督。第三十五条规定，中国人民银行根据履行职责的需要，有权要求银行业金融机构报送必要资料。

② 《商业银行法》第五十条规定："商业银行办理业务，提供服务，按照规定收取手续费。收费项目和标准由国务院银行业监督管理机构、中国人民银行根据职责分工，分别会同国务院价格主管部门制定。"

③ 《商业银行法》第六十二条规定："国务院银行业监督管理机构有权依照本法第三章、第四章、第五章的规定，随时对商业银行的存款、贷款、结算、呆账等情况进行检查监督。检查监督时，检查监督人员应当出示合法的证件。商业银行应当按照国务院银行业监督管理机构的要求，提供财务会计资料、业务合同和有关经营管理方面的其他信息。中国人民银行有权依照《中华人民共和国中国人民银行法》第三十二条、第三十四条的规定对商业银行进行检查监督。"也即是说支付结算管理虽然是属于银保监会的权限，但央行有维护支付系统的职责，因此有权与银保监会共同制定支付结算规则。

④ 例如，根据《外资银行管理条例》的规定，外资银行及外国银行分支机构可以按照国务院银行业监督管理机构批准的业务范围经营部分或者全部外汇业务；而《银行办理结售汇业务管理办法》第四条则规定，银行办理结售汇业务应当经外汇局批准。《中国人民银行关于外资银行结售汇专用人民币账户管理有关问题的通知》中对于外资银行办理结售汇业务的，要求其须在经国家外汇管理部门批准取得经营资格后，方可向所在地中国人民银行分支机构申请开立结售汇人民币专用账户。可见外资银行开展结售汇业务，将会同时受到来自银保监会和外汇管理局的监管。

择采用的监管模式。① 然而分业监管不利于实现监管的规模经济，多机构参与不仅会增加监管的边际成本，也可能会导致监管冲突与监管疏漏的产生，并为某些金融机构进行监管套利创造条件，不利于对金融风险（尤其是跨行业的金融风险）的全面掌握。例如，外资银行在被许可开展银行业务之外，还可以开展部分保险业务，这就使得银行业监管部门和保险业监管部门的监管难度大大增加。针对这一问题，近年来我国在分业监管的基础上，出现"统一监管"的改革趋势——原银监会与原保监会职能合并后成立银保监会，对银行及保险业务统一监管——以此增强对银行提供多种金融服务的统一监管。

在监管机构的监管目标上，相对于审慎监管，我国目前主要的监管重心仍然是业务行为监管。从外资银行监管相关制度来看，对于审慎性监管的规定仍然不够规范，甚至于对何为审慎性监管的概念都仍未能予以明确，也未能实现与国际规则之间的接轨。

2. 我国的外资银行监管制度

根据巴塞尔委员会《有效银行监管核心原则》中关于有效监管体系25条核心原则的规定，② 可以将对外资银行的监管概括为事前、事中以及事后的三个阶段：第一阶段为外资银行的准入监管阶段，亦为准入前审批（包括准入流程管理）阶段，该阶段的监管主要对外资银行的独立性、权力、透明度、业务范围、发照标准等进行规范。第二阶段为外资银行准入后进入运营监管的阶段，该阶段的监管内容包含对外资银行资本充足率、流动性风险、重大收购、内部控制与审计、会计处理与信息披露、现场和

---

① 2006年的一项研究统计表明，全球实行统一监管的国家和地区，如德国、日本、新加坡、韩国、英国、中国台湾与中国澳门等，共有46个；而实行分业监管的国家和地区则有105个，包括中国、澳大利亚、美国、加拿大、印度等。

② 2006年发布的《有效银行监管的核心原则》是在1997年提出的最低资本金要求、外部监管、市场约束三大监管原则的基础上，进行的符合国际银行业监管发展趋势的修订，实践中许多国家都将其规定的核心原则作为评估本国监管体系的质量和明确未来工作要求的标杆，可以说核心原则对国际主流国家银行业监管体制的构建有直接指导作用。我国的《商业银行法》以及《银行业监督管理法》就是在充分借鉴了巴塞尔委员会提出的监管原则的基础上做出的立法实践。

非现场检查，以及母国与东道国监管当局的监管合作等诸多内容的规范，主要目标在于防控外资银行运营过程中可能会产生的信用风险、市场风险和操作风险等。第三阶段为外资银行的市场退出（包括问题处置）监管阶段，该阶段的监管制度主要包括监管当局对问题银行采取的一整套纠正与整改措施、问题银行的有序退出机制以及存款保险制度等。①

以此审视我国现行外资银行监管制度框架，还存在许多问题。除了规则效力层级低下、规范笼统等问题外，监管规则的明显侧重使得我国对于运营阶段以及市场退出的事中和事后监管十分薄弱：①风险评级体系不够完备，使得对外资银行的监管局限于合规性审查；②虽然监管部门已对外资银行提出建立资金流动性和内部风控机制的要求，但具体如何对这些机制的实际效果进行监管则缺乏具体的制度标准；③监管信息披露制度不够完善，且与外资银行母国监管部门之间的合作机制也有待健全；② ④外资银行的市场退出机制不健全，市场退出包括一系列复杂的监管内容，但就我国目前的银行监管规则来看，仅仅针对于退出清算与对问题银行的处罚这两部分内容，对外资银行恶意退出的情形则缺乏必要的监管约束和处置办法。与此同时，我国的外资银行监管手段也不够完善，实践中监管机构采取现场检查的比重大大超过了非现场检查，且多以"报送稽核"的形式进行，导致监管机构不能实现对外资银行运营风险的全程掌控。

---

① 尤其是在经历 2008 年金融危机后，各国开始对危机中出现的"大而不倒"的道德风险问题进行反思，在危机及风险处置机制的重要性上基本达成了共识，认识到经营失败的银行执行有序退出计划，与事后救助有同样的监管效力。

② 如《外资银行管理条例》规定："拟设外商独资银行的股东、中外合资银行的外方股东或者拟设分行、代表处的外国银行所在国家或者地区应当具有完善的金融监督管理制度，并且其金融监管当局已经与国务院银行业监督管理机构建立良好的监督管理合作机制。"但具体如何建立和其母国监管机构之间的合作机制，相关制度则并不完备，多为一些原则性提法。

二、我国银行业扩大开放的现实短板

我国银行业对外开放的历程尚短，进一步扩大开放水平也仅是近年来的举措，因此在经验积累、实践检验方面仍存在不足。结合中资商业银行以及外资银行在华发展现状的有关数据，银行业的对外开放仍然问题重重。

（一）内外资结构占比不均衡

截至 2019 年年底，外资银行在华资产总额约 3.37 万亿元，较 2003 年的 4 159 亿元增长了超过 7 倍，年均增幅约为 14%。此外，在过去十年间外资银行在华设立的营业机构总量基本呈震荡上升的趋势，2009 年外资银行在华设立了 338 个营业机构（不含支行），到 2019 年机构总数已达 976 个，平均每年增加约 71 个。然而即使是在如此增速之下，与中资银行相比，外资银行不论是在机构数量还是资产总额占比上都仍远远落后。

到 2020 年 9 月，我国银行业金融机构资产总额超过 307 万亿元，总资产规模居世界第一。其中大型国有商业银行总资产约 122 万亿元，股份制商业银行总资产约 55 万亿元，城市商业银行总资产约 40 万亿元，农村金融机构总资产约 40 万亿元，国家开发银行、民营银行、外资银行等其他类金融机构总资产合计近 49 万亿元。[①] 截至 2019 年年底，大型商业银行占我国银行业金融资产份额的 39.1%，是外资银行的近 24 倍（见图 1-1）。

---

① 数据来源：原银保监会（现为国家金融监督管理总局）网站、中国人民银行发布的《2019 年中国金融稳定报告》，由作者整理后得出。

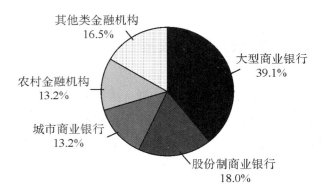

图 1-1　2019 年 12 月银行业金融机构资产份额

（数据来源：银保监会网站以及各大银行官网公布信息，经作者整理后得出）

由图 1-2 可知，外资银行机构总数自 2007 年来基本保持了波动上升的趋势，但资产规模总量却始终不大，自 2007 年取得 2.38% 的占比高点后便开始震荡下行。受 2008 年金融危机影响，外资银行的资产规模更一度跌至 1.71%，此后虽一度有复苏增长的趋势，但从 2011 年后又开始继续走低。即使是在 2019 年外资银行资产总量有显著提升的情况下，这一比重也仅为 1.64%，不仅与英、美、欧盟等发达经济体间存在较大差距，跟巴西、南非、印度、俄罗斯等其他金砖国家相比也尤显不足——这些国家的外资银行的总资产份额均已超过 10%。

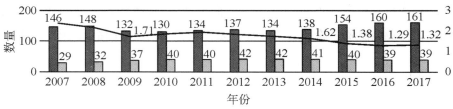

图 1-2　2007—2017 年外资银行在华机构数量及资产占比变化情况

（数据来源：银保监会网站、国家统计局公布数据及各大银行官网公布信息，经作者整理后得出）

造成我国外资银行体量、资本占比上行艰难的原因，大体可总结为以下几个：

第一，我国银行业固有结构比重难以在短时间内得到大幅调整，大型商业银行和股份制商业银行在市场体量中占比大，且金融危机后我国中小型商业银行的数量迅速扩张，仅仅通过近几年的对外开放来引入外资，外资在数量和资本体量上都不具有优势。国有股的份额优势大大挤占了其他市场主体进入的空间，提高了外国资本参与共同竞争的难度。

第二，外国投资者在华银行业的投资主要通过自设机构（设立法人、分支机构等）和入股中资商业银行来实现。一方面，受母国监管要求的调整，以及我国多年来对银行业准入的严格限制和事前监管的多方约束，外资银行在华投资一直持谨慎观望的态度。以注册资本为例，截至 2019 年，41 家法人银行中注册资本超过 30 亿元（含）人民币的仅有 24 家，相比之下，12 家全国性股份制商业银行中注册资本额最低的渤海银行也已达到了 50 亿元人民币，五大国有商业银行的平均注册资本额更是达到了 2 600 亿元人民币。另一方面，许多采取入股中资银行形式投资的境外投资者自 2008 年金融危机后开始采取战略性收缩策略，纷纷减持大型银行和股份制银行股份，甚至退出中国市场，[①] 或转而增加对中小银行（尤其是一些股权相对分散的城市商业银行）的投资，从而获取更高的股东地位。

第三，自 2013 年我国通过上海自贸试验区逐步向民间资本放开银行业市场以来，民间资本展现出了极大的投资热情。6 年间民间资本控股的银行业机构已超过 3 000 家，其中民间资本在股份制银行、城市商业银行和农村合作金融机构的持股比例已分别超过 40%、50% 和 80%，至 2019 年年底取得营业执照的民营银行达 19 家且这一数字还将进一步提高，民营银行

---

① 如高盛集团 2013 年减持工商银行股份、美国银行 2013 年减持建设银行股份、苏格兰皇家银行 2009 年减持中国银行股份，2015、2016 年，苏格兰皇家银行等退出中国市场。

的兴起在一定程度上进一步挤占了外资银行本就不高的市场份额。①

（二）外资银行地域分布不均衡

从外资法人银行注册地分布情况来看，大多集中于北京、上海、南京、珠海等东部沿海地区，其中仅上海的外资法人银行就超过全国半数，达到21家，中西部地区目前则尚无外资银行注册设立。② 此外，法人银行机构在境内开设分行也具有极强的地域趋同性，多集中在北京、上海、广州、深圳等传统开放地区，在中部地区则主要集中于重庆、成都、武汉等几个主要城市。截至2019年，国内开设外资法人银行分行（不包括总行）数量最多的前五个城市分别是：上海29家、北京28家、广州26家、深圳24家、天津21家以及成都15家（见图1-3）。政策导向、经营传统、地缘便利等是造成这一现象的主要原因。

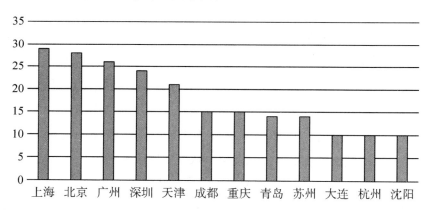

图1-3　2019年外资法人银行分行数量在华分布前10位的城市

开放制度的统一调整常常会受到不同地区间资本开放经验差异性的制约。以银行市场开放举例来说，不同地区，尤其是金融发达与金融不发达地区之间，从硬件到软件建设各个方面都存在着巨大的开放基础上的差

---

① 数据来源："五家大型银行资产占银行业总量的37%银行体系结构持续优化"，中华人民共和国中央人民政府网，http://www.gov.cn/xinwen/2019-08/06/content_5419025.htm。

② 数据来源：中国（上海）自由贸易试验区网站。

42 外商投资法视角下中国银行业的开放问题研究

异，如金融包容性、金融基础服务建设、金融监管部门的监管经验储备等。对于那些外资银行进入少、开放经验不足的地区而言，其金融开放的风险系数必然更高，因而资本分布不均衡这一现象则将极大可能使得外资银行开放制度改革在全国范围内的统一推广和适用变得更为困难。

（三）银行业外资来源单一

由表1-2可知，2019年我国41家外资法人银行在华注册与分行开设情况中，有约70%的外资股东都来自亚洲，我国银行业外资来源的多样性有待加强。但从另一个角度来说，单一的外资来源也意味着我国在制定相应的银行业开放政策时能够更具针对性，这一点应当在今后相关制度的完善中被纳入考虑范围。

表1-2 2019年41家外资法人银行在华注册与分行开设基本情况①

序号	外资法人银行名称	外资法人银行总行注册地	外资法人银行分行数/个	外资法人银行注册资本/万元
1	汇丰银行（中国）	上海	31	1 540 000
2	东亚银行（中国）	上海	31	1 416 000
3	渣打银行	上海	25	1 072 700
4	南洋商业银行（中国）	上海	12	950 000
5	恒生银行（中国）	上海	14	831 750
6	大新银行（中国）	深圳	4	120 000
7	中信银行国际（中国）	深圳	2	100 000
8	华商银行	深圳	2	415 000
9	富邦华一银行	上海	10	210 000

① 根据国务院2019年颁布《关于修改〈中华人民共和国外资保险公司管理条例〉和〈中华人民共和国外资银行管理条例〉的决定》的规定，将《中华人民共和国外资银行管理条例》第七十二条修改为："香港特别行政区、澳门特别行政区和台湾地区的金融机构在内地（大陆）设立的银行机构，比照适用本条例。国务院另有规定的，依照其规定。"本书将此类机构在中国内地（大陆）设立的外资法人银行也纳入统计范围，特此说明。

表1-2（续）

序号	外资法人银行名称	外资法人银行总行注册地	外资法人银行分行数/个	外资法人银行注册资本/万元
10	彰银商业银行	南京	4	250 000
11	永丰银行（中国）	南京	3	200 000
12	玉山银行（中国）	深圳	3	200 000
13	国泰世华银行（中国）	上海	3	300 000
14	花旗银行（中国）	上海	12	397 000
15	摩根大通银行（中国）	北京	8	650 000
16	华美银行（中国）	上海	2	140 000
17	浦发硅谷银行	上海	2	100 000
18	摩根士丹利国际银行（中国）	珠海	1	100 000
19	韩亚银行（中国）	北京	12	335 000
20	友利银行（中国）	北京	10	254 800
21	新韩银行（中国）	北京	9	200 000
22	企业银行（中国）	天津	8	200 000
23	国民银行（中国）	北京	5	250 000
24	三菱日联银行（中国）	上海	13	1 000 000
25	瑞穗银行（中国）	上海	10	950 000
26	三井住友银行（中国）	上海	8	1 000 000
27	盘谷银行（中国）	上海	5	400 000
28	开泰银行（中国）	深圳	3	300 000
29	正信银行	上海	–	100 000
30	法国兴业银行（中国）	北京	7	400 000
31	东方汇理银行（中国）	上海	5	479 600
32	法国巴黎银行（中国）	上海	7	832 755.5
33	星展银行（中国）	上海	12	800 000
34	大华银行（中国）	上海	12	550 000
35	华侨永亨银行（中国）	上海	12	546 700

表1-2（续）

序号	外资法人银行名称	外资 法人银行 总行注册地	外资 法人银行 分行数/个	外资 法人银行 注册资本 /万元
36	首都银行（中国）	南京	5	150 000
37	新联商业银行	厦门	1	100 000
38	德意志银行（中国）	北京	6	442 600
39	蒙特利尔银行（中国）	北京	3	180 000
40	瑞士银行（中国）	北京	1	200 000
41	澳大利亚和新西兰银行（中国）	上海	7	622 500

数据来源：作者整理各外资法人银行网站公开数据后得出。

（四）内外资银行盈利水平差距大

自 2014 年我国不断加大金融监管力度以来，国内商业银行都受到了不同程度的影响，并做出了相应的经营调整，出现了业务收缩的情况。此外，随着我国银行业市场的不断转型升级，以发放企业贷款为代表的传统银行业务对于银行盈利水平的推动作用也在实体经济的下行压力之下逐年下降，因此除金融创新能力较强、对传统业务依赖性较小的外资银行和民营银行外，我国国内商业银行整体的资产利润率都呈现出明显的下行趋势。其中，外资银行也曾因监管政策收紧、实体经济压力等原因在 2016 年出现利润率"触底"的情况，与国内商业银行的整体利润率拉开近 0.75 个百分点。通过及时转变业务范围、调整资产结构，外资银行盈利能力在经过一段时间的震荡后开始回升，基本恢复了较快的上行趋势。不过，即使在这样的背景下，外资银行盈利水平与国内其他商业银行间的差距也仍然较大。2014—2018 年我国商业银行资产利润率情况如图 1-4 所示。

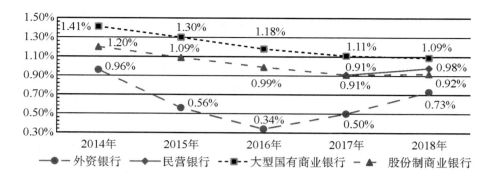

图 1-4　2014—2018 年我国商业银行资产利润率情况

（数据来源：原银保监会网站以及各大银行官网公布信息，经作者整理后得出）

（五）内外资银行业务侧重差异性

与紧密依靠"存贷差"传统模式盈利的大型商业银行和股份制商业银行等不同，外资银行受准入条件、执照权限、自身资本体量以及营业网点布局等的诸多限制，在传统存贷业务以及债券承销、托管资质、基金代销和托管方面相对中资银行一直以来都较为弱势。但同时，外资银行凭借其在国际市场取得的丰富经验以及外汇领域的一些先天优势资源，在开发"走出去"业务时较中资银行有着较为显著的优势。以 QDII 基金业务为例，根据外汇管理局 2019 年 11 月 29 日公布的《合格境内机构投资者（QDII）》，当前银行类合计批准的 QDII 额度为 148.40 亿美元，其中东亚、汇丰、中信、恒生、花旗等外资法人银行就占了总额度的 74.60%，共计 110.7 亿美元。此外相对于刚刚放开不久的民营银行而言，外资银行无论是在业务资质的取得还是享受优惠政策方面都更有优势，相较之下可谓享受"超国民待遇"。

三、影响银行业开放的制度环境要素

银行业的对外开放蕴含着外资主体从进入市场、开展经营，到参与竞争的全过程，涉及全面的监管以及一系列制度安排。就监管要义而言，其既包含了来自监管机构的他律监管，也包括发起自银行内部的自律监管，内容覆盖由准入、运营至退出的各个阶段。而就重要配套制度而言，安全制度为一，竞争制度为二。

（一）外资准入制度环境

事实数据表明，尽管我国银行业的开放水平较入世之初已今非昔比，但相对于农业、制造业等传统开放领域，开放程度依然有限。由图 1-5 可知，OECD 公布的外国直接投资限制指数（foreign direct investment restrictiveness，FDIR）显示，1997—2019 年中国金融服务业对外资限制虽也有大幅下降（23 年间下降约 70%），但限制程度仍然较高。在所列的 6 个国家中开放水平处于最末，除美国、澳大利亚等发达国家外，越南、菲律宾、印度尼西亚等几个东南亚发展中国家比中国更为开放。而越南等发展中邻国比中国更开放的现实后果就是产生外资市场资源（尤其是金融服务业）的激烈争夺。

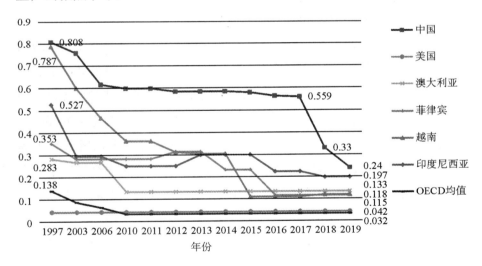

图 1-5　1997—2019 年 OECD 6 国金融服务业外资限制情况

（数据来源：OECD 网站，https://data.oecd.org/fdi/fdi-restrictiveness.htm，数据由作者整理后得出）

在当前国际环境日益复杂的背景下，资源争夺给我国所造成的负面影响无疑是较大的，有必要从外商投资的视角重新审视我国银行业对外开放的现实与制度架构：外资银行"走进来"是一国银行业开放极其核心的内容。首先，这一过程不可避免将涉及一国市场"门槛"的问题，国民待遇、准入监管等一系列外商投资法上的重要命题都会在这一阶段集中体现；其次，经过准入阶段跨过"门槛"之后，外国投资者在银行业的运营监管则成为又一个关键命题，其根本要求在于如何妥善处理外资银行的自治以及由东道国政府主导的行政管制之间的矛盾；再次，外国资本的进入同时带来了市场主体的多元化配置，外商投资领域新型的竞争关系和竞争机制也将由此而开启重构；最后，银行业自身的风险属性与其作为一国金融主权重要反射区的特质，使得这一领域内外资的"走进来"较其他行业而言更为敏感，也必将受到更多来自国家安全机制的限制，而保障国家安全则恰恰是外商投资立法的根本任务之一。可以说，银行业要走出一条高效、科学、稳健的对外开放之路，离不开外商投资领域的制度保障。

（二）外资监管制度环境

在金融全球化背景下，各国金融市场间的依赖与联系日益紧密，跨国金融活动已高度频繁，金融管制放松成为许多国家促进经济发展的主要施政方向。因此，衡量一国银行业的开放水平通常即是考察其对于要素流动的金融管制（或称金融监管）水平。然而，有限理性和机会主义的存在注定了银行市场中的各种内外部风险无法回避，尤其是在开放的银行市场中，参与者因无法总是做出理性而全面的考虑，往往会错失合理决策的良机，并由此引致市场中的种种不稳定因素，因此法律与契约的介入就成为必然。①

在介入形式上，法律介入主要体现为监管机构通过外部活动而展开的他律监管，具体包括市场准入监管、市场运行监管，以及市场退出监管；契约介入则主要反映为银行通过公司内部的治理契约，以自治方式开展自我约束。

---

① POSNER. economic analysis of law ［M］. 5th ed. aspen law & business, 1998：45. PELTZMAN S. Toward a more general theory of regulation ［J］. Journal of Law and Economic, 1976：19.

这两者之间的关系表现为：一方面，银行可通过内部治理契约来降低监管与交易成本，尽力降低道德风险产生的可能性；另一方面，由于银行自身经营始终存在负外部性、信息不透明，以及代理问题等，无法真正地实现契约自治，也无法消除道德风险，所以还需依赖国家和监管机构以立法和规则的形式提供"何者可为，何者不可为"的充分信息。唯有如此，包括股东、管理者、投资者以及其他利益相关者在内的银行市场主体才能够对自身和他人行为的法律后果做出合理预期，对市场环境与风险准确认知，并据此指引做出更有利于银行自身高效运作以及市场稳定的决策。

（三）银行业竞争制度环境

银行市场中的竞争与所有开放市场环境下的竞争一样，本质都是市场经济运行的必然结果，其作用于所有市场参与主体，使之被最大限度地调动起经营积极性，并始终将追求利润最大化作为原动力。在完全竞争的银行市场中，市场机制发挥着资源配置的绝对作用，无须借助其他手段即可实现社会收益的最大化。① 西方经济学提出的理性人假设赋予了市场中每个主体两个本质的特征：自利和完全理性。人们被假设能够通过完全自由的市场活动同时满足个人利益和社会利益的最大化。亚当·斯密对此的表述则更为直白，他指出"一件事情若对社会有益，就应当任其自由，广其竞争。竞争愈自由，那事情就会愈有利于社会"（亚当·斯密，1972）。因此，依据这一假设来开放银行市场的最终效果将是通过引进外资加强竞争激励，一方面完善东道国市场的竞争环境，另一方面提升东道国市场的内部活力。

然而，现实中这种完全竞争的帕累托最优并不存在，垄断、外部性以及信息的不对称都会制约市场的自我调节作用，进而出现市场失灵的情况。首先，政府监管在竞争中的缺位将会无可避免地导致垄断，垄断又将导致资源的浪费和市场效率的低下，垄断资本能够轻易地利用规模效应控制市场价格，制造潜在的市场准入壁垒，扭曲正常的产业结构。就我国的

---

① 一般认为，东道国金融市场的开放决策取决于开放后的收益水平，若其大于开放前的社会总福利，则东道国就应当开放市场。

银行业市场而言，国有银行占明显支配地位，在规模结构、政策便利等方面都拥有不同程度的竞争优势，若不对这些优势进行合理规制，放任其最终发展为对其他竞争主体市场份额的剥夺，则必然会破坏我国金融市场的稳定和可持续性。其次，经济活动的外部性使得个人收益与社会收益之间始终存在偏离，个体的不当竞争行为会对整体的市场竞争环境产生影响，而对每一个市场主体的竞争行为进行监管，则保障了整体竞争的有序。最后，银行市场中的信息不对称可能产生逆向选择和道德风险，而要缓解这种现象，除了靠市场机制本身的调节作用外，还需依赖政府通过管制措施来加强信息披露。

马歇尔认为"竞争可以是建设性的，也可以是破坏性的"，好的市场机制不能脱离竞争制度的约束。因此良性的银行业竞争制度安排应当至少发挥以下几方面的作用：①维护正常的银行市场竞争秩序，在对外开放条件下实现内外资不同主体间竞争地位的公平有序。②保持合理的市场结构，保障内外资拥有公平的市场准入机会。③通过对各种反竞争行为进行规制，保护各类银行机构的合法权益。

（四）金融安全制度环境

金融安全是相对于金融风险和危机而产生的概念。在经济全球化背景下，各国金融市场间的密切联系愈发深刻，使得一国市场内的金融风险和危机足以引发一连串连锁反应，进而动摇地区乃至世界金融体系的稳定。对金融安全的定义一般包含以下几层内容：①国家金融主权和金融利益不受侵犯；②金融制度和金融体系正常运行；③能够抵御内外金融风险和金融危机的冲击。

银行业的经营本质是通过从事各种风险活动以获取收益，因而与金融风险的联系尤为紧密。就类型而言，银行业所面临的风险除传统认为的信用风险外，还包括市场风险、利率风险、流动性风险、法律风险以及声誉风险等。若不针对这些风险制定合理的防范机制，则将无法避免系统性危机发生。国际货币基金组织（IMF）的一项统计表明，1970—2011 年间全球共发生 147 次系统性银行业危机（Systemic Banking Crisis），每一次危机影响的深度和广度都在不断增加，直到最后，无论发达经济体还是新兴发展中国家都将几乎无可避免地被拉入系统性危机之中。

同时，由于银行业务的异质性较低，在宽松的市场准入约束下，外资银行就可以大量进入并挤占本土银行的市场份额（越开放，这种挤占性的金融竞争就越激烈），因此东道国开放银行市场的举措在引进更多外资银行和投资者时，将无法避免地引入更多金融竞争；这些竞争对本国金融制度的冲击越大，金融安全的潜在威胁也就越大。完善的银行业安全制度体系包含有效的金融监管、金融安全网、国家金融安全审查等多个方面，能够有效应对开放市场条件下的各类金融安全威胁。

第二节　外商投资法改革及其构建的制度格局

随着市场开放和外资规模的不断扩大，过去几十年间我国的外商投资法①从立法目的到立法架构都发生了重大转变，经历了由保护到促进、由分散到统一、由空泛到具体，规范手段不断完善成熟的过程。

一、外商投资法的革新之路

（一）"外资三法"时期：局限与冲突

在将对外开放确定为一项基本国策后，我国相继颁布了一系列法律法

---

① 指外商投资法律格局这一宏观视角，并非具体的一部法律。

规以规范、鼓励外商在我国的投资行为，并初步形成了一定的立法规模。①与此同时，伴随首批经济特区的设立，为进一步深化开放水平、建立完善的开放法治环境，一些地方性法律法规也随即发布，②至1993年，我国与外商投资相关的立法（不含地方性法规）已达到相当大的数量规模。③此后，为缓解因各类法律规范繁杂、冲突而产生的规范效率低下、适用一致性差等问题，同时也为适应国际投资立法的更高要求，1995年国务院批准国家计划委员会、国家经济贸易委员会及中华人民共和国对外贸易经济合作部共同发布了《指导外商投资方向暂行规定》，将外商投资项目分为鼓励类、限制类和禁止类三种类型，并列入其附件《外商投资产业指导目录》（下文简称《指导目录》）。除鼓励绝大部分农林渔牧业、机械工业、纺织业等传统行业开放外，《指导目录》在银行、保险、外汇经纪和对外贸易等行业均进行了有限制的对外开放，相较此前的外商准入规则，在提高政策透明度、实现准入标准系统化、明确外资产业指向等方面有了很大进步，也进一步确立了我国正面清单（优惠措施）加行政审批的外商投资管理模式。

这一时期的开放政策及配套立法为我国吸引外资营造了良好的市场环

---

①　涉外经济立法层面有1979年《中华人民共和国中外合资经营企业法》（以下简称《中外合资经营企业法》）、1986年《中华人民共和国外资企业法》（以下简称《外资企业法》）、1988年《中华人民共和国中外合作经营企业法》（以下简称《中外合作经营企业法》）（下文统称"外资三法"）等；行政法及部门规章有1983年《中外合资经营企业法实施条例》、1984年《国务院关于经济特区和沿海14个港口城市减征、免征企业所得税和工商同意税的暂行规定》、1986年《国务院关于鼓励外商投资的规定》、1987年国务院办公厅转发国家计划委员会、关于《指导吸收外商投资方向的暂行规定》、1983年《中华人民共和国中外合资经营企业法实施条例》、1990年《中华人民共和国外资企业法实施细则》、1995年《中华人民共和国中外合作经营企业法实施细则》等。

②　如1986年《深圳经济特区涉外公司破产条例》、1986年《深圳经济特区抵押贷款管理规定》、1986年《厦门经济特区关于改善外商投资环境的规定》、1987年《北京市放宽外商投资的政策》等。

③　据相关研究统计，至1993年我国颁布实施的外商投资法已有100多个（不含地方性法规），其中仅全国人大常委会颁布的法律和国务院颁布的行政法规这两项就超过51个，更不论数量庞大的各部委规章以及各省、自治区、直辖市发布的地方性法规。

境，同时也为我国加入 WTO 的进一步举措提供了一定制度基础。① 1995 年7 月，中国正式提出加入 WTO 申请，为配合谈判进程的推进，2000 年前后我国又对既有的外商投资法进行了相应调整和完善。② 至此，在国内法层面上由"外资三法"确立的外商投资法体系基本得以完善和确立。

入世后，如何尽快实现国际接轨成为我国完善外商投资法过程中面临的首要问题。在制度构建上，这一阶段外商投资法改革的任务具体可分为三个层面：

首先，是提升外商投资法透明度的问题。《与贸易有关的投资措施协议》（Agreement on Trade-Related Investment Measures，即 TRIMs 协议）对各缔约国投资政策法规的透明度提出了较高的要求，但"外资三法"体系下的立法透明度与 WTO 的标准之间仍相距甚远。因而确保各类涉外投资法律政策透明度、对既有规则进行统一、精简和公正合理的司法审查，被认为是中国加入 WTO 进行国内法制度改革的关键。

其次，是确保内外资竞争公平性的问题。在"外资三法"体系下，内外资企业在准入、出资、股权转让、组织形式和公司治理结构等方面所享受的待遇和受到的限制间仍存在较大差异；且具体条款中还存在着 WTO（尤其是 GATT③ 和 TRIMs 协议）认为存在影响内外资公平竞争环境因素的规定。因此，在来自 WTO 体系和深化改革开放自身需求的双重压力之下，我国外商投资法在入世后的一项重要任务就是尽快消除阻碍内外资公平竞争的限制性内容。

最后，是实行"国民待遇"和改革外资管理模式的问题。"外资三法"

---

① 1998 年一项统计数据显示，中国自 1993 年起已连续五年成为仅次于美国的全球第二大外资流入国。

② 1998 年国务院批准国家计划委员会对《外商投资产业指导目录》进行修订，同年中共中央、国务院发布《关于进一步扩大对外开放、提高利用外资水平的若干意见》。2000 年第九届全国人大常委会十八次会议审议通过《中外合作经营企业法》和《外资企业法》的修正案。2001 年第九届全国人大四次会议通过《中外合资经营企业法》的修正案，随后公布《中华人民共和国外资企业法实施细则（2001 修订）》等。

③ GATT，General Agreement on Tariffs and Trade，即关税及贸易总协定。

体系下我国采用的是正面清单（优惠措施）加行政审批的外商投资管理模式。一方面为吸引外国投资，我国在税收政策、土地使用、金融管理和公司设立要求等许多方面给予外资远高于内资的优惠待遇；另一方面针对外资的差异性限制却未能完全消除。于是这种管理模式就极易产生"超国民待遇"与"歧视性非国民待遇"并存的扭曲性贸易制度，从而导致外商对我国投资布局的产业不均衡现象发生。完善外商投资法的重要目标之一就是根据 WTO 体系及时调整外资管理模式，在国民待遇适用上确保内外资之间的一致性。

此后，我国围绕着"外资三法"体系配套出台了一系列法规政策，以期应对制度构建层面的这些现实问题，然而就现实结果而言，这一系列政策法规的调整对我国外国投资自由化的推进作用却是有限的。由图 1-6 可知，入世之初我国确实在对放宽外资限制方面实现了突破，但其后几年里我国的外资开放进程推进得却较为缓慢。至 2016 年，中国以 0.335 的指数水平位列当年所有纳入统计的经济体第四位，FDIR 水平仅略低于沙特阿拉伯（0.409）、菲律宾（0.390）和缅甸（0.386），被视为具有极高投资壁垒的经济体之一，而同年 OECD 所有经济体的 FDIR 均值只有 0.065。事实表明，"外资三法"体系已无法适应更高开放格局下的外商投资管理要求，伴随着大量高标准国际投资规则的出现，中国有必要对既有外商投资管理体制进行重构，以建立更能适应开放型经济新体制要求的外商投资法体系。

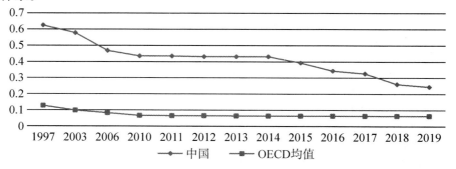

图 1-6　1997—2019 年中国对外国直接投资的限制情况

如今，与入世之初相比，中国在经济全球化的国际舞台中所处的地位已今非昔比，我国开始谋求高标准的国际规则中更多的话语权，努力将身份从游戏规则的跟随者转化为规则制定的主导者。正视"外资三法"体系下存在的诸多问题并及时予以调整势在必行。

1. 立法目标自身的局限性

从立法目标来看，以服务本国经济发展利益为主、兼以一定程度的外国投资鼓励与保护的价值取向，已无法满足我国由资本输入大国向资本输出与输入双重大国身份转变的需求。随着我国在国际投资市场中的身份由过去的资本输入国转变为如今的资本净输出国，我国在国际投资法中的身份定位也势必面临相应的"转型"需求，即由过去着力强调东道国主权保护的保守模式，向充分体现投资者（及其母国）利益与东道国利益的平衡兼顾模式转变。

2. 企业法定位对调整对象的限制

从立法名称来看，带有"企业"字样的"外资三法"主要是规范和调整外国公司、企业以及其他经济组织或个人在中国境内举办、经营企业的法律关系，具有十分明显的组织法和管理法属性，这就决定了其在对所有进入我国的外国投资行为的调整中所能发挥的作用十分有限。

3. 立法主体与内容框架的冲突问题

从立法主体和内容框架看，除与公司法界线划分不明外，条文繁杂、规定宽泛不清，且政出多门的立法状况也导致各类规范在具体执行过程中重复管理或管理空白的情况时有发生。

4. 管理体制不健全

长期以来，我国的外资准入管理制度主要体现为全链条审批制，外国投资从准入到运营的各个环节都受到诸多"行政许可"事项的约束。在特定历史时期，该外资管理制度确实为我国试水对外开放提供了相对稳定、安全的国内环境，然而随着我国对外开放程度的深化，这一制度本身存在的政策透明度低、内外资竞争秩序混乱、政府调节作用缺乏柔性等问题也逐渐暴露出来。

（二）后"外资三法"时期："新格局"的建立

为适应国际环境对中国不断深化开放的迫切要求，晚近对我国外商投资法改革的有益探索几乎都伴随着国际摩擦与协作。

2008年6月中美举行第四次战略与经济对话，宣布正式启动中美间双边投资协定谈判（Bilateral Investment Treaty，以下简称BIT谈判）。积极促成此项谈判的重要意义不仅在于为两大主要经济体缓解摩擦寻找出路，对我国而言更是一次接轨高标准国际投资规则的关键机遇。事实证明，中美BIT谈判的开展与不断深入，从多个方面对我国探索高水平方式（负面清单）实现投资自由化起到了重要推动作用，且随后进一步通过自贸试验区的制度探索和经验积累，为外商投资法改革创造了良好环境。[①]

自上海自贸试验区成立开始，自贸区内便不再实施以"外资三法"为基础的相关外资管理法律（主要为涉及外资审批的规定），取而代之以外商投资特别管理措施（负面清单）。此后，该负面清单经过多次修订，可以说，自贸试验区的设立从根本上为"准入前国民待遇+负面清单"外资管理模式在我国的探索与尝试起到了积极的示范作用，也为此后外商投资法"三法合一"的改革进程奠定了制度基础。

2016年9月，全国人大常委会决定废除原"外资三法"，在全国范围内推广适用负面清单管理模式。随后10月8日，商务部颁布《外商投资企业设立及变更备案管理暂行办法》，我国首次以有限范围内的审批和告知性备案管理制度取代了实行超过30年的全链条审批制。

2019年3月15日，十三届全国人大二次会议表决通过了《中华人民

---

① 2013年7月，历时五年的中美BIT谈判取得重大进展，中方同意以"准入前国民待遇+负面清单"模式进行实质性谈判。同年11月，党的十八届三中全会提出"探索对外投资实行准入前国民待遇加负面清单的管理模式"的要求，为高水平投资自由化在我国的全面实施奠定了基础。为进一步配合"准入前国民待遇+负面清单"模式的探索与实践，2013年9月29日，中国（上海）自由贸易试验区正式成立，肩负起投资开放压力测试的重要任务。此后，为最大限度发挥自贸试验区"试验田"的积极作用，截至2019年8月，我国又先后成立了广东、天津、福建、辽宁、浙江、山东、黑龙江等共计17个自贸试验区，依托不同自贸试验区的地缘优势与自身特点，形成了各有侧重的试点格局，在外资管理制度创新方面取得了重大突破。

共和国外商投资法》（以下简称《外商投资法》），标志着原有外资"三法"——《中外合资经营企业法》《中外合作经营企业法》以及《外资企业法》终于退出历史舞台，取而代之的是以《外商投资法》为核心建立的一套更为统一、规范的，促进、保护和规范外商投资活动的法律体系，这标志着我国以《外商投资法》为蓝本的立法"新格局"开始建立起来。

《外商投资法》共分六章，为明确外资管理权责，加强对外商投资合法权益的保障，其内容框架主要从投资促进、投资保护、投资管理、法律责任四个方面做出规定，统一立法势必将对明晰立法及管理权限、精简规范法律法规架构起到立竿见影的效果。从具体条文来看，对于"外资三法"时期的诸多问题，《外商投资法》中都做出了相关的应对，其中蕴含的几点较为显著的变革包括：

1. 立法名称、目标的变革

《外商投资法》与原"外资三法"相比不再含有"企业"字样，从名称中已明确体现出解决"外资三法"与《中华人民共和国公司法》（以下简称《公司法》）等企业组织法重叠、冲突问题的决心。第三十一条的规定更是将有关外商投资企业组织形式、组织机构等内容划归《公司法》等企业组织法的范畴，真正实现了内外资企业在企业组织法适用上的一致。①内外资一致的企业组织法和基于宏观层面更有针对性的外商投资法这两套平行共进的法律体系将在我国不断健全与完善。

此外，《外商投资法》与原"外资三法"相比，第一次明确将投资促进与投资保护确定为立法目标。在第二章的"投资促进"部分，《外商投资法》规定了包括建立健全外商投资服务体系、维护政府采购活动公平竞争环境等在内的 11 条外商投资促进措施。第三章"投资保护"部分则涉及了征收、外汇转移、技术保护、地方政府干预限制、政策承诺、投诉工作机制等与投资者权益保护相关的几个方面。

---

① 《外商投资法》第三十一条："外商投资企业的组织形式、组织机构及其活动准则，适用《中华人民共和国公司法》、《中华人民共和国合伙企业法》等法律的规定。"

2. 外商投资服务与保护体系初步建立

为保障外商在投资政策透明度方面享有内外资一致的公平环境,《外商投资法》在第二章"投资促进"部分提出建立健全外商投资服务体系的要求:除在法律法规、政策措施、项目信息等方面向外商提供公开透明的咨询服务外,还在强制性标准的制定适用与社会监督、简化办事程序、提供外商投资指引等方面给予外资便利。而后续这一服务体系的建立将主要围绕"外商企业投诉工作机制"以及"外商投资信息报告制度"这两项工作制度的完善深入展开。

3. 知识产权保护

针对此前外商广泛关注的知识产权保护问题,《外商投资法》也做出了正面回应,第 22 条除对外国投资者和外商投资企业的知识产权保护做出原则性规定外,还对技术合作与技术转让进行特别规定,禁止行政机关及其工作人员利用行政手段强制转让技术的行为。多年来,外资对我国在强制技术转让方面的指责始终不曾间断,哪怕我国在加入 WTO 之初就已对技术转让限制做出了限制性承诺,[①] 并在此后一系列投资协定中都严格按照此标准执行,不以技术转让要求作为外资准入前提。[②] 事实上,这些指责通常来自两个方面:一是对外资审批过程中的透明度提出疑问,认为审批过程中存在的一些非政策性因素在技术转让方面增加了外国投资者的无形压力;二是对外资股权限制与合资要求在内外资银行合作谈判中造成的

---

① 《中华人民共和国加入 WTO 议定书》第 7 条第 3 项规定:"……在不损害本议定书有关规定的情况下,中国应保证国家和地方各级主管机关对进口许可证、配额、关税配额的分配或对进口、进口权或投资权的任何其他批准方式,不以下列内容为条件:此类产品是否存在与之竞争的国内供应者;任何类型的实绩要求,例如当地含量、补偿、技术转让、出口实绩或在中国进行研究与开发等。"此外,在我国有关外资准入的一系列法规中也没有任何要求强制技术转让的规定。

② 我国在加入 WTO 后签订的一系列国际投资协定中,都坚守了此项承诺,如2007 年《中华人民共和国和大韩民国政府关于促进和保护投资的协定》中第二条第三款"缔约一方不得对缔约另一方投资者做出的投资的管理、维持、使用、享有和处分采取任何不合理的或歧视性的措施,缔约一方也不得在地方含量、技术转移或出口业绩要求方面对缔约另一方投资者作出的投资采取任何不合理的或歧视性的措施"。另在2012 年的中日韩投资协定、2015 年中韩自贸协定等协定中也有类似承诺。

消极影响提出疑问，认为藉由这些准入限制，中方往往能够在合作商务谈判中占据优势，进而可能会基于此种优势对外方提出不合理的技术转让要求。《外商投资法》的颁布不仅通过全面取消外资核准审批程序，从立法层面正式明确了我国对于外资知识产权保护的决心，尽可能地杜绝因不当行政审批而造成强制技术转让的情形；还通过在全国范围内构建"准入前国民待遇+负面清单"的外资管理模式降低外资准入门槛，营造公平的内外资银行竞争与合作环境。

4. 地方政府优惠措施与承诺行为

随着我国改革开放纵深的不断推进，地方政府在招商引资中的竞争压力也随之增加，为更好地吸引外资，某些地方政府甚至不惜超越法定权限给予外国投资者极大的优惠承诺，而事后由于权限限制、新旧官员更替等种种原因，可能出现承诺无法兑现的情形。[①] 这对我国社会信用价值体系以及国际评价带来的负面影响是无法估量的。《外商投资法》在赋予地方政府法定权限内更多的投资便利化裁量权的同时，还明令禁止地方政府不兑现政策承诺的行为。[②] 配合上文论述中提到的外商投诉机制的建立与完善，地方政府优惠措施与承诺行为将能够得到一定程度的规范。

---

① 如香港斯托尔实业（集团）有限公司诉泰州市人民政府案（2017 年最高法行再 99 号）；阿兹亚·海克诉天长市人民政府案（2018 年皖行终 911 号）；四川新光诉乐山高新区管委会案（2016 年川行终 56 号）；中银（香港）有限公司诉辽宁省人民政府和葫芦岛锌厂案（2014 年民四终 37 号）等案件中，都存在政府不兑现引资承诺的情况。

② 《外商投资法》第十八条规定："县级以上地方人民政府可以根据法律、行政法规、地方性法规的规定，在法定权限内制定外商投资促进和便利化政策措施。"第二十五条规定："地方各级人民政府及其有关部门应当履行向外国投资者、外商投资企业依法作出的政策承诺以及依法订立的各类合同。因国家利益、社会公共利益需要改变政策承诺、合同约定的，应当依照法定权限和程序进行，并依法对外国投资者、外商投资企业因此受到的损失予以补偿。"《外商投资法实施条例（征求意见稿）》中也对一些常见的政府失信行为做出明文列举，要求地方政府"不得以行政区划调整、政府换届、机构或者职能调整以及相关责任人更替等为由违约毁约"。

二、新格局下的重要制度构设

除以上所述这些具体条文对"外资三法"时期许多争议问题进行改进与完善之外,《外商投资法》及其配套制度更重要的制度价值在于其通过顶层设计为我国的外商投资立法构建了四个方面的重要框架,不仅对过去散乱的规范进行了统一,更为今后相关领域的制度建设规划了方向。

（一）准入制度及管理模式的调整

《外商投资法》在外资准入管理方面实施"准入前国民待遇+负面清单"管理制度,基于现有内外资一致的企业登记管理制度,《外商投资法》第三十条还针对此前广受关注的"大门开了小门没开"① 等实际问题,规定行政主管部门除有法律法规特殊规定的,应当在行政许可审核制度上切实践行内外资一致原则。

《外商投资法》还规定"中华人民共和国缔结或者参加的国际条约、协定对外国投资者准入待遇有更优惠规定的,可以按照相关规定执行"。明确地为今后我国参与缔结的国际协定中有关准入待遇的适用划定了国内法意义上的底线,也为我国将来在国际协定的负面清单签订中保留了必要的操作空间。《外商投资法》附则中再次明确了,我国对外资采取的开放措施始终以"互惠"与"对等"原则作为基础,这也为今后我国在国际经贸博弈中采取必要反制措施留下了法律依据。

与此同时,在《外商投资法》的外资准入管理体制之下,内外资一致原则的适用使得针对外资的全流程监管基本都只有原则性规定,这表明《外商投资法》的基本功能已实现了由流程管理向经济与国家安全管理的过渡。

---

① 《外商投资法》颁布之前,根据《企业投资项目核准和备案管理条例》的有关规定,外商投资项目的核准与备案在形式上基本实现了与内资一样的条件与过程要求,但许多外资企业仍表示在行政许可手续办理过程中因主管部门的主观权限行使问题,并未能获得与内资企业完全同等的待遇,并将此现象称为"大门开了小门没开"。

（二）竞争中性原则的全面体现

近年来，随着一系列旨在发挥市场机制、维护公平竞争秩序、规范政府行为的政策出台，竞争中性原则在我国的实践中被赋予了一定的制度基础。2019 年《政府工作报告》也对竞争中性的概念表示了肯定。[①] 可以预见，尊重、体现这一原则必将成为我国今后经济立法的主流趋势。在这一背景下，2019 年颁布的《外商投资法》也从许多方面对竞争中性原则进行了诠释，在短短六章内容中多处使用了"平等""公平"的表述。在第二章"投资促进"部分，"公平竞争的市场环境"具体表现为外商投资企业可在适用政府各项支持政策、参与标准制定、融资便利（公开发行股票、公司债券等证券和其他方式进行融资）等诸多方面享受与内资企业平等的待遇。在第三章"投资保护"部分，"公平合理""平等协商"原则也得以体现，被适用于外商投资企业在特殊情况下遭遇征收以及技术合作、技术转让的各个环节。这些规定在很大程度上能够避免某一经济实体在市场中享有过分竞争优势或竞争劣势的情况出现，这无疑将在制度层面大大增强我国投资环境对外商的吸引力。

（三）外资安全审查制度的纲领性布局

我国目前并未有针对外商投资安全审查的专门立法，2020 年国家发展和改革委员会发布的《外商投资安全审查办法》，以《外商投资法》和《国家安全法》为主要法律依据，从审查范围、审查机制、投资者申报、审查依据、审查程序、审查期限等方面，对外商投资安全审查做了相对全面的规定。

对我国而言，虽然近年来公有制经济在国民总经济中的占比有所下降，但在关键核心领域以及涉及国家安全领域如电力、通信、银行、保险等领域，公有制仍发挥着绝对主导的作用，因而外资的自由"走进来"在带来开放收益的同时，也伴随着风险隐患。《外商投资法》目前初步构建

---

① 报告提出要"按照竞争中性原则，在要素获取、准入许可、经营运行、政府采购和招投标等方面，对各类所有制企业平等对待"。

的外商投资审查体系，表明今后我国在应对国际投资及贸易冲突时，安全审查机制或将成为强有力的反制手段之一。

第三节　外商投资法对银行业开放的制度要求

银行等金融服务业作为我国经济的关键性产业，其向外商开放的过程必然有别于一般服务业，因而在制度规则的制定和实施时就有必要进行一般法和特别法之间的区别适用。就我国外商投资法以及外资银行法现行框架中存在的种种问题来看，要解决外资银行当前在我国发展所遇的诸多困难与瓶颈，就有必要同时结合这两部分内容进行讨论，并探寻完善的对策。

从具体制度设计层面来看，新外商投资法体系主要从四个方面提出了更高的立法要求：外资准入由"后国民待遇"向"前国民待遇"的系统转变，管理模式由"正面清单"向负面清单的深入调整，竞争中性制度的全面体现，以及国家安全保障制度的重申。反映在银行业对外开放的立法完善上，这四个要求也恰恰直指如今我国外资银行立法改革的痛点。

一、国民待遇的进一步放宽

从外商投资法的角度讨论银行业开放，首要问题在于外资准入，而外资准入制度的适用首要在于国民待遇的落实。在《外商投资法》营造的投资领域开放新格局下，给予外国投资者的国民待遇被扩展适用到准入阶段，这对我国银行业开放的准入制度设计提出了新的挑战：就制度层面而言，我国目前的银行业准入制度对于开放原则并未进行明确；就政策施用层面而言，外资在银行业享受的政策待遇与其他服务业领域相比仍存在一定差距。

外资银行在我国的开放准入实践中还存在结构占比不均衡、地域分布不均衡以及投资主体来源地区单一等问题，这些问题都会通过削弱外资银行的充分竞争力进而给我国的银行市场吸引力带来负面影响。因此需在充分学习国际开放经验的基础上，通过准入制度的优化设置，增强我国银行市场在国际市场中的吸引力，同时保障高抗风险性、高合规性的外资银行进入我国银行市场。

二、从"正"到"负"的管理模式

从外国投资的准入和监管看，负面清单是对国民待遇的必要限制，不仅在准入制度上，更在管理理念上对我国政府转变职能提出了更高要求。《外商投资法》正式确立了我国以负面清单为基础的外资管理模式，涉及外资的准入监管也从审批制全面转向备案制。事实上，负面清单管理模式除了将深刻影响我国的外资管理制度外，还将是极大地推动我国转变政府职能的重要尝试。随着我国金融业进入全面深化改革和扩大开放的新时代，银行业负面清单的内容也随之不断精简，至2019年的外商投资负面清单中已完全取消了对外资银行的特别准入管理措施，这种从国内立法层面确立银行业负面清单的做法在国际实践中尚属少数，以此检验我国对外签订的各类国际投资条约，必将引致新一轮的制度调整。

当前，我国外资银行与中资银行的盈利能力仍存在较大差距，两者业务侧重也各有不同，基本形成了差异化发展的互补结构。就负面清单来说，我国从接触这一概念到自贸区试点再到在全国范围内全面推广，不过仅用了不到10年的时间，一方面，考虑到负面清单的"棘轮效应"，制定银行业负面清单内容的步子实际宜小不宜大，在已经全面放开清单限制的背景下，应当着重讨论后续如何通过建立有效的事中与事后监管制度来防范风险；另一方面，负面清单不仅是一项市场开放的形式要求，更是源于对外资管理根本理念转变的实质要求，现行外资银行监管制度效力层级低下的问题、分散规范之间的冲突问题以及配套制度不健全等问题，都给外资银行监管工作带来了许多困难。因此在新时期的特殊要求下，我国有必要在负面清单理念的指导下，对既有的银行业监督管理制度进行更为细致、深入的梳理，以为后续的制度深化与完善打下坚实基础。

还需指出的是，自 2013 年以来，我国对于银行业负面清单的实践与摸索大多通过自贸试验区来完成，并最终以外商投资法立法的形式确定了其在全国范围内的推广与适用。这种国内法意义上的单向承诺，与大多数西方国家采用双边或多边协定的方式确定负面清单的管理模式有所差异。事实上目前采用国内法意义上的负面清单模式的国家屈指可数，因而可供借鉴的国际经验并不充分，十分有必要就中国的实践与探索总结出一套科学有效的银行业负面清单管理体制。

三、竞争中性的全面体现

银行业开放的目的是引入外资，实质是引入竞争。在对外开放过程中，对于外资银行带来的竞争压力应从两个方面看待：一方面，适度的开放以及适当的竞争能够提升银行市场活力。另一方面，要警惕过度的监管自由可能会放任外资银行的竞争优势变为垄断优势，事实证明，外资银行进入一国的国内市场条件不同，造成的效果也截然不同，成熟的银行业市场不仅拥有完善的监管和控制系统，更重要的是还拥有同时来自内部和外部的良性竞争系统，能够有效制约外资银行的过度扩张，而新兴的银行业市场则往往刚刚经历自由化的制度改革，国内本身的市场竞争机制尚未得以建立，低效率运营的本土银行也能够凭借高存贷差获得巨大的利润收益，一旦外资进入，伴随着利率自由化以及资本市场管制的放松，其在竞争中的劣势就会逐渐表现出来。

《外商投资法》确立了竞争中性原则在我国对外开放政策中的基本地

位。① 该原则在全球范围内的推广与普适在一定程度上助推了我国加速深化国企改革的步伐，有助于实现内部资源配置的公平化、效率化，加强了我国参与竞争中性规则制定的话语权和价值重塑。事实上，我国也已通过一系列规章对此做出了高层级的制度设计。但值得指出的是，对银行业开放而言，更优惠的准入待遇以及更自由的监管机制意味着更多的市场竞争在所难免，因而国有银行在我国特有金融市场环境之下的地位和政策待遇问题将会变得越来越重要，竞争中性原则的制度化推进和正确适用，能够在今后我国银行业开放进程中为调整市场结构、完善竞争机制、维护外资银行各项权益确立基本的政策基调。而就我国目前的外资银行监管制度框架来看，银行业反垄断、反不正当竞争、外资银行有序市场退出机制等制度的缺失和不健全使得竞争环境的建设仍有一定难度。

四、国家金融安全的制度构建

金融安全与金融主权是一国银行业开放的底线，银行业因其自身特有的风险属性，在对外开放时必然需更深远地考虑国家安全这一命题。总体而言，银行业开放对一国金融安全主要会产生对本国金融资源控制权、本国银行业效率、本国金融体系稳定性三个方面的影响。从国际经验来看，同样是推进银行业开放，各国的金融安全状况却可能导致截然不同的结果。平稳开放甚至因此获益的国家有如美国、印度、印度尼西亚等，即使是拉丁美洲国家，在其早期开放银行市场的过程中也曾有效利用外资缓解了本国的经济危机，还促进了市场内部的良性竞争。而与此同时，因银行开放而遭受金融安全重创、失去金融主权的国家也不在少数，如韩国、东欧主要经济体以及全面开放后的拉丁美洲国家等，不仅没能依靠引进外资来缓解国内困局，反而引发了一连串的风险冲击，使本就不乐观的国内经

---

① 《外商投资法》规定保障外商投资企业依法平等参与标准制定工作、通过公平竞争参与政府采购、依法通过公开发行股票、债权等方式进行融资，此外竞争中性原则还在标准化、政府采购、监管等方面都有所体现。

济雪上加霜。

随着外商投资法规则体系的重构，不断放宽的准入限制、不断减少的负面清条款，以及内外资间更平等的市场要求，都对保障国家安全相关制度的建立和完善提出了更高的要求。作为"安全阀"，国家安全审查是《外商投资法》下关涉银行业开放的一项十分重要的制度，针对金融业开放配套国家安全审查规则的完善是对我国银行业监管立法的一个挑战。因此，与加速的开放进程相比，相关国家安全审查制度的完善刻不容缓，只有合理的制度规划和设计才能够在银行业开放的条件下，保证国家金融主权不受损害，保障金融体系高效、稳健运行，并在经济下行期有效抵御来自国内外的各种风险冲击。

第二章

外资银行准入与国民待遇

作为我国外商投资制度改革中对外开放的重点领域之一，金融领域的开放较其他部门而言十分特殊，因涉及国家安全和金融主权问题而具有较高的敏感性，尤其是其中的银行业，在开放要求、准入限制方面都十分特殊，考虑到其相关准入制度制定的复杂性，《外商投资法》第四十一条规定对外国投资者在中国境内投资银行业的管理，国家另有规定则依照其规定。既要在深化改革的背景下尝试将国民待遇扩大到银行业外资准入的多个环节，又要防止宽松的外资准入对国内银行市场稳健运行产生负面影响，其制度设计的难度可想而知。

第一节　外资银行准入及国民待遇的含义阐述

一、银行业外资准入的释义

市场准入（Market Access）是指一国行使经济管理职权，通过调整政策透明度、关税限制、数量限制等一系列制度的实施，影响外国货物、劳动力与资本流入本国市场的程度。在WTO所建立的全球一体化战略下，市场准入意味着各国通过具体承诺的方式开放本国贸易和资本市场，因此可以说市场准入体现了一国对开放市场的制度干预。外资银行的准入制度即体现为东道国基于对金融主权与金融安全的考虑，通过制定一系列法律法规来调整和规范他国资本进入本国银行市场的行为。不同于其他一般服务业的开放，众所周知，银行业的开放直接关涉一国的金融稳定乃至于国家安全，稍有不慎便会引发系统性风险，给一国经济发展造成严重的负面影响，因此各国通常会采用专门立法的形式对银行业开放的准入制度进行特别规定，实践证据表明此类制度通常包含两个层面的准入要求。

（一）银行业的机构及人员准入

1. 机构及人员准入限制的内容

不论是本国资本抑或是外国资本，在一国设立银行业机构时都必须满足该国法律或监管机构规定的准入条件，设立准入通常包括机构本身的准入，以及机构中具体从业人员的资格准入。如我国《商业银行法》规定了商业银行的设立应当符合公司治理结构、注册资本最低限额、组织机构和管理制度、营业场所等方面的相关要求，同时也对高级管理人员的任职和从业资格做了限定。[①] 又如美国通过 1978—1996 年的一系列金融法案对外资银行在设立和收购艾契法案（Edge Act）公司、在美国设立代表处和其他分支机构、跨州收购外资银行、机构准入申请手续等方面的内容都做出了系统规定，同时也对人员准入做了一定限制。根据美国 1863 年《国民银行法》规定，外资银行要申请美国国民银行执照的，所有董事和 CEO 必须拥有美国国籍，外国银行在美设立子银行也需符合多数董事为美国公民的要求，此外美国各州对外资存款金融机构也设置了相对较为严格的人员准入条件，有 24 个州都对董事会成员的国籍做出了准入限制。[②] 又如《德国银行法》对外国银行在德国开设分行的高管任职资格提出了比国内银行负责人更高的要求，规定外资银行分行的主要负责人中，至少有一人须拥有在德国银行业从业 3 年及以上的工作经验，其他负责人最低也须拥有

---

① 如《商业银行法》第二十七条规定："有下列情形之一的，不得担任商业银行的董事、高级管理人员：（一）因犯有贪污、贿赂、侵占财产、挪用财产罪或者破坏社会经济秩序罪，被判处刑罚，或者因犯罪被剥夺政治权利的；（二）担任因经营不善破产清算的公司、企业的董事或者厂长、经理，并对该公司、企业的破产负有个人责任的；（三）担任因违法被吊销营业执照的公司、企业的法定代表人，并负有个人责任的；（四）个人所负数额较大的债务到期未清偿的。"

② 例如，纽约州要求在该州注册的商业银行、互助储蓄银行、储蓄和信贷协会以及信用合作社的董事会成员全部为美国公民；马萨诸塞州要求州存款金融机构的多数董事会成员必须具有美国国籍。

3 年（其中至少 1 年在德国银行从业）以上的银行业从业经验。[1] 机构及人员准入的限制便于一国银行监管部门设置门槛，确保适格、稳健的机构和从业人员进入银行业。

2. 机构及人员准入审查的条件

根据巴塞尔委员会 2012 年发布的《有效银行监管的核心原则》（Core Principles for Effective Banking Supervision，以下简称《2012 年核心原则》）中规定的发照审查内容，一般而言，各国的银行机构准入除了应当满足最低初始资本金、营业场所、董事会成员和高级管理层（人员准入）等客观性准入条件外，还需满足具有安全透明的银行组织结构等主观裁量性的准入条件。其中，客观性准入条件由法律规定予以明确，又被视为银行准入的刚性条件。比如，德国《银行法》要求吸收存款信用机构的初始资本不得低于 500 万欧元，仅限于网上货币交易的金融机构的初始资本不得低于 100 万欧元；美国伊利诺伊州要求外资银行的资产比负债要至少多 100 万美元；日本要求设立银行的最低初始资本金至少为 20 亿日元，等等。

主观裁量性准入条件则主要取决于金融监管部门的自由裁量权，如我国的《中国银保监会外资银行行政许可事项实施办法》要求外资银行机构设立应当符合一些审慎性条件，[2] 这些条件大都为审批机关主观裁量的内容，如具有良好的行业声誉和社会形象、具有健全的风险管理体系和健全的公司治理结构等。[3] 需要指出的是，正是由于银行业准入在很大程度上取决于监管审批部门的自由裁量权，外资机构在我国实际申请银行牌照时，即使满足了准入条件，也并非意味着一定能够取得牌照。换言之，符合银行业监管制度对准入的基本要求是设立外资银行业金融机构的必要条件，但符合条件本身并不意味着必然获批准入。

---

[1] 由本国公民负责运作的银行机构能够更好地体现国家利益，大大降低了外资银行通过损害东道国利益而使母国公司获利的可能性；同时对外资银行高管任职经验做出要求也能够进一步确保外资银行运营的稳健性。

[2] 《中国银保监会外资银行行政许可事项实施办法》第十条第四款。

[3] 《中国银保监会外资银行行政许可事项实施办法》第五条对审慎性条件进行了列举。

（二）银行业的业务准入

商业银行最传统的基本业务是吸收公众存款和发放贷款，此后随着金融活动的不断创新与发展，银行的业务领域也在不断扩张。在 GATS 关于金融服务的附件中"金融服务"被定义为"成员金融服务供应商提供的任何金融性质的服务"，并被划分为两大类：保险和与保险有关的服务以及银行和其他金融服务。其中银行和其他金融服务范围十分广泛，几乎包括了所有的银行和其他金融服务，如接受公众存款、发放贷款（包括消费信贷、抵押信贷、保理、商业融资等）、融资租赁、所有支付及转账服务（包括信用卡、借记卡、旅行支票及银行汇票等）、担保、证券交易、承销、货币经纪、资产管理、结算服务、金融信息传递、顾问、中介及其他辅助金融服务等。然而由于各国金融业发展水平存在巨大差异，当前各国银行法对于银行经营业务范围的规定也大不相同，① 因此从微观制度角度对此展开横向比较并不太现实，也无可比性。从大的业务分块来说，最全面的银行业务包括了传统负债业务、证券业务、保险业务、房地产业务以及股权投资业务这五大项，是否能够同时经营以上多项业务，则构成了银行能否从事混业经营的问题。

在多数情况下，即使银行取得了机构准入资格，仍不能据此自设立时就从事涉及银行业的全部业务。如根据英国、法国和我国的监管规则，监

---

① 如我国《商业银行法》第三条规定"商业银行可以经营的业务范围包括吸收公众存款；发放短期、中期和长期贷款；办理国内外结算；办理票据承兑与贴现；发行金融债券；代理发行、代理兑付、承销政府债券；买卖政府债券、金融债券；从事同业拆借；买卖、代理买卖外汇；从事银行卡业务；提供信用证服务及担保；代理收付款项及代理保险业务；提供保管箱服务；以及经国务院银行业监督管理机构批准的其他业务。"美国商业银行的业务范围的规定较为复杂，主要分为商业银行的业务有负债业务、资产业务和中间业务三大类。其中负债业务包括各类借款与存款业务，资产业务则包括贷款和投资，中间业务则是指不构成商业银行表内资产、表内负债形成银行非利息收入的业务，衍生金融交易类业务即涵盖在此类业务中。德国的全能银行可以经营的业务范围更为广泛，原则上可以从事"全能"的金融活动，不仅包括传统商业银行的存、贷、汇业务和投资银行业务的债券、股票发行以及各类证券、外汇、贵金属交易、项目融资等业务，而且可以进行保险、抵押、证券经纪、基金等资产管理、咨询以及电子金融服务等所有金融业务。

管机构有权决定一家银行可以从事哪些业务活动。① 《2012 年核心原则》中也提到，监管机构必须明确界定已获得执照且等同银行接受监管的各类机构允许从事的业务范围，东道国被赋予了在外资银行准入阶段的监管权限，使其可以通过"许可业务范围"的方式对外资银行进行特别限制。因此可以说，银行的业务准入是其进入一国市场取得银行牌照后的第二个准入门槛。

二、国民待遇的起源与内涵

"国民待遇"起源于 12 世纪地中海沿岸城邦国家之间的双边条约，20世纪后随着 WTO 规则体系的建立在世界范围内被普遍接受，② 其基本含义是指东道国给予外国投资者在相同或者相似条件下不低于或等同于国内投资者的待遇，因而"国民待遇"的适用问题很大程度上亦可视作外资的准入问题。同时由于外国资本的流入对任何一个主权国家而言，不仅仅关乎该国的贸易活动和经济发展，甚至可能会上升到一国整体的战略布局和国家安全层面，因此各国在"国民待遇"的适用问题上一直以来都比较谨慎。③ 对于外资进入一国市场时是否可享受国民待遇，目前并不存在统一标准，各个主权国家往往根据国内法的规定或其在所签订的双边、多边条约中做出的承诺来确定外资准入的具体标准。

---

① 英国《金融服务与市场法》规定金融监管署在授予许可时，必须具体列明申请人可以从事的业务内容；法国《银行法》规定信贷机构从事与银行业务相关的业务，需事先获得相关授权；我国的《中国银保监会外资银行行政许可事项实施办法》规定外资银行的业务范围应当经银保监会及其派出机构行政许可。

② WTO 协议下的 GATT、GATS、TRIPS、TRIMS 等协议都规定了国民待遇的内容，国民待遇与最惠国待遇共同构成了 WTO 对外资实行非歧视原则的最核心内容。

③ 美国于 20 世纪 80 年代末通过的"埃克森—弗罗里奥"条款授权美国总统可以制止任何对美国国家安全构成威胁的外国企业对美国企业的并购，而美国外国投资委员会则负责对并购行为进行审查并就并购行为是否会对美国国家安全造成影响做出判断。2005 年我国中海油收购美国尤尼科石油公司案，最终因受困于美国国家安全审查而被迫叫停即是一例。2015 年 10 月 26 日，美国再次以国家安全为由阻止中国企业对飞利浦集团旗下 Lumileds 的收购，仅因其对后者在加州的子公司享有监管权。

由于具体标准的不同，国民待遇存在"准入前"与"准入后"之分。

所谓"准入前国民待遇"是相对于传统的国民待遇或"准入后"国民待遇而言的。"准入后国民待遇"是指一国只在承诺开放的领域内给予外国投资者国民待遇，而未承诺开放的领域则不准许外资进入。简言之，外国投资者须先跨过东道国的设立门槛进入运营阶段后才可享受国民待遇。[①]而采用"准入前国民待遇"的国家则将外资营运阶段的国民待遇延展至设立阶段：东道国仅以开具负面清单的形式保留对外资准入的控制权，而未在清单所列明行业范围内的外国投资者，则在新设企业、兼并收购、增资扩股等阶段即可享受与东道国投资者相同的待遇。

相对于"准入后国民待遇"，"准入前国民待遇"是一种更具开放性和透明度的市场准入标准。伴随国际投资法在投资限制上的开放趋势，"准入前国民待遇"的适时提出正恰如其分地反映了大部分国家和地区对于外资采取的这种新的开放态度：除美国主导北美自由贸易协议（North American Free Trade Agreement，简称 NAFTA）、跨太平洋伙伴关系协定（Trans-Pacific Partnership Agreement，简称 TPP）、跨大西洋贸易与投资伙伴协议（Transatlantic Trade and Investment Partnership，简称 TTIP）等重要国际多边协定始终坚持这一高标准的外资准入条件外，许多发展中国家也在新标准的引入方面显示出积极主动的态度。[②]

鉴于银行准入同时包含了机构和业务两方面的内容，因此，判断外资在银行业的准入是否享受一国给予的"准入前国民待遇"，即可视为判断外资是否在银行机构和业务准入方面全部或部分地享受和东道国银行同等的待遇。

---

① 如 GATS 第 17 条规定的"对承诺表上所列之行业，及依照表上所陈述之条件及资格，就有关影响服务供给之所有措施，会员给予其他会员之服务或服务提供者之待遇，不得低于其给予本国类似服务或服务提供者之待遇"就属于"准入后的国民待遇"。以我国的实际适用为例，长期以来只有在《外商投资产业指导目录》规定范围内的外国投资才可以享受国民待遇。

② 根据赵玉敏 2012 年一项针对亚太地区自贸区协议的统计显示，截至 2009 年，已有 26 个自贸区协议在外资准入方面规定了"准入前国民待遇"，除美国、加拿大、澳大利亚、日本等发达国家之外，其余大多数都是发展中国家，如马来西亚、印度尼西亚、泰国、越南等。

第二节 "准入后国民待遇"时期的外资银行准入

我国的银行业开放经历了长期的谨慎摸索,因为相比那些金融监管体制十分完善的发达国家,我国银行业的发展起步较晚,且对外开放时间也很短,在考虑我国银行业外资准入制度设计时,有必要对不同开放时期国民待遇的适用、实质效果以及由此产生的影响进行探讨。

一、WTO 体系下的外资银行准入制度

在 WTO 规则体系下,对金融服务贸易与传统货物贸易领域提出的自由化要求不同,成员国被允许根据本国市场的发展水平有步骤、分期限地进行开放。WTO 的金融服务多边法律体系主要由三个部分构成:《服务贸易总协定》(GATS)及其金融服务附件、《关于金融服务承诺的谅解》(Understanding on Commitments in Financial Services,简称《金融谅解协议》)和《全球金融服务协议》(WTO's Financial Services Negotiations)。

(一)GATS 框架对外资银行准入的规定

GATS 框架建立的根本目标有两个,一是确保所有缔约国在进入外国市场时享受公平待遇,二是逐步消除贸易壁垒、促进服务贸易实现自由化。因此 GATS 致力于在成员国中取得协调一致的最重要的内容即在于准入制度。针对银行业的准入问题,GATS 分别通过最惠国待遇、市场准入以及国民待遇条款做出相应规定:GATS 中关于银行业市场准入的直接规定主要体现在第 16 条"Market Access"中。第 16 条第 1 款规定各成员应根据其具体承诺表中承诺的具体期限和条件向其他成员国提供服务,第 2 款则要求成员国不得以控制服务提供者数量、经济测试需要、特定类型法

人主体限制以及持股比例上限等方式对承诺表中的内容做出准入限制。此外，GATS 又在第 2 条和第 17 条分别规定了银行业外资准入待遇的适用原则。第 2 条最惠国待遇要求各成员国应立即且无条件承诺不得在银行业市场准入条件中对其他成员施加任何歧视性待遇。考虑到各国开放程度的差异性，又在第 2 条第 2 款中允许成员国在附录中通过反列清单的方式在一定期限内维持与最惠国待遇不相符的措施。第 17 条国民待遇则规定了其正面清单式的适用条件，且内外资之间的待遇不仅应达到形式上的公平，更应该实现实质上的平等。①

由此可见，国民待遇是在将最惠国待遇作为基本义务的前提下，各成员国做出的关于外资准入的具体制度安排。在 GATS 协议中，对于国民待遇是否可以适用于外资准入前与准入后的所有阶段并无定论，依据 GATS 谈判进程中关于国民待遇的讨论来看，是否可以将国民待遇适用于准入之时的提法已被纳入了谈判议程，但 GATS 最终却并未对此进行明确。GATS 在金融服务附件（Annex on Financial Services）关于国内监管规则（Domestic Regulation）的部分规定，成员国在遵守协议承诺和义务的前提下，有权根据审慎监管的要求为保护投资者、存款人、投保人、金融服务提供者，或为确保金融体系的统一稳定而采取相关措施。因此就其在 GATS 体系中的条文内容来看，国民待遇一定程度上可被视为一种安排于准入制度之后的外资待遇标准，但也不排除一国通过具体承诺的方式在准入时便给予外资这种待遇。

（二）《金融谅解协议》对准入国民待遇的规定

1994 年发布的《金融谅解协议》通过对垄断权利、跨境交易、非歧视

---

① GATS 规定任何一成员国给予其他任何成员的服务或服务提供者的待遇，与给予本国相同服务或服务提供者的待遇不论在形式上相同或不同，都可满足的国民待遇要求。而这些形式上相同或不同的待遇如果改变了竞争条件从而使该成员的服务或服务提供者与任何其他成员的相同服务或服务提供者相比处于有利地位，则违背了国民待遇的要求。此外，根据 GATS 第 17 条第 3 款的规定，一成员国只要实质上改变了竞争条件从而使本国的服务和服务提供者相形之下处于更有利的竞争地位，就违背了该国所承诺的国民待遇义务。

性措施以及国民待遇等内容的规范对金融业市场准入作了进一步明确。其在关于非歧视性措施（Non-discriminatory Measures）的部分提到，在确保一国自身的金融服务供应商免于遭遇不公平待遇的前提下（逆向歧视），各成员应努力消除或限制会对其他成员国金融服务供应商带来消极影响的任何非歧视性措施，这些非歧视性措施主要指那些在表面上看起来符合协议承诺的公平竞争要求，但事实上却会对他国金融服务提供商在经营、竞争或者市场准入方面造成实质不利影响的措施。① 这一规定旨在防止成员国在做出国民待遇适用承诺后，利用其他政策手段逃避履行准入国民待遇的义务，能够尽可能地消除一些不符合国民待遇原则的措施。

（三）《全球金融服务协议》对外资银行准入的规定

关于金融服务的谈判始于 1997 年 4 月，其根本宗旨在于通过改进 GATS 协议体系下确定的一揽子开放市场的承诺（即关于"市场准入"与"国民待遇"的承诺），进一步在所有成员间的金融领域开放问题上平等、无歧视地适用这些承诺。最终 102 个世贸组织成员在金融业开放领域做出了多边承诺，包括中国在内的 70 个成员达成了开放各自金融服务部门的多边协议，该协议涵盖了 95% 以上的银行、保险、证券和金融信息交易活动。② 就银行业准入而言，协议承诺的内容包括通过一系列限制措施的放宽或取消，为外资银行机构和服务提供者创造更多准入便利和竞争优势。这使得银行业准入在 WTO 多边规则下得以适用永久、全面的最惠国待遇，并促使成员国在准入阶段尽可能地给予外资国民待遇。

二、入世后外资银行在华的国民待遇

我国入世之后，通过对外商投资政策以及立法的不断完善，基本建立

---

① 包括阻止金融服务供应商在其领土内以其确定的形式提供其许可的所有金融服务的非歧视性措施、限制金融服务提供者服务范围扩张的非歧视性措施等。See Annex on Financial Services B10、B11.

② 数据来源参见 "Successful conclusion of the WTO's financial services negotiations"，PRESS/86，15 December 1997.

了以"外资三法"为主的涉外投资国内法框架，并形成了旨在与 WTO 体系联结更紧密的一系列外资准入制度，可以说"外资三法"体系是国内法层面上对我国入世承诺最直观的制度体现。根据 GATS 及有关金融开放协议的规定，对银行业的准入开放主要通过各成员国在具体承诺表中就准入限制和国民待遇的适用做出"正向列举"的方式来实现。因此金融业服务贸易的准入以及国民待遇的适用，基本取决于各成员国在具体承诺表中减让的内容。当然，根据 WTO 规则，一国将某一领域列入具体承诺表并不代表某项特定服务可以在国民待遇条件下自由进入市场，事实上，为了提供该特定服务而进入市场的机会可能受到某些"市场进入"限制（如关于所允许的供应商的数目）或某些"国民待遇"限制（如对外国供应商征收较高的所得税）。世贸组织成员之间的准入义务可能是不对称的，其程度取决于每个国家所作承诺的具体特征，成员国可选择对外国投资机构和投资者的待遇保留充分的自由裁量权（不作出保证具体准入和待遇的具体承诺），也可以选择在承诺之外，为外国公司提供更大的准入和更优惠的待遇。[1] 就这一时期我国银行业开放准入制度的适用而言，主要包含两个制度层面的内容。

（一）国际承诺方面的制度体现

所谓国际承诺方面的制度体现，即主要根据 GATS 规则体系对准入和国民待遇做出的具体承诺来决定外国金融机构或投资者是否可以进入中国市场、怎么进入以及可以获得哪些业务资质（见表 2-1）。实践中，我国根据 GATS 及相关协议的要求就逐步取消对外资银行业务及经营许可等方

---

① Claessens 和 Glaessner 通过对八个加入 WTO 的亚洲经济体——中国香港地区、印度、印度尼西亚、马来西亚、菲律宾、新加坡、韩国和泰国——各自金融服务"开放程度"进行测度，将跨境提供金融服务的壁垒分为六类，其中五类与进入有关（设立和所有权的限制；设立分行及自动柜员机的限制；对贷款或商业活动的限制；全能银行的范围；居住要求，如董事会的组成），还有一项为针对跨境贸易的类别限制。Claessens S and Glaessner T, *The Internationalization of Financial Services in Asia*, Working papers-Domestic finance. Saving, financial system, stock markets, No. 1911. World Bank, Washington, D. C., United States, April 1998.

面的限制做出了 5 年过渡期的具体承诺。

表 2-1　我国在 WTO《服务贸易具体承诺减让表》中的银行业开放承诺

序号	承诺事项	具体承诺内容
1	扩大外资银行外汇业务范围	自加入时取消外资银行办理外汇业务在客户对象方面的限制。外资银行可以立即向中资企业和中国居民全面提供外汇服务，且不需要进行个案审批
		自加入时允许外资银行在现有业务范围基础上增加外币兑换、同业拆借、外汇信用卡的发行、代理国外信用卡的发行等业务
2	逐步扩大外资银行人民币业务范围	自加入时允许外资银行在现有业务范围基础上增加票据贴现、代理收付款项、提供保管箱业务
		分五年逐步取消外资银行经营人民币业务的地域限制
		放宽对异地业务的限制。允许在一个地区获准经营人民币业务的外资银行向其他开放人民币业务地区的客户提供服务
		分两个阶段逐步取消人民币业务客户对象限制
3	坚持审慎原则发放营业许可	中国金融监管部门发放经营许可证坚持审慎原则，即在营业许可上没有经济需求测试或数量限制。加入后 5 年内，取消所有现存的对外资银行所有权、经营和设立形式，包括对分支机构和许可证发放进行限制的非审慎性措施
		外国金融机构需满足提出申请前一年年末总资产超过 100 亿美元的要求才能在中国设立外国独资银行
		外国金融机构需满足提出申请前一年年末总资产超过 200 亿美元。要求才能在中国设立分行
		外国金融机构需满足提出申请前一年年末总资产超过 100 亿美元的要求才能在中国境内设立中外合资银行
		外国金融机构需满足在中国营业 3 年且申请前连续 2 年盈利的要求才能在中国从事人民币业务

（二）国内法层面的制度框架

这一时期，在"外资三法"体系下我国对银行业内外资采取"双轨"监管模式，并根据 WTO 规则下的一系列成员义务以及具体承诺来进行相应调整——为实现减让表中的关于银行业准入与国民待遇的具体承诺，我国随即通过一系列监管制度改革对银行业准入制度进行了一定程度的重构。

2001 年国务院重新修订《外资金融机构管理条例》，在机构和业务准人方面，取消了对外资金融机构地域以及开展部分人民币业务范围的限制，[①] 进一步规范了设立审批和变更登记的有关程序;[②] 在准入和运营监管方面，提出了对外资银行流动性比例、资本充足率等方面的具体监管标准，并在许多条款中都体现出关于审慎监管的要求。[③]

2006 年《外资银行管理条例》正式出台，专门针对外资银行的准入问题进行规范调整，使之更接近 WTO 规则体系下有关外资银行准入自由化、规范性以及透明度的要求。

①在机构和人员准入方面，首先，根据国民待遇原则的要求，将外商独资银行与中外合资银行的最低注册资本限额调整为 10 亿元，与《商业银行法》规定的注册资本限额接轨，取消了此前外资银行在注册资本限额方面享受的"超国民待遇"。其次，对准入条件进一步予以细化和明确，如明确拟设外资银行的股东条件等，使此前准入程序中太过原则性或不够

---

① 2001 年《外资金融机构管理条例》（以下简称《条例》）第二条删去了"设立外资金融机构的地区，由国务院确定"的规定。《条例》放宽了外资银行从事人民币存贷业务、票据业务、买卖债权业务、银行卡业务等方面的限制，但同时在第十九条规定："外资金融机构经营人民币业务的地域范围和服务对象范围，由中国人民银行按照有关规定核定。"第二十条规定，外资金融机构经营人民币业务，提出申请前应当在中国境内开业 3 年以上且连续 2 年盈利，并须符合中国人民银行规定的其他审慎性条件。

② 《条例》第十三条增加了对央行办理申请审批程序的时限要求。"中国人民银行应当对设立外资金融机构的申请进行初步审查，自收到完整的申请文件之日起 6 个月内作出受理或者不受理的决定。决定受理的，发给申请人正式申请表;决定不受理的，应当书面通知申请人并说明理由。特殊情况下，中国人民银行不能在前款规定期限内完成初步审查并作出受理或者不受理决定的，可以适当延长，并告知申请人;但是，延长期限不得超过 3 个月。"

③ 《条例》第七条与第二十五条分别规定了，外国银行分行、独资银行、合资银行、独资财务公司、合资财务公司的资本充足率应不低于 8%;第二十九条规定外资金融机构应当确保其资产的流动性。流动性资产余额与流动性负债余额的比例不得低于 25%。此外《条例》第五条将外资金融机构的实缴资本由不低于 50% 提高至全额实缴，并新增规定："中国人民银行根据外资金融机构的业务范围和审慎监管的需要，可以提高其注册资本或者营运资金的最低限额，并规定其中的人民币份额。"在机构设立方面，新《条例》增加了对申请人所在国家或地区监管当局的监管要求，并为央行规定的其他审慎性条件保留了裁量空间。

明确的内容更加透明，也更具可操作性。再次，对审慎性监管措施作了更详细的列举，并更加注重其在准入监管中发挥的作用，如增加了对外资银行建立内部控制系统、风险管理系统以及反洗钱制度等的要求。最后，结合国情对银行业外资准入情况进行引导，并制定相关鼓励措施①。此外，在机构及人员准入审查方面，仍然适用较为严格的核准审批制②，不过在具体的审批程序上做了相应简化③。

②在业务准入方面，采用申请审批程序，首先，扩大了外资银行可以开展的业务范围（尤其是人民币业务），减少了外资银行与中资银行在业务范围上的差距，进一步落实了国民待遇在业务准入层面的适用。其次，授予外资法人银行比外国银行分行更大的业务权限④。这种具有明显"法人导向"性的准入标准区别旨在鼓励更多外国投资者选择以注册法人银行的形式进入中国市场。外资法人银行因具有独立法人地位，得以在接受监管和享受准入政策方面较好地实现本土化，比外国银行分行更便于和

----

① 《外资银行管理条例》第六条规定，国务院银行业监督管理机构根据国家区域经济发展战略及相关政策制定有关鼓励和引导的措施，报国务院批准后实施。事实上，为了达到鼓励外资银行进入中西部地区的目的，我国在准入制度方面对进入这些地区的外资银行开始采取差异化政策。

② 《外资银行管理条例》第七条规定："设立外资银行及其分支机构，应当经银行业监督管理机构审查批准。"第二十四条规定："按照合法性、审慎性和持续经营原则，经国务院银行业监督管理机构批准，外国银行可以将其在中华人民共和国境内设立的分行改制为由其单独出资的外商独资银行。"第二十五条规定："外国银行分行改制为由其总行单独出资的外商独资银行的，经国务院银行业监督管理机构批准，该外国银行可以在规定的期限内保留1家从事外汇批发业务的分行。"此外，第二十六条、二十七条分别规定了外资银行董事、高管人员、首席代表的任职资格获得以及更换都需要经过银行业监督管理机构的核准。

③ 主要表现在将初步审查阶段改为先申请筹建。

④ 赋予法人银行全面经营人民币业务的权限，而对分行的业务范围则进行了限制。如第三十条规定："外国银行分行可以吸收中国境内公民每笔不少于100万元人民币的定期存款。"而外资法人银行吸收存款则无此项限制。这意味着外资法人银行可以全面从事人民币零售业务，而外国银行分行更多是从事人民币批发业务。

中资银行一样接受同等条件的监管并享受国民待遇。①

三、制度评析

总体而言，我国在入世后基本践行了 WTO 规则体系下有关银行业开放的具体承诺，并据此对国内法进行了相应的修改与调整，形成了以"外资三法"为主导的外资监管法律体系。但就国民待遇在银行业的具体适用来看，还存在一些制度层面的问题，有待进一步完善。

（一）入世后我国外资银行准入制度的实质

结合当时的规则框架，可将我国在入世过渡期后的开放政策称为"准入后国民待遇"时期的开放准入政策，因这一阶段我国银行业适用准入国民待遇的实质是"准入后""不完全"的国民待遇。

"准入后"的国民待遇指我国只在承诺开放的范围内给予外国投资者国民待遇，而未承诺开放的领域则不准许外资进入。主要体现为外资在银行设立阶段面临着比中资更高的准入"门槛"，只有先努力满足条件"跨过门槛"，才能有机会在"运营"阶段以同等条件与中资银行一起接受监管、设立机构以及提供服务，亦即享受国民待遇。（表 2-2）

---

① 《外资银行管理条例》首次提出了法人导向型的外资银行监管要求。外资法人银行是在东道国境内注册的银行，是东道国的法人。因此，外资法人银行在东道国的法律上享有独立的地位，与东道国的内资银行一样平等地接受东道国监管当局的监管和享受国民待遇，其母行仅需以其在东道国境内的出资额为限对其承担有限责任。相较之下，外国银行分支机构不具有东道国法人地位，因此东道国对此类分支机构的监管就更依赖于其母国的监管，加上其无法独立于母行承担法律责任，按照国际惯例，对此类机构的准入限制以及监管往往都要更为严格。

表 2-2　"准入后国民待遇"时期内外资银行市场准入条件比较①

准入限制	限制类别	投资主体	
		外资	中资
机构准入限制	股东类型	投资外商独资银行、中外合资银行的应为金融机构,外方唯一或者控股/主要股东应为商业银行	无
	股东资产经营规模	投资外商独资银行的唯一或者控股股东,提出设立申请前 1 年年末总资产不少于 100 亿美元	无
		投资中外合资商业银行,提出设立申请前 1 年年末总资产不少于 100 亿美元	无
		设立分行的外国银行:提出设立申请前 1 年年末总资产不少于 200 亿美元;初次设立的,应在中国境内已设代表处 2 年以上	无
		入股城市信用社股份有限公司的境外金融机构最近 1 年年末总资产不少于 10 亿美元	无
	股东经营业绩	投资中资商业银行应满足最近 1 年年末总资产不低于 100 亿美元、连续两年信用评级良好、连续 2 个会计年度盈利和较高的资本充足率要求②	除有资本充足率以及连续盈利的要求外,无其他特别要求
	股权结构	入股中资商业银行、农村商业银行、农村合作银行、农村信用(合作)联社等银行业金融机构受单一股东持股比例<u>不得超过</u> 20% 和合计持股比例<u>不得超过</u> 25% 的限制	只在投资入股中小商业银行时受到持股比例一股<u>不超过</u> 20% 的限制,且对于部分高风险城市商业银行,可适当放宽比例
		具有符合规定(持股)条件的单一或多个主要出资人	无
	分支机构设立	设立外国银行分行,申请人应当无偿拨给拟设分行<u>不少于 2 亿元</u>人民币或者等值自由兑换货币的营运资金	中资商业银行拨付的营运资金额与分支机构<u>经营规模相适应</u>,总和不超过总行资本金总额的 60%
		外资法人银行在中国境内设立的分行营运资金<u>不少于 1 亿元</u>人民币或者等值自由兑换货币,总和不超过总行资本金总额的 60%	

---

① 相关规定主要参见 2005 年《公司法》、2006 年《中国银保监会银行业监督管理法》、2003 年《商业银行法》、2006 年《中资商业银行行政许可事项实施办法》、2006 年《外资银行管理条例》《外资银行管理条例实施细则》,以及 2002 年《中国人民银行关于外资银行业务准入制度和程序有关问题的通知》、2008 年《外资银行监管制度安排》等。

② 境外金融机构作为股份制商业银行法人机构的发起人或战略投资者,商业银行资本充足率不仅需满足不低于 8% 的要求,还应达到其注册地银行业资本充足率平均水平。

表2-2(续)

准入限制	限制类别	投资主体	
		外资	中资
人员准入限制	经验资质	具备大学本科以上学历，且具有与担任职务相适应的专业知识、工作经验和组织管理能力；不具备大学本科以上学历，应当相应增加6年以上从事金融或者8年以上相关经济工作经历（其中从事金融工作4年以上）	中资股份制商业银行董事长、副董事长，应具有本科以上学历，从事金融工作8年以上，或从事相关经济工作12年以上（其中从事金融工作5年以上）；行长、副行长应具备本科以上学历，从事金融工作8年以上，或从事相关经济工作12年以上（其中从事金融工作4年以上）
业务准入限制	业务范围	外资法人银行不可发行金融债券；不可买卖外币股票；不可代理发行、代理兑付、承销政府债券；也不可代理收付款项。但在某些业务领域比中资商业银行更广泛，如可以买卖股票以外的其他外币有价证券、提供资信调查和咨询服务	除部分外币业务受限外，可获得全业务牌照
		外国银行分行不可发行金融债券；不可买卖外币股票；不可代理发行、代理兑付、承销政府债券；不可代理收付款项；不可从事银行卡业务；吸收境内定期存款每笔不少于100万人民币	
	运营指标	外国银行分行在人民币营运资金充足率、流动性资产负债比以及境内本外币资产余额三方面受到特殊限制①	无

注：表中"无"表示同一时期有关中资银行的法律法规中未对此做出与外资限制相应的规定。

　　"不完全"的国民待遇，亦可表述为"有限"的国民待遇，是相对于"完全"的国民待遇而言。入世后，外资银行在我国享受所谓国民待遇的"不完全"或"有限"主要表现为两个方面：一方面，虽然我国在加入WTO后就银行业准入的一些具体要求进行了修改，删除了不少"超国民待遇"的规定，如将外资法人银行最低注册资本限额由3亿元提高至与中资银行相同的10亿元，但外资凭借其经营优势，在某些领域（如外币业务、

----

　　① 2006年《外资银行管理条例》第八条规定，国务院银行业监督管理机构根据外资银行营业性机构的业务范围和审慎监管的需要，可以提高注册资本或者营运资金的最低限额，并规定其中的人民币份额。

税收待遇、收费政策、同业借款等方面）仍然享有比中资银行更广泛的准入便利，即所谓的"超国民待遇"仍然存在。① 另一方面，如上表2-2所示，内外资银行无论是在银行业机构准入还是业务准入方面，都存在较大的限制差异。此外，虽然在运营阶段内外资银行间在制度内容上已基本实现"公平"，但在实际监管过程中也仍受到一定程度的差别待遇，如同样是采用准入审批程序，外资银行准入审批程序中的报告制度就比中资银行更为严格，针对内外资银行的审慎性监管要求也不尽相同。②

（二）"准入后国民待遇"时期我国外资银行准入制度的不足

从制度检视的角度来看，之所以我国银行业的国民待遇在这一时期呈现出"准入后"和"不完全"的特点，主要原因在于准入监管制度本身仍不够健全、规范内容不完善、监管水平尚无法跟上开放进程。

首先，是"双轨"制管理模式下的规范体系缺陷。由于《商业银行法》中关于银行业市场准入的规定与《外资银行管理条例》的相关规定相比多为简单宽泛的原则性内容，因而在实践中基本排除了其在外资银行准入监管中的适用，而由此造成的制度缺陷是十分显见的。③ 由于针对外资

---

① 学界关于我国入世后给予外资银行"超国民待遇"的研究已十分丰富，本书在此不做赘述。有学者指出，外资金融机构凭借其强大的竞争优势，以及在华的"超国民待遇"，已在某些方面特别是在外币存贷款和国际结算业务方面对中资银行构成了一定程度的威胁。具体可参见何德旭：《外资进入中国银行业：趋势、影响及对策》，载《财经论丛》2004年第2期；连耀山：《我国外资银行监管问题研究》，载《福建金融》2007年第2期；王元龙等：《加入WTO后过渡期：中国银行业的应对》，载《国际金融研究》2005年第5期等研究。

② 尽管在WTO规则的要求下，许多成员国都对外宣称已实现内外资在银行准入方面的"国民待遇"，但这些通过制度表述而获得的形式上的"公平"并不代表着"实质"权利义务的分配也实现了平等。相比"超国民待遇"而言，这种做法显然更违背WTO规则体系下"国民待遇"原则适用的根本要义。

③ 《商业银行法》第八十八条规定："外资商业银行、中外合资商业银行、外国商业银行分行适用本法律规定，法律、行政法规另有规定的，适用其规定。"而这种规定实际上排除了《商业银行法》有关市场准入规则对外资银行管理的适用，因而此后的《外资银行管理条例》便以特别规定的方式在准入制度方面作出了比《商业银行法》更详尽具体的规范。可以说对于外资银行的具体准入，主要参照外资银行管理规范进行调整，与中资商业银行的准入监管分属两个制度框架之下。

银行的准入制度独立于中资银行制度框架之外，且在效力层级上两者存在明显差距，[①] 就容易造成不同规则体系下的"超国民待遇"或"歧视性待遇"冲突。此外，若缺少必要的监督规则，以法规和规章为主导的规范机制在制定程序中更容易受到某一时期政府行政目标的局限和影响，不利于全面兼顾内外资之间公平权利诉求的实现。[②]

其次，是具体的制度内容仍有待完善。2006 年颁布的《外资银行管理条例》虽然在制定水平上较此前的外资银行监管制度有了很大的提升，但也仍存在许多问题。以准入要求中的股东资格限制为例，《外资银行管理条例》要求投资外资法人银行的外方唯一或控股股东必须为商业银行，但考虑到许多国家的商业银行实行混业经营，此项规定并不能确保外方主要股东在提出申请前主要经营方向为银行业务，并据此积累了相应的经营经验；此外"最大股东"这一表述本身也很可能使某些出资人逃避出资前的考察。此外，就相关制度调整的重点来看，主要集中于对新设机构的规范，而对于采取兼并收购方式进入银行业的外资监管则相对薄弱。

最后，是银行监管机构自身监管水平的局限。入世后，我国监管机构在很长一段时期内都实行着以"一行三会"为基本模式的分业监管，而外资银行却被允许开展混业经营，随着商业银行综合业务的发展以及金融创新的不断衍替，监管部门面临的跨市场监管风险以及难度必然也随之增加。与此同时，监管权的分散也使得监管权力错位、重叠以及各监管机构

---

① 针对中资商业银行的准入监管已建立了立法层面的规范体系，但对于外资银行的监管规则仍然停留在行政性法规和部门规章的层次。

② 尤其现阶段我国国有银行仍然直接或间接地受到诸多监管当局的特别监管或保护，由行政监管机构充任主要的法制创制主体有明显的局限。

间协调不足的情况时有发生。① 除此之外，我国的银行业监管机构被赋予了审批过程中极大的自由裁量权，相关制度不仅未对此做出必要的限制，相反，还通过"审慎性"监管要求的方式增加了许多"额外"的管理权限。②

（三）我国银行业"准入后国民待遇"的制度评价

银行业准入监管最根本的目标是在银行业开放和银行市场稳健之间找到平衡，而这两者之间天然便存在冲突：一方面，银行业的开放可以从境外引进新的市场参与者、加大银行业竞争，从而刺激境内银行的改革优化、提高一国或某一地区整体的银行服务可获得性；但同时准入监管的放松也可能会导致不稳健的机构和人员的进入，从而破坏市场稳健运行的环境。另一方面，严格的准入限制能够通过"限流"来增加银行特许令的价值，促使持有者更谨慎地管理银行以保住得来不易的经营资格，但不合理的准入壁垒以及不同市场主体间的准入差别待遇则又会限制银行业的良性竞争、阻止资本流入。

回顾入世之初，面对即将开放的银行业市场，几乎所有国内舆论都忧心忡忡地认为中国本土银行必将受到巨大冲击。然而预想中的负面影响始终没有发生，事实上，外资银行经过几年在华的"本土化"战略之后，其市场份额不升反降，至 2015 年已不足 2%。究其原因，很大程度上归因于

---

① 所谓监管权错位，是指原银监会（现银保监会）作为外资银行微观经营行为的主要监管部门，实践中有一部分监管权力却被人民银行分走，例如，人民银行一直将信贷政策作为货币政策的重要组成部分，主要通过分配贷款规模对银行业机构实施信贷管理，但信贷业务是商业银行的核心业务，并且也是银行监管的重点内容，而信贷政策则是规范商业银行合规经营的重要监管政策。所谓监管权重叠，是指部分银行监管权是由原银监会（现银保监会）和人民银行共同行使的，由于二者行使监管权的法律依据不同，因而二者的监管职权之间可能存在冲突。

② 实践中，审慎性条件在很多时候被当作安放监管限制的"大口袋"以及规避GATS 承诺义务的"正当理由"，许多不可算作是"审慎性"要求的内容也被穿插其中，如"地方政府不向银行投资入股，不干预银行的日常经营""具有科学有效的人力资源管理制度，拥有高素质的专业人才"等显然不属于"审慎性"要求的表述。这大大扩大了监管部门行使自由裁量权的范围，也增加了准入壁垒被"随意"或"过度"设置的可能性。

外资在机构和业务准入中受到的诸多有别于中资的限制。外资银行的进入能够在一定限度内极大地发挥"鲶鱼效应",其进入水平(市场份额)除可能会对本土商业银行营业成本产生一定的消极影响外(且这种消极影响只在其市场份额超出一定限度的前提下发生),并不会对本土商业银行的利润收入、风险程度以及客户源等产生明显影响;事实上,国有大型商业银行甚至还能够因为外资银行进入水平的提高而更好地提升其资产的安全性。好的竞争激励作用能够促进一个行业的发展,准入政策的紧缩源于对本土银行业的不自信,而国内银行业市场的不断完善和发展则将直接推动准入限制的放宽。

当然不可否认的是,在"准入后国民待遇"时期,以上种种问题的产生除了制度本身的设计缺陷外,也与当时国内经济发展水平落后而导致的认知局限性密不可分。由本书第一章研究结论可见,在"外资三法"框架下,我国关涉外资的主要立法目标是服务本国经济发展利益,同时辅以一定程度的外国投资鼓励与保护,这也在很大程度上影响了我国银行业准入制度设计的价值取向——更倾向于选择"准入后""不完全"的国民待遇。[1] 也正是因为如此,即使我国在五年过渡期后宣布已按照 WTO 规定有关要求实现了金融领域的准入国民待遇,但在国际上仍然遭到了许多关于未能实现公平市场机制的诟病。在巨大的外部压力以及内部市场需求的双重作用下,我国不得不继续展开对银行业准入制度和国民待遇适用的进一步探索——一方面基于中美 BIT 谈判提出的高标准对相关制度进行检验和调整,另一方面通过制定与颁布《外商投资法》开启"由内而外"的制度改革。

---

[1] 有学者针对这一现象提出,之所以当时适用"有限"的国民待遇原则,其根本原因在于对我国利益问题的考虑,即对经济利益、文化利益、发展利益等问题的综合考量,认为当时我国的国内经济发展水平以及银行业市场的健全程度尚不足以承受给予外资"完全的"国民待遇后可能带来的外部冲击。

第三节　国际银行业"国民待遇"的制度比较

银行业的稳定在很大程度上决定了一国经济的稳定，因而许多国家和地区在设置外资的准入门槛时都选择对银行业的准入标准单独加以规定，在一些国内法以及重要国际协定的文本中也体现出了各主要经济体间对于银行业市场实行国民待遇的不同态度。

一、"国民待遇"在国际银行业的适用原则

"准入前国民待遇"的概念最早是美国在 20 世纪 80 年代开始签订的一系列 BIT 中逐步架构形成。[①] 其后经由美国参与签订的许多重要自由贸易协定，如 NAFTA、TPP、TTIP 等。这一系列国际协定的推广与普及，使得"准入前国民待遇"几乎成为近来国际协定采用最多的外资准入标准，而这一标准在银行业市场的适用也在不断深入：总体而言，目前主要发达经济体对"国民待遇"在银行业的具体适用体现为两种模式。

---

① 参考美国在其最新公布的《2012 年双边投资协议范本》（U. S. Model Bilateral Investment Treaty）中对"国民待遇"（National Treatment）的规定：Article 3 规定了缔约一方应当使缔约另一方的投资者和合格投资在其境内"设立、并购、扩大、管理、运营、转让或其他投资处置方面"（with respect to the establishment, acquisition, expansion, management, conduct, operation, and sale or other disposition of investments in its territory）都能够享受不低于本国国民的待遇，表明美国在原则上承诺对外资采取的"国民待遇"已覆盖外资的设立阶段；同时，Article 14 对"国民待遇"的"不符措施"（Non-conforming Measures）做出了规定，允许缔约双方在 BIT 的附件中对不适用"国民待遇"的领域和情形做出保留。

（一）以美国为代表的"谨慎"的银行业外资准入国民待遇

1. 国内立法层面的国民待遇

与外资在我国经历的银行业市场由封闭到开放的准入历程不同，20 世纪 80 年代之前，美国的外资银行在准入方面（如跨州设立分行等机构准入）就已经拥有了较大的自由，1978 年《国际银行法》（The International Banking Act，简称 IBA）的颁布最早确立了外资银行享受"国民待遇"的原则，并提出外资银行应当接受和美国本土银行相同的监管约束。这一时期，外资在一些领域内享受的优惠待遇甚至超过了本土银行，使得外国资本大量涌入美国金融市场，对本土银行造成了极大的竞争冲击。因此，美国开始着手通过修订一系列外资银行监管规则，以期建立一个内外资银行公平竞争的环境。金融危机后，一方面，美国收紧了外资银行准入的监管口，在反洗钱、反不正当竞争方面都提出了更高的监管要求，同时通过 1991 年《加强对外国银行监管法案》（The Foreign Bank Supervision Enhancement Act，简称 FBSEA）、1999 年《金融服务现代化法案》（Gramm Leach Bliley Act，简称 GLB）、2001 年美联储《K 条例》（Regulation K）、《2002 年萨班斯—奥克斯利法》（The Sarbanes-Oxley Act of 2002）等一系列监管规则的颁布，进一步建立了一整套完整的外资银行监管审查标准，对外资银行从设立阶段开始就做出了一些限制：如 FBSEA 规定，外资银行在申请设立时必须符合其母国的统一监管，否则联储将不批准其在美设立银行机构。高标准的监管要求辅以多重监管带来的合规压力，使得外资银行在美国的扩张速度明显放缓，经过多年"优胜劣汰"，确保了高合规、高稳健性的外资银行留在了美国本土市场。另一方面，美国当局又为外资银行提供了诸多政策便利与优惠，同时以其稳定的金融环境以及优越的软硬件配套对外资银行产生巨大的吸引力：例如，1994 年《里格尔—尼尔州际银行和分行效率法》（The Riegle-Neal Interstate Banking and Branching Efficiency Act of 1994，简称 IBBEA）赋予了外资银行在跨州新设和收购分支机构时享有与本土银行"一视同仁"的权利；1996 年《经济增长与监管文件减少法》（The Economic Growth and Regulatory Paperwork Reduction Act of 1996，简称 ERPRA）进一步简化了部分外资银行的申请手续要求；GLB赋予外资银行在符合特定条件下从事"全能银行"各项业务的权利，等等。正因如此，外资银行在美国的资产占比始终比较稳定，至 2016 年在美外资银行资产规模已达到 3.53 万亿美元，占美国国内银行业总资产的 20.1%。

值得一提的是，美国实行分类监管，通过国内法针对不同形式的外资银行机构设置了不同标准的准入门槛。① 举例来说，在美外资银行的形式主要包括设立法人和分支机构，其中，外资分行因在设立和业务开展时有着较大的灵活性优势，因而市场份额迅速壮大。截至 2016 年，外资法人银行仅占全美外资银行资产总规模的 35.9%，而外资银行分行的资产规模已经达到了 2.26 万亿美元，占全美外资银行总资产的 64.06%。美国在充分考虑到不同机构类型的经营特点后，采取了差异化分类监管的措施：一方面，对外资法人银行不论是在资本充足率、流动性还是机构架构上都提出了较分支机构更为苛刻的监管条件，而对分行要求则相对较为宽松；另一方面，给予外资法人银行在业务范围和网点设置上更多的便利，而对于外

---

① 2019 年，美联储、货币监理署和联邦存款保险公司均提出，根据银行的规模和风险指标，将银行分为五个组别，并分别适用不同的监管指标和监管要求：第一组为全球系统重要性银行，适用巴塞尔委员会全套监管标准，并适用专属于全球系统重要性银行的附加资本要求、总损失吸收能力等监管要求。第二组为总资产超过 7 000 亿美元或跨境资产超过 750 亿美元的银行，适用巴塞尔委员会制定的相关国际监管标准，但不适用系统重要性银行的监管要求。第三组为总资产超过 2 500 亿美元或非银行类型资产超过 750 亿美元的银行，降低对资本压力测试的监管要求，并适当下调流动性监管指标要求（从 100% 降至 75%）。第四组为总资产介于 2 500 亿美元和 1 000 亿美元之间的银行，与第三组相比，进一步降低监管标准。第五组为总资产介于 1 000 亿美元和 500 亿美元之间的银行，对其全面豁免巴塞尔协议等国际监管标准的要求，除了杠杆率外，不适用资本充足率、流动性风险指标等国际监管标准。See Patrikis E T. Striking Changes in the United States Banking Supervision and Regulation, International Monetary & Financial Law the Global Crisis, 2010; Bernanke B S., Central banking and bank supervision in the United States, Speech, 2007.

资银行分支机构的设置和业务都做了限制，^① 目前，在美的大多数外资分行都能够发挥特色优势，以传统业务为基础，着眼于服务实体经济：如为本国与美国双边贸易提供融资、清算等金融服务，为跨国大型企业、美国本土企业和个人提供一体化金融服务等，在推动金融市场创新、增加就业、增加外资投入等方面给美国带来了巨大利益。此外，美国监管部门还会运用"宽严相济"的监管手段，在开设网点以及牌照发放方面增加准入自由裁量权的行使空间，使得部分国家地区的外资想要进入美国银行业、享受国民待遇并不容易。^②

2. 国际规则层面的国民待遇

就 BIT 而言，作为美国较早签订的 BIT 之一，1985 年《土耳其—美国双边投资协定》在两国间设置了较为宽松的投资环境，允许其相互间的投资者自设立阶段即可享受"国民待遇"。然而这一"宽松"却未涉及银行业，美国在协议最后保留了限制土耳其投资者在银行业享受"准入前国民待遇"的权利。2008 年《卢旺达—美国双边投资协定》是美国最近一项签订的 BIT。在协议的附件清单中，美国对外资银行在准入方面应遵循的"不符国民待遇措施"（Non-conforming Measures of National Treatment）和相应的法律依据做出了详细罗列，例如，除非货币监理署免除国籍要求，否则国民银行的高级管理人员和董事会成员必须是美国公民；只有外资银行和外资银行在美国的分支机构才可以取得"埃奇法"公司（Edge Corporation）的外资所有权，而美国本土的非银行企业则不受此限制；外资银行必须在美国设立参保子公司才可以从事十万美元以下的零售存款业务；外

---

① 如外资银行分行通常不能加入联邦存款保险系统，因而所能接受的存款种类相对有限；又如外资银行要在美国设立分行可能会面临多重监管，须事先申请并取得联储的批准，又因联邦注册和州注册的不同，外资银行还必须取得货币监理署或州银行监管机构的批准。

② 虽然在银行业对外开放领域有着详细的监管规则，但在实际操作过程中，监管机构对不同国家的外资机构实施了不同的监管标准。每一个国家在美取得银行执照的难易程度并不相同，一些"友邦"国的外资银行能够轻易在美国取得全业务牌照，而相比之下，中资银行却至今未有一家取得金融控股公司经营许可。

资银行要在美国从事证券咨询和投资管理业务，必须依据1940年《投资顾问法》的规定注册取得投资顾问资质，等等。可见虽然美国在 BIT 中对于外国投资的准入总体上采取了较为开放和宽松的政策——"准入前国民待遇"，但是该准入标准不论是在机构准入方面还是在业务准入方面，对于银行业都更为严格苛刻。

NAFTA 作为美国自20世纪以来签订的最为重要的 FTA 之一，同样对外资金融机构的准入给予了相当宽松的政策，将许多方面的"国民待遇"延伸到准入前阶段。[①] 例如，在机构准入方面，对于新设机构，第1403.3条表明美国允许在其境内设立的另一缔约国商业银行可以通过设立子公司或直接分支机构的方式扩展到整个美国市场；第1403.4条规定"缔约一方应当许可另一方在其境内没有金融机构的投资者设立金融机构"。对于人员准入，第1408.1条规定缔约任何一方都不得对进入该国的另一缔约方金融机构所雇佣的高级管理人员做出特殊的国籍限制；出于保护投资方对其在另一缔约国内所设企业的控制能力，[②] 1408.2还规定，缔约任何一方都不得要求缔约另一方金融机构的全体董事会成员都具有其本国国籍或都是其居民（或两者皆符）。在业务准入方面，第1407条规定，虽然东道国有权要求金融机构在提供新的金融服务类型时必须获得有关机关授权（美国对于银行业务的授权机关为财政部），但是若该业务种类在类似情形下（in like circumstances）与东道国本国金融机构依据该国国内法开设的业务种类相近（similar to），则该东道国应当许可此项新业务种类的开展，只有在基于维护该国金融体系的稳定等审慎性原因时才可以拒绝授权。然而，相较于针对外资金融机构整体准入的宽松政策，美国依旧没有放开对银行业市场准入的严格管控。在 NAFTA 的附件中，美国以不符措施的形式单

① 如 NAFTA 第1405.1条即允许各缔约方的金融机构在设立、并购、扩大、管理、运营、转让或其他投资处置等方面都能够获得不低于东道国金融机构所受的待遇。

② 如 NAFTA 第1107.2条在对境外投资企业高管和董事会的人员准入中明确规定，虽然允许东道国规定外资企业董事会的多数成员必须符合特定的国籍要求或必须是该国居民，但是这种限制只能建在不损害境外投资者对其投资有效控制能力的前提之下。

独列明了银行业的诸多准入要求，很大程度上排除了"准入前国民待遇"在该领域的适用。①

①机构准入方面，外资商业银行新设机构受到了比其他金融机构更为严格的条件限制，如在美国境内拥有直接存款分支机构或子公司的外资银行、外资银行控股公司等不得在一些州设立或收购银行；外资非银行机构在投资"埃奇法"公司时受到限制。与此同时，外资银行高管除受到一般资质限制外，还需满足国籍方面的特别要求，如隶属于外国银行的商业银行董事需符合多数为美国公民的条件。

②业务准入方面，外资银行也受到了许多明显高于美国本土银行的准入限制，例如，外资银行从事零售存款业务受到设立参保子公司的特别要求；若美国的机构受托人无法在某一缔约国独立从事证券销售业务，则该国公司（在美国境外设立）也无法在美国成为债务证券销售的唯一受托人；外资银行从事证券咨询服务的必须根据1940年的《投资顾问法》的要求登记成为投资顾问，而美国国内银行则免于登记，等等。

与此反差明显的是，近年来，为了进一步发挥其在金融市场领域的领先优势，美国在其牵头的一系列国际协定，如BIT和NAFTA中，却频频以利益交换的方式向更多的发展中国家推广"准入前国民待遇"，如向其他缔约国最大限度地开放第一、第二产业门槛以换取其在金融领域对美国资本相应水平的市场开放等。②

（二）日本、澳大利亚、欧盟等较为彻底的银行业"准入前国民待遇"

澳大利亚的外国投资政策主要由联邦层面的立法和州层面的立法组成，其中联邦立法包括《1975年外国收购与接管法》《1989年外国收购与接管法》《1998年金融产业（持股）法》等，涉及银行准入的国内立法还有《1959年银行法》《2000年银行修订条例》《1998年支付系统（监管）

---

① 同时也并不排除各州政府颁布的关于银行准入的不符措施的适用。

② 美国在 KORUSFTA 等一系列国际协定中对于银行业准入的标准设置很大程度上沿用了其在 NAFTA 中的相关规定，包括关于外资银行高管国籍的规定、埃奇法公司的所有权限制、从事零售存款业务的资金限制等。

法》等。自1980年实施以放松管制为目标的金融自由化改革以来，澳大利亚通过一系列制度改革逐步取消了外资银行在机构准入（包括新设与兼并）限制和业务准入方面受到的限制。澳大利亚审慎监管局（APRA）和澳大利亚证券与投资委员会（ASIC）分别负责外资金融机构的市场准入及业务监管，① 外资银行经过APRA的审批即可在澳大利亚境内设立代表处并开展相关业务活动。② 就准入限制的内容来看，澳大利亚现行监管规则对外资存款机构的具体资本金、外国银行分行的营运资本、外国银行分支机构的数量均未做出限制性规定；同时，除某些特殊要求外，外资银行的业务范围和监管要求也基本与其国内银行一致。③

日本政府早在20世纪50年代实施银行业对外开放后，就已通过一系列制度安排与优惠措施给予了外资银行必要的"国民待遇"。外资银行在日本的市场准入和业务经营主要由金融厅和日本央行进行监管，作为十国集团的成员之一，日本在银行业准入监管制度构建方面已基本实现了与巴

---

① 澳大利亚涉及外资金融机构准入的相关法规具体可参见 AFS Licensing Kit：Part1—Applying for and varying an AFS license；2. AFS Licensing Kit：Part2—Preparing your AFS license or variation application；3. AFS Licensing Kit：Part3—Preparing your additional proofs。

② 外资银行在澳大利亚设立代表处，需符合APRA规定的最低标准，具体包括：第一，根据其母国有关法律的规定，该机构必须是银行；第二，具有良好的实力和信誉；第三，符合母国有关审慎监管的标准；第四，经母国监管机构批准可在澳大利亚设立代表处。同时，须取得APRA的书面批准。

③ 澳大利亚的外资银行监管立法在以下方面对外资银行适用"非国民待遇"：第一，澳大利亚不允许外国银行分行接受首笔金额在25万澳元以下的客户存款或其他资金，但注册实体、非居民和银行员工不在此列。第二，外国银行分行必须按照澳大利亚审慎监管署的规定向客户披露其不适用《银行法》规定的存款人保护条款。第三，根据1975年的《外国人收购法》，外国人收购一个银行的股份超过15%时，必须向联邦政府的财政部长报告。

塞尔监管标准的接轨。① 在机构准入方面，外资银行的进入采取申请审批制，在机构数量、资产要求以及人员资质方面都受到一定程度的限制；② 在业务准入监管要求方面，则基本实现了内外资间的"国民待遇"。③ 虽然澳大利亚和日本通过国内立法为外资进入本国银行市场设置了不同程度的门槛，但其在国际自由贸易多边谈判中体现出的开放银行业市场的决心却显然比美国要坚定得多。以 TPP 为例，日本和澳大利亚在已达成的 TPP 条文中对银行业外资准入的限制性规定内容很少，几乎不涉及许多其他国家选择加以限制的事项。尤其是日本，其附件中金融领域的保留条款完全不涉及对于银行业市场机构（包括人员）及业务准入限制的内容，可谓较为彻底地在银行业市场准入制度上贯行了"准入前国民待遇"。

除去各种双边及多边条约的特别约定，欧盟自身对于第三国（非成员国）金融机构的市场准入进行了较为严格的限制。如允许成员国视具体情况对非成员国银行的市场准入做出经营资格等方面更为严格的限制措施，而成员国给予非成员国信用机构从事相关业务的待遇不得优于给予成员国

---

① 日本金融厅是一个全能的金融监管机构，主要依据《银行法》《信托法》《证券法》以及《保险法》等一系列法律和法案，负责对银行业、证券业、保险业、信托业和整个金融市场进行监管，其主要职能为稳定日本金融体系，保护存款者、保险受益人和证券投资人的利益，通过制定政策法规、对金融机构和金融交易进行监管提高金融系统的效率。日本的央行是日本银行，主要职能为出于维护金融稳定目的需要，对在日本银行开立账户的金融机构实施现场检查（on-site examination）和非现场监测（off-site monitoring），以评估这些金融机构的业务经营状况、风险管理、资本充足以及盈利能力。

② 外资银行如要在日本设立分行，须拥有足够的资产，以便正常、有效地开展金融业务，且该银行必须持有设立分行所需的一定数额的已发行股票。在人员资质上，日本监管制度要求外国银行分行应聘用精通日本银行法及有关法令的日本人参与管理。此外，根据日本《普通银行法》的规定，外资银行在申请开业时必须出具书面承诺，保证遵守日本银行法令及有关法律，服从监管部门的指导。

③ 日本监管当局对外资银行进行风险管理的内容包括：在存款准备金方面，日本对外资银行存款准备金规定最高限度为 20%；在贷款集中方面，银行对同一借款人的贷款合计不得超过自有资本的 20%；银行流动性资产不得低于总存款的 30%；银行一年期以上的中长期贷款的 40% 必须由其中长期存款或负债作为保证；在外汇头寸敞口方面，日本对各家银行分别确定比率，但一般要求敞口头寸不超过自有资本的 10%。

内部信用机构的待遇，等等。但在欧盟内部，由于其组织形式的特殊性，各成员国相互间的银行业市场准入制度具有明显区别于其他国际实践的特质——准入门槛的设置具有了更多"超国家"属性。这些属性在欧盟各个时期的指令中体现无遗：欧洲关于银行机构市场准入较早的规范可追溯至欧共体时期，1973 年为了使成员国银行机构能够在区域内部市场之间自由地提供服务，同时也为了规范相应的准入机制，欧共体颁布了第一个《关于取消对银行及其他金融机构设立和提供服务自由之限制的指令》（简称《1973 年指令》）。该指令一方面对成员国间银行和其他金融机构的跨境设立提出了"国民待遇"要求；另一方面列举了成员国现有的一些在银行准入方面对外资的歧视性规定（如比利时规定外资设立银行的资本金要求为一千万法郎，而相同条件下的本国银行只需要两百万法郎），并要求成员国取消这些限制。1989 年 12 月欧共体理事会又颁布了《关于协调有关信用机构设立和经营业务的法律、规则和行政规章并修改 77/780/EEC 指令的第二理事会指令》（简称《第二银行指令》），该指令延续了《1973 年指令》关于消除欧共体成员国之间银行准入障碍的制度理念，并将之继续发展完善，建立了一套"单一银行执照制度"（Single Banking License）。该制度规定，成员国的银行机构只需在其母国获得银行执照，就可以通过设立分行或提供服务的方式在欧共体所有成员国国内从事业务活动，且无须经过东道国的许可或授权，最大限度地赋予了成员国间跨境设立银行机构的自由。2006 年 6 月，欧盟在《1973 年指令》《第二银行指令》和 2000 年《关于信用机构设立和经营业务的欧盟议会及理事会指令》（简称《2000 年银行指令》）等的基础上结合"欧洲经济区协议"（Agreement on the European Economic Area，简称 EEA）的相关内容重新修订并颁布了《关于信用机构设立和经营业务的欧盟议会及理事会指令（改动）》（简称《2006 年银行指令》），进一步对成员国间的金融机构在机构准入和业务准入方面做出了全面开放的指示。如德国金融监管局（BaFin）规定，银行、金融服务提供商、资产管理公司、保险公司或养老基金在能够开展业务之前，需要取得 BaFin 的书面授权，而成员国机构只需要通知 BaFin 打算提供跨境服务或在德国设立分支机构即可，这被称为"通知程序"（Notification Procedure）或"欧洲护照"（European Passport）。由此可见，纵观各个时期欧盟（包括欧盟成立前的欧共体时期）内部的银行准入规则，从某种意义而言，其成员国银行机构间享受的是全面的、完全意义上的"准入前国民待遇"。

二、"准入前国民待遇" 在国际银行业的适用限制

从制度设计层面对"准入前国民待遇"的限制进行分析，往往可以从几个方面展开，即准入限制的类别、限制条款的内容数量以及限制的方式。鉴于各国国内法在银行业"准入国民待遇"的制度规范方面差异巨大，也不具有相同立法背景下的横向可比性，因而本书将以具有统一价值标准的国际协定作为衡量各国银行业具体如何适用"准入前国民待遇"的主要依据。现仍以上述所列的几个主要经济体的实践为例进行比较说明：

（一）准入限制类别及内容

就准入限制的类别以及限制条款的内容数量而言，美国作为金融业开放制度最健全的国家之一，已然通过一系列国际交往实践形成了一套完善的较为严格的银行业外资准入标准，其中对于准入限制的类别和限制内容都做出了标准化的规范。TPP协议虽鉴于国际政治和外部环境等原因最终以美国的宣布退出而导致了实质上的"流产"，但其中对于银行业准入标准的内容几乎涵盖和体现了美国一贯以来对于银行业外资准入的制度价值取向，[①] 即使是时至今日也仍然具有很强的研究价值。因此，本书针对美

---

① 例如，TPP的Article11.3"国民待遇"（National Treatment）提出，要求"协议参加国在其境内给予另一国投资者（或金融机构）在新设、收购、扩张、管理、运行、出售或处置金融机构以及对金融机构进行投资等方面的待遇应不低于相同情况下其给予本国投资者（或金融机构）的待遇"。同时，在相关服务的提供方面，一方还应给予另一方的跨境金融服务提供者不低于其本国跨境金融服务提供者在相同情况下所享受的待遇。这表明不论是在金融机构准入还是业务准入方面，TPP都以"准入前国民待遇"的标准作为基本的谈判思路。

国参与的国际法层面的银行业准入标准，将仍旧以 TPP 协议文本作为主要研究对象（见表 2-3）。

表 2-3 美国在 TPP 中对银行业外资准入"国民待遇"的限制

准入限制	限制类别	限制内容
机构准入限制（包括人员准入）	股东机构类型要求	"埃奇法"公司的外方股东只能是外资银行或其在美国的子公司
		根据外国法律所设公司的分支机构不得在美国设立信用合作社和储蓄机构
	各州自主准入要求	外资银行从目前所属州跨州新设立、合并、收购分支机构
		部分州（堪萨斯、马里兰等）禁止外国银行设立分支机构
		部分州对国家特许存款机构的董事提出公民资格要求
		对外资银行机构的运营活动施加限制
	董事及高级管理人员	所有国民银行董事通常情况下必须是美国公民
	联储资格	外国银行不得成为联邦储蓄系统成员
业务准入限制	特殊资质要求	外国银行运营须先设立参保子公司
		从事证券咨询和投资管理服务的外资银行须先行注册取得投资顾问资质
	本国特殊保护	给予联邦住宅贷款银行、联邦住房抵押贷款公司、联邦全国抵押协会等政府资助企业（Government Sponsored Enterprises，GSEs）在税收、注册和报告证券发行等方面的特殊保护

由美国极力倡导的 TPP 文本继承并拓展了其在诸多 BIT 和 FTA（如 NAFTA、KORUSFTA 等）中采用的态度，旨在进一步降低各国现有的金融业外资准入门槛。而涉及"准入前国民待遇"在银行业的适用，除却银行业市场发展尚不完善的发展中国家，TPP 在各发达国家间的接受程度也大

相径庭。①

有一些国家在 TPP 条文中对银行业外资准入的限制性规定内容很少，几乎不涉及许多其他国家选择加以限制的事项，如日本和澳大利亚。日本已将"准入前国民待遇"推及适用于银行业：不论是在机构（包括人员）准入还是业务准入方面，都未在其金融业负面清单中对银行业做出限制性规定。澳大利亚对于外资在银行业机构准入方面的限制也十分宽松，没有关于股东机构类型、资产规模、经营业绩、股权结构等方面的要求，高级管理人员和董事并无国籍和其他资质方面的特别限制，仅要求私人公司董事至少有一人为澳大利亚常住居民、上市公司董事中至少有两名常住居民；在业务准入方面，澳大利亚所保留的限制条款并不多，只对业务范围提出一些限制性要求，如规定外国银行代表处除作为联络点外不得在澳大利亚从事任何银行业务。②

在设置银行业"准入前国民待遇"的适用限制上，欧盟的实践也十分具有代表性。《2006 年银行指令》规定，机构准入层面，欧盟成员国内部的金融机构想要在另一成员国境内设立分支机构的，只需通知其母国的主管机关并获得相关授权即可。而业务准入层面，Article24 规定在其母公司满足一些基本条件（如必须为信用机构、必须拥有该金融机构 90% 以上的表决权，必须遵守母国的审慎监管规则等）的情况下，某一成员国就应当许可另一成员国的金融机构子公司在其境内从事 Annex I 中所列明的全部金融服务业务；这些可从事的业务范围相当广泛，包括了存款业务、消费和抵押等信贷业务、金融租赁业务、资金转移服务、发行信用卡、旅行支票和银行汇票、证券业务、货币经纪服务，等等。验证该金融机构的母公司是否满足业务准入条件的工作则由该机构母国的主管机关负责实施，母国监管机关将最终视情决定是否发给该金融机构"相符证明"（certificate

---

① 相比美国对于银行业外资准入"国民待遇"的种种类别和内容限制，同为 TPP 谈判缔约国的部分发达国家却态度迥然，许多国家，如日本、新加坡等，都对其提出的高准入标准持开放态度，而对于一些发展中国家而言则始终持观望态度。

② 值得一提的是澳大利亚在其金融业负面清单中特别保留了对国有企业进行保护的权利。

of compliance）以使其获得在东道国从事相关业务的资格。

（二）准入限制方式

以目前通行的国际实践来看，有一些准入限制的例外是以豁免条件的形式存在，如澳大利亚在 TPP 中以不低于 25 万澳元为条件允许外国银行分支机构向个人和非法人机构收取开户存款；美国在一系列国际协定中将"设立参保子公司""取得投资顾问资质"等作为放开银行业外资业务准入国民待遇的条件；欧盟则允许成员国间的外资以取得母国监管机关"相符证明"、拥有特定的表决权占比等条件获得"准入前国民待遇"。①

另一些准入限制的例外则是以互惠条件的形式存在的，如美国在 NAFTA 中以互惠作为外资享受国民待遇的条件，规定若美国的机构受托人无法在某一缔约国独立从事证券销售业务，则该国公司（在美国境外设立）也无法在美国成为债务证券销售的唯一受托人。除此之外，为保证准入国民待遇的限制条款能够具有最大限度的灵活性，多数国际实践，如美国的 BIT、NAFTA 以及 TPP 等，都允许缔约国保留对现行相关优惠政策或优惠对象进行修改的权利。相比严格禁止式的准入限制，附豁免条件或互惠条件的准入门槛给予了监管部门更多的自由裁量权，在灵活控制市场开放程度的同时也确保了"安全阀"功能的可实现性。

三、"准入前国民待遇"在国际银行业适用的风险防范

不少国际实践都为稳健开放一国银行业市场、保障不同地区间不同发展水平的市场间的均衡稳定提供了有参考价值的制度架构。

（一）关键领域的准入禁止

这种禁止不仅针对与国民经济关系密切或自身抗风险能力较弱的重要业务领域，还包括特殊身份权利的取得。如美国禁止所有外国银行成为联

---

① 试点之初，我国上海自贸试验区负面清单中也有类似规定，如以不少于 100 万元人民币为豁免条件放开外国银行分行经营对中国境内公民的人民币业务的准入限制，允许其吸纳中国境内公民的定期存款。

邦储蓄系统成员；加拿大在 TPP 协议中禁止外资银行分支机构成为加拿大存款保险公司（Canadian Deposit Insurance Corporation，简称 CDIC）的会员机构，同时禁止外国贷款银行的分支机构取得加拿大支付协会（Canadian Payments Association，简称 CPA）的成员资格。

（二）特别保护措施

主要经济体在国际协定中通常会保留对某些关键行业或企业给予特别保护的权利。以 TPP 为例，澳大利亚特别保留了政府对国有企业采取一切担保和维持措施的权利；美国保留了对某些特殊金融行业的国有企业进行特别保护的措施，如保留了对联邦住房贷款银行（Federal Home Loan Banks）、联邦住房贷款抵押公司（Federal Home Loan Mortgage Corporation）、农业信贷银行（Farm Credit Banks）、学生贷款市场协会（Student Loan Marketing Association）等政府资助企业（GSEs）在税收、证券发行、政府购买债券等方面采取优惠政策的权利（详见表 2-3）；加拿大也明确表示将保留对于住宅的信贷行业，如加拿大抵押贷款与住房公司（Canada Mortgage and Housing Corporation）及其分支机构，采取特别优惠措施的权利；新西兰除对国有企业进行特别支持外，还保留了对金融市场基础设施有着重要影响的企业给予补助的权利，等等。

（三）地方政府自主权

为地方政府保留适用例外是目前主要国际协定在"准入前国民待遇"适用问题上惯常会采取的手段之一。澳大利亚、加拿大等国都在国内立法以及相关国际协定中对各地方政府现行的不符措施做出了保留。① 美国也通过 NAFTA 和各种 BIT 赋予了各州政府更多的自由裁量权，如允许州政府在外资银行新设机构、高级管理人员公民资格要求以及银行机构运营活动要求等方面保有与中央政府层面承诺不符的具体准入限制措施等。

---

① 如根据西澳大利亚州《1984 年信贷（管理）法》和《1985 年信贷（管理）条例》的规定，拟在西澳大利亚州开展信贷提供业务（包括在其他业务开展过程中涉及信贷的提供）的自然人或法人团体，必须在澳大利亚设有总部，且在西澳大利亚州设有主要经营场所。

（四）本国公民控制外资银行的管理决策权

这一做法在美国表现得最为明显。美国对外国公民进入银行机构董事会的限制不仅体现在联邦层次的立法内容中，而且许多州的银行监管规则中也有类似限制性规定。[①] 虽然此做法一直遭受诟病，被认为是对 WTO 体系下国民待遇实质要求的变相破坏，但也确实在维护美国金融市场稳健运行中发挥了重要的作用。事实上，将国籍条件作为人员准入国民待遇适用的例外是国际上常见的做法，如澳大利亚也在 2001 年《公司法》中规定，外商投资设立的私人公司中至少必须有一名董事是澳大利亚常住居民。

第四节　外资银行"准入前国民待遇"的制度探索与构建

2013 年 7 月 13 日，我国表示同意以负面清单模式为基础，与美国进行 BIT 实质性谈判，正式将"准入前国民待遇"制度建设提上日程。

一、"准入前国民待遇"在我国银行业的实践

（一）"准入前国民待遇"在自贸区的实践

上海自贸试验区中关于银行业准入限制及国民待遇适用的规定，主要体现在其公布的负面清单中。自贸试验区建设至今，我国已然在降低外资进入银行业的准入门槛方面做出了许多突破性的尝试：从 2013 年版（上海自贸试验区）负面清单[②]对外资进入银行业的限制；到 2014 年版（上海

---

① 美国《国民银行法》要求所有国民银行董事通常情况下必须是美国公民。

② 指《中国（上海）自由贸易试验区外商投资准入特别管理措施（负面清单）（2013 年）》。

自贸试验区）负面清单①逐步放开准入，允许外资在符合区外现行规定的基础上投资银行业金融机构；再到 2015 年版负面清单②分别从股东机构类型、资质、股比要求以及外资银行特别限制四个方面对外资投资银行业的标准不断精简、细化，相对于此前模糊且宽泛的限制条件，细化后的负面清单使得外资进入银行业的标准更为开放、透明，也更具有可操作性；2017 年版负面清单在此前基础上，除对银行业资质、股比要求以及业务开展要求等进一步明确外，还减少了几项对于外资银行的特殊限制，如放开外资银行从事"代理发行、代理兑付、承销政府债券"业务、取消外资银行获准经营人民币业务的最低开业时间要求。2019 年版负面清单在金融领域已完全取消了银行业的准入特别措施，表明在自贸试验区内，外资银行已实现了负面清单制度意义上的"准入前国民待遇"。③

上海自贸试验区实践的重大意义是在充分尊重本土化特色的基础上，将那些有借鉴价值的国际经验规则引入到今后构建开放水平更高的规则构架中来。

（二）"准入前国民待遇"的进一步推广

在 2020 年之前已经缔结的约 130 个双边投资协定（Bilateral Investment Treaty，简称 BIT）中，我国从未承诺接受"准入前国民待遇"义务；即使是在许多承诺了"准入后国民待遇"的 BIT 中也保留了特殊情况下的许多限制条件。近年来，结合自贸区内的积极探索，我国在自贸区外对于银行业外资准入制度的改革也在不断推进与深化，长期以来适用的"准入后""不完全"的国民待遇政策也在此次改革中发生了调整。首先是 2019 年

---

① 指《中国（上海）自由贸易试验区外商投资准入特别管理措施（负面清单）（2014 年修订）》。

② 从 2015 年开始《自由贸易试验区外商投资准入特别管理措施（负面清单）》（文中简称负面清单）不仅适用于上海自贸试验区，还适用于全国所有自贸试验区。后文不同年份则推出不断修订的负面清单。

③ 至本文撰写时，《自由贸易试验区外商投资准入特别管理措施（负面清单）》经过多次改版，均不再对银行业设置准入特别措施。目前的 2024 版《外商投资准入特别管理措施（负面清单）》已实现外资在银行业的"准入前国民待遇"。

《外商投资法》的实施，从顶层设计上确立了"准入前国民待遇"在外资准入制度中的地位。① 此后，2020 年 11 月 15 日我国与东盟十国以及日本、韩国、新加坡、澳大利亚、新西兰等国家签订了区域全面经济伙伴关系协定（Regional Comprehensive Economic Partnership，简称 RCEP），明确将国民待遇的适用延伸至投资设立阶段，进一步推动了国内实践的国际应用，第一次从国际协定的角度确立了我国全面适用"准入前国民待遇"的制度架构。②

银行业虽然有其开放的特殊性，但在放松政府准入管制的大趋势上仍然与其他开放行业保持了一致，《外商投资准入特别管理措施（负面清单）（2019 年版）》公布的外商投资准入特别管理措施中已不再包含银行业的准入限制。③ 2019 年 9 月修订的《中华人民共和国外资银行管理条例》则进一步放宽了外资银行的市场准入条件，对一些会影响外资享受国民待遇的内容进行修改：在银行机构准入方面，一方面放宽了对设立外资银行股东资格的限制；④ 另一方面放宽了对外国银行在华同时设立法人银行和外

---

① 相对于大多数国际实践，这种以国内法的形式确定"准入前国民待遇"的做法并不常见，大多数国家往往习惯采用双边或多边协议中承诺的方式开放市场。此外《外商投资法实施条例》第十二条规定："外国投资者、外商投资企业可以依照法律、行政法规或者国务院的规定，享受财政、税收、金融、用地等方面的优惠待遇。外国投资者以其在中国境内的投资收益在中国境内扩大投资的，依法享受相应的优惠待遇。"也为"超国民待遇"在部分领域的实施提供了空间。

② 见 RCEP 第 10 章第 3 条第 1 款："在投资的设立、取得、扩大、管理、经营、运营、出售或其他处置方面，每一缔约方给予另一缔约方投资者和所涵盖投资的待遇应当不低于在类似情形下其给予本国投资者及其投资的待遇。"

③ 未在清单中列明并不代表取消准入限制。《外商投资准入特别管理措施（负面清单）》中未列出的文化、金融等领域与行政审批、资质条件、国家安全等相关措施，按照现行规定执行。

④ 具体表现为取消了拟设外商独资银行的唯一或者控股股东、拟设中外合资银行的外方唯一或者主要股东、拟设分行的外国银行在提出设立申请前 1 年年末总资产的条件。

国银行分行的限制，更好地满足了外资拓展在华银行业务的需求。① 在银行业务准入与资金监管方面，一方面在坚持审慎性监管的前提下，再次扩大了外资银行的业务范围；② 另一方面则适当放宽了对外国银行分行的营运资金监管条件，赋予其更大的资产自主权。③

银保监会 2019 年发布的《中国银保监会外资银行行政许可事项实施办法》以及 2022 年修订的《中国银保监会中资商业银行行政许可事项实施办法》中也对进一步开放外资银行实行"准入前国民待遇"做了具体安排，如通过完善准入限制的具体规定（包括许可条件、程序和申请材料等方面）增加外资银行股权投资的制度透明度；通过减少行政许可事项，进一步统一内外资银行的市场准入标准；④ 通过删去关于境外金融机构股权投资的持股比例限制，防止外资入股中资商业银行时因触发持股比例上限而影响机构类型和监管法律适用的情形发生，实现了内外资一致的股权投

---

① 2019 年《中华人民共和国外资银行管理条例》第二十五条："外国银行可以在中华人民共和国境内同时设立外商独资银行和外国银行分行，或者同时设立中外合资银行和外国银行分行。"

② 主要表现为增加了"代理发行、代理兑付、承销政府债券"和"代理收付款项"业务；降低外国银行分行吸收人民币存款的业务门槛，将外国银行分行可以吸收中国境内公民定期存款的数额下限由每笔不少于 100 万元人民币改为每笔不少于 50 万元人民币；取消对外资银行开办人民币业务的审批，同时明确开办人民币业务应当符合国务院银行业监督管理机构规定的审慎性要求。

③ 放宽外国银行分行持有一定比例生息资产的要求，对资本充足率持续符合有关规定的外国银行在中国境内的分行，豁免其营运资金加准备金等项之和中的人民币份额与其人民币风险资产的比例限制。

④ 取消了外资银行开办代客境外理财业务、代客境外理财托管业务、证券投资基金托管业务、被清算的外资金融机构提取生息资产四项业务的审批。在许可条件和程序上最大限度与中资商业银行保持一致，包括合并支行筹建和开业审批程序，仅保留支行开业审批；优化外资银行募集发行债务、资本补充工具的条件；进一步简化高管资格审核程序，对于在同质同类外资银行之间平级调动或改任较低职务的情形，由事前核准改为备案制等。

资比例规则。[①]

（三）"准入前国民待遇"背景下我国的外资银行市场准入限制

负面清单的放开并不意味着准入门槛的撤销，"准入前国民待遇"的广泛适用也并不意味着外资取得银行执照的难度随之骤降。[②] 就入世后我国的具体承诺来看，外资在进入我国银行市场时已获得了"准入前国民待遇"，在由正面清单向负面清单过渡的过程中已实现了银行业准入特别措施的全面放开。但事实上，我国针对内外资银行准入实施的"双轨管理"模式决定了，即使没有特别准入措施的限制，外资银行实际也很难享受与内资银行完全一致的准入国民待遇，当然，这在一定程度上也符合国际通行做法——对于银行业的准入在国民待遇之上加以必要的限制。2019 年 12 月，银保监会根据外商投资法改革确立的更高的开放要求，对《外资银行行政许可事项实施办法》进行了修订，结合中资商业银行准入许可制度的有关规定，我国现阶段对于银行业外资的市场准入限制主要体现在以下几个方面：

① 此前，外资银行股权投资始终受到限制——单个境外金融机构及其关联方作为发起人或战略投资者向单个中资商业银行、农村商业银行以及作为战略投资者向单个金融资产管理公司的投资入股比例不得超过 20%，多个境外金融机构及其关联方投资上述机构入股比例合计不得超过 25%。这使得只要外资持股比例超过法定上限就有可能引发中资商业银行的性质变更为中外合资银行，并因此受到《中华人民共和国外资银行管理条例》的管理和调整，在中资金融机构股权投资的调整中出现差别对待的情况。

② 以持"国民待遇"与"市场准入"差异说的学者的角度来看，我国目前银行业国民待遇承诺水平与市场准入承诺水平并不均衡，体现为对银行业国民待遇的限制相对宽松，而对外资银行市场准入的限制相对严格。对此一定程度上也可理解为制度承诺与实际"门槛"之间存在的偏差：根据张金清等学者的数据测度结果显示，入世承诺 5 年过渡期之后，我国银行业的市场准入和国民待遇承诺水平的测度值之间虽出现同步上升的趋势，但仍存在巨大差异。参见张金清等：《中国银行业市场准入承诺水平的测度与比较》，载《财经问题研究》2007 年第 2 期。本书虽不赞成差异说的观点，认为国民待遇可以被适用到准入的各个阶段，但也认为对于中国目前如此高的外资银行准入要求而言，通过负面清单对准入阶段国民待遇放开与否，并不会产生实质性的差异。

1. 机构准入限制

根据现行许可制度的规定，外资法人银行以及境外金融机构以股权投资形式入股的境内金融机构仅限于银行业金融机构（内资商业银行可设立、参股以及收购境内"法人金融机构"）；在入股银行业金融机构的准入条件以及审批程序上，目前针对外资的限制已基本与中资商业银行实现同步，[①] 内外资银行业准入限制的差异性主要体现在新设程序上。[②] 设立内资商业银行与外资法人银行在审慎性监管要求上大体一致，外资法人银行仅在反洗钱和反恐怖融资等内部控制制度上被提出更严格的准入要求。在股东类型限制方面，入股内资商业银行的境外投资者按规定必须为金融机构，内资则不受此项限制，非金融机构亦可入股商业银行；设立外资法人银行的，不仅要求股东应为金融机构，且其中唯一或控股股东还必须为商业银行。以股东机构类型限制作为提高外资准入标准的门槛，这一点与我国在"准入后国民待遇"时期沿用的准入限制监管思路并无实质性差异。此外，外国银行设立分支机构时也有比中资银行更高的营运资金要求。[③]

人员准入方面，外资银行董事、高级管理人员和首席代表的任职资格需经过银保监会或所在地银保监局的核准。在部分人员的任职资格要求

① 外资银行投资设立、入股境内银行业金融机构由银保监会审查批准，应符合的具体条件包括：具有良好的公司治理结构；风险管理和内部控制健全有效；具有良好的并表管理能力；主要审慎监管指标符合监管要求；权益性投资余额原则上不超过其净资产的 50%（合并会计报表口径）；具有完善、合规的信息科技系统和信息安全体系，具有标准化的数据管理体系，具备保障业务连续有效安全运行的技术与措施；最近 2 年无严重违法违规行为和因内部管理问题导致的重大案件，或者相关违法违规及内部管理问题已整改到位并经银保监会或者其派出机构认可；最近 3 个会计年度连续盈利；监管评级良好；银保监会规章规定的其他审慎性条件。见《中国银保监会外资银行行政许可事项实施办法》第六十四条。

② 关于外国投资者并购境内金融机构的规定因涉及相关安全审查制度，本书将在第五章中再进行讨论。

③ 《中国银保监会外资银行行政许可事项实施办法》第三十四条中国银保监会规定，设立外国银行分行，申请人应当无偿拨给或者授权境内已设分行无偿拨给拟设分行不少于 2 亿元人民币或者等值自由兑换货币的营运资金。中资商业银行在境内设立分支机构仅需"具有拨付营运资金的能力"，不受具体数额限制，这在实际操作中为监管部门自由裁量保留了上下空间。

上，外资银行相对中资商业银行而言更为宽松。例如，担任外资法人银行副董事长要求"应当具有 5 年以上金融工作或者 10 年以上相关经济工作经历（其中从事金融工作 3 年以上）"，而中资商业银行的副董事长任职资格要求与董事长一致，"应当具有本科以上学历，从事金融工作 8 年以上，或从事相关经济工作 12 年以上（其中从事金融工作 5 年以上）"。

准入程序方面，外资银行的筹建申请需先经过初审程序，且审批期限更久。在银保监会审查和决定是否批准外资银行的筹建申请之前，需经拟设机构所在地银保监会受理和初审，这一过程可达 20 日，此后银保监会在 6 个月内做出是否批准筹建的决定，且该时限还有可能被延长（延长期限不超过 3 个月），也就是说外资银行申请筹建的期限最长会达到近 10 个月。① 而中资商业银行的筹建申请不需经过相关初审的前置程序，审批程序不会超过 4 个月。② 此外，境外金融机构作为发起人或战略投资者入股中资商业银行所受到的资格限制仍与境内金融机构不同，除须符合一般审慎性监管条件外，还受到总资产以及更高资本充足率水平的要求。③ 值得

---

① 2019 年《中国银保监会外资银行行政许可事项实施办法》规定，申请筹建外商独资银行、中外合资银行，申请人应当向拟设机构所在地银保监局提交申请资料，同时抄送拟设机构所在地银保监分局。拟设机构所在地银保监局应当自受理之日起 20 日内将申请资料连同审核意见报送银保监会。银保监会应当自银保监局受理之日起 6 个月内，作出批准或者不批准筹建的决定，并书面通知申请人。决定不批准的，应当说明理由。特殊情况下，银保监会可以适当延长审查期限，并书面通知申请人，但延长期限不得超过 3 个月。

② 2015 年《中国银监会中资商业银行行政许可事项实施办法》第十五条规定，国有商业银行法人机构、股份制商业银行法人机构的筹建申请，应当由发起人各方共同向银保监会提交，银保监会受理、审查并决定。银保监会自受理之日起 4 个月内作出批准或不批准的书面决定。

③ 境外金融机构作为中资商业银行法人机构的发起人或战略投资者，最近 1 年年末总资产原则上不少于 100 亿美元，而中资金融机构则不受此项限制。此外境外金融机构股权投资还受到更高资本充足率的限制：商业银行资本充足率应当达到其注册地银行业资本充足率平均水平且不低于 10.5%，非银行金融机构资本总额不低于加权风险资产总额的 10%，比中资商业银行资本充足率要求（8%）高了两个百分点。

一提的是，外资银行在准入审批时也比中资商业银行受到更多的审慎性约束。[①]

2. 业务准入限制

我国目前已取消了外资银行开办人民币业务的审批，外资银行在取得银行执照后即可在经营权限内开展相关的人民币业务，外资法人银行在发行债务、资本补充工具，开办衍生产品交易业务、信用卡业务以及其他业务方面的准入条件，以及审批程序也已基本体现了内外资一致的原则。在"法人导向"的监管体制下，我国延续了此前对外国银行分支机构的严格准入监管，一方面放宽外资银行业务范围、地域等方面的限制，另一方面保留了对外国银行分行开展人民币的限制，如规定其吸收境内人民币定期存款的下限为50万元。另需指出，由于我国目前外汇管理制度尚不健全，使得外资银行离岸业务和部分外汇业务基本游离于监管之外，因此从此类业务的市场准入限制和监管制度来看，内外资银行间所受到的规制极不平衡。[②]

二、基于国际经验的检验与反思

实践证明，美国在银行业某些领域给予外资的"准入前国民待遇"是有一定借鉴价值的：如在一系列国际协定中，美国在中央政府层面并未对

---

① 《中国银保监会外资银行行政许可事项实施办法》中规定的审慎性要求比《中国银保监会中资银行行政许可事项实施办法》规定的审慎性要求更多（具体条文是中资商业银行审慎性条件的两倍），如要求具有健全的内部控制制度和有效的管理信息系统；按照审慎会计原则编制财务会计报告，且会计师事务所对财务会计报告持无保留意见；无重大违法违规记录和因内部管理问题导致的重大案件；具有有效的人力资源管理制度，拥有高素质的专业人才；具有对中国境内机构活动进行管理、支持的经验和能力；具备有效的资本约束与资本补充机制等。

② 现行针对中资商业银行开办外汇业务和增加外汇业务品种、开办离岸银行业务的相关许可和监管制度已较为全面，如《中国银监会中资商业银行行政许可事项实施办法》中专门规定了此类业务开办的申请条件和许可程序；《离岸银行业务管理办法》《离岸银行业务管理办法实施细则》等也针对中资银行开展离岸业务做出了专门规范。而对于外资银行在这一领域的外汇监管规则十分欠缺。

外资设置股东资产规模、经营业绩、股权结构等机构准入限制，也并未在业务准入层面做出禁止性规定。与此同时，日本、澳大利亚等国在国际协定中的承诺以及欧盟的实践也表明，在开放银行业市场并引入更为广泛、全面的"准入前国民待遇"的同时，维持金融系统的稳健运作并非不可实现。

（一）优化外资银行市场准入制度

通过设置市场准入限制防止不稳健的外国投资机构及人员进入一国银行系统，是目前各国通行的实践经验，WTO 规则以及巴塞尔监管体系也对此持肯定态度。我国今后还可以在以下方面继续优化制度设计，进一步推进"准入前国民待遇"在银行业的试水。

①在银行业外资"国民待遇"限制方面，当前内外资银行间的差别主要在于对股东资格类型的限制。其中对于外资银行"唯一或控股股东"应为"商业银行"的规定并不妥当。股东资格类型限制是国际实践中常见的一项市场准入限制，监管当局可以据此过滤掉一些资信实力不够或不具有充分银行运营经验的外国投资者，但"唯一或控股股东"的提法有可能会成为部分股东逃避监管的借口。① 而将限制条件仅仅落于"商业银行"一方面没能全面考虑到那些来自采取混业经营模式国家的银行的实际情况，另一方面目前也没有任何实际数据表明单纯从事商业银行业务的金融机构比混业经营金融机构更能抵抗经营风险。因此，对于外国投资股东资格类型的限制不应当背离规则设置的初衷，这样只会使监管无法达到预期效果。在此，可以借鉴美国在《国际银行法》中的规定——要求拟在美投设银行的申请人，在美国以外从事的必须是银行业务。对主体主要业务内容进行直接限制，比单纯做主体类型限制更能发挥监管价值。

---

① 国内知名金融法学者周仲飞教授就曾多次指出"控股或主要股东"的提法十分不妥，他举例假设独资银行的两个股东，一个股东是商业银行，另外一个是非银行金融机构，只要前者控股，即使持股比后者多 0.1%，就可以申请设立独资银行；而如果后者控股，即使只比前者多持股 0.1%，也不能申请设立独资银行。但是，很难得出这样的结论，即对于银行运营来说，前一种股权结构安排要比后一种股权结构安排更安全。

②在具体的市场准入限制形式上，可以借鉴国际经验，探索更具灵活柔性的准入限制模式，如在可放宽的业务领域以及新增业务领域逐步以"有条件准入"替代"禁止准入"，即可在现有银行业机构或业务准入限制规定中设置附豁免条件或附互惠条件的条款等，如此，既可实现银行业市场的进一步开放，又为监管部门保留今后的自由裁量权、为市场风险设置刹车创造条件。

③坚持保留必要的市场准入限制，坚持"法人导向"的机构分类监管。对外资法人银行和外国银行分行采取不同的准入监管标准是有必要的，能够促使外国投资者更多地选择设立法人实体的方式进入我国银行业，便于监管机构的统一监管，也有利于金融市场的有序、稳定。国际上许多金融体系稳定的国家均采用了这一做法，如美国即通过针对不同的外资银行机构设置不同准入门槛的方式，在保障银行市场稳定的基础上，充分发挥了外资银行分行的灵活性优势，使其更好地服务于实体经济；又如澳大利亚也对采取分行经营模式的外国银行规定了更多的从业限制条件，外国银行只能通过注册子公司或授权分公司（Authorized Deposit Taking In-stitution，简称 ADI）的形式才可以在澳大利亚开展本地银行业务，且不得接受个人及非法人机构低于 25 万澳元的初始存款或其他资金。①

④简化外资银行市场准入程序。相比准入条件直接限制带来的生存影响，准入程序中的差别化待遇以及漫长的行政程序不仅会消磨外国投资者的投资积极性，更可能会增加外资银行网点布局和扩大规模的难度，这也是近年来外资银行在华占比不升反降的主要原因之一。内外资间准入成本（包括时间成本）的差异性导致了外资银行在竞争中处于十分不利的开局劣势地位，有限资金体量以及杠杆操作空间更加限制了其发挥自身优势。因此，只有在准入程序上实现内外资一致，才能够确保外资在准入过程中享受真正的国民待遇。

---

① 澳大利亚要求拟在澳大利亚开展银行业务的实体，必须是法人实体，并获得澳大利亚金融监督管理局（APRA）授权，成为经授权的存款吸收机构（ADI），相关规定见澳大利亚《1959 年银行法》以及《2000 年银行修订条例》。

（二）合理规范审慎监管

对于银行业的监管手段，主要包括审慎性监管（Prudential Regulation）与业务行为监管（conduct of business regulation）两个部分。虽然目前还没有针对审慎性监管的统一定义，但对于其作为保障银行业稳健运行、防止银行系统性风险重要手段的认识已成为共识。[①]

受 WTO 规则及巴塞尔体系的影响，我国在签订的一系列 BIT 和 FTA 中均保留了审慎性条件在金融业准入中的适用。如 2014 年生效的《中华人民共和国政府和加拿大政府关于促进和相互保护投资的协定》第 33 条 "一般例外" 第 3 款规定："本协定中任何规定均不得被理解为阻止缔约方基于审慎原因采取或维持的合理措施"[②]；2015 年《中国—澳大利亚自由贸易协议》也规定如提供新的金融服务需要授权，则只有在出于审慎原因的情况下方可拒绝授权，中方在减让表中，除审慎措施外对银行及其他金融服务的国民待遇亦不做限制。[③] 此外，我国还在相关外资银行的国内立法中对哪些监管要求属于审慎性条件做出了具体解释。[④] 根据《银行业有效监管核心原则》的规定，一国监管当局制定和实施的审慎性监管规则主要包括资本充足率、风险管理、内部控制、资产质量、损失准备、风险集

[①] 审慎性监管主要关注银行的清偿能力、流动性、风险集中度等指标，是各国银行业监管的重要内容。现通行的审慎监管法规主要可分为两大类：一类涉及资本充足率监管，另一类涉及风险管理和内部控制。

[②] 此处审慎性条件下的合理措施包括：保护存款人、金融市场参与者和投资者、投保人、索赔人，或金融机构对其负有信托责任的人的措施；维持金融机构的安全、稳健、完整或其财务责任的措施；以及确保缔约方金融体系的完整性和稳定性的措施。

[③] 除审慎措施外没有限制。外国金融机构可以同外商投资企业、非中国自然人、中国自然人和中国企业进行业务往来，无个案批准的限制或需要，也无限制。

[④] 如《中国银保监会外资银行行政许可事项实施办法》第五条规定了审慎性条件所必须包含的主要内容。

中、关联交易、流动性管理等方面。① 参照这一标准来看，我国在外资银行立法中将"具有有效的人力资源管理制度""拥有高素质的专业人才"等显然不属于审慎性监管的内容也列入了外资准入的审慎性条件之中，对于哪些监管措施属于"审慎性"措施的认定具有很强的随意性。② 过于宽泛的审慎性监管要求难免会混淆其与金融贸易壁垒之间的边界。GATS 在"审慎例外"（prudential carve-out）条款中允许 WTO 成员出于审慎考虑采取措施保护投资者、储户、保单持有人以及维护金融体系的完整性和稳定性，且不必将这些措施列入一国的具体承诺表之中；③ 还允许成员国在发生严重的国际收支差额和外部财政困难时，通过与其他成员国磋商，引入临时性限制。所有这些措施实施的前提，是成员国不能将其作为逃避该国根据 GATS 所作承诺或义务的手段。因此尽管我国规定的审慎性条件最终都可归结为出于保护金融安全、维护市场稳健的目的（事实上一切监管手段的最终目的都可以作此解释），但也需排除"使用这些措施，用于对承诺义务的违反"的嫌疑。

通过审慎性条件的限制，监管部门在发放外资银行准入许可时就有了更多的裁量空间，但有必要对现行制度体制中的审慎性监管进行必要性检

---

① 审慎监管理念源于巴塞尔委员会 1997 年的《银行业有效监管核心原则》（Core Principles for Effective Banking Supervision）。在该文件中，审慎监管原则被作为其中一项最重要的核心原则确立下来。《银行业有效监管核心原则》根据世界各国近百年银行监管经验教训的系统总结，从银行业有效监管的前提条件、银行准入和结构、审慎监管法规和要求、持续监管手段、信息披露、监管者的正式权力、跨境银行监管等七个方面，分别对监管主体和监管行为作出规定。这些规定已得到大多数国家的认同，成为建立和完善本国银行监管体系的指导准则。其中在"审慎监管法规和要求"（Prudential Regulations and Requirements）部分，《银行业有效监管核心原则》共提出了 10 条原则，要求监管当局制定和实施资本充足率、风险管理、内部控制、资产质量、损失准备、风险集中、关联交易、流动性管理等方面的审慎监管法规。

② 相较之下《银行业监督管理法》中对于审慎性监管内容的界定更符合巴塞尔体系提出的标准。《银行业监督管理法》第二十一条规定：审慎经营规则的范围包括风险管理、内部控制、资本充足率、资产质量、损失准备金、风险集中、关联交易、资产流动性等内容。

③ 出于谨慎，《贸易总协定》中并没有明确规定一国具体可能采取哪些确切措施。

查，减少那些不符合审慎性监管目的、实质为金融贸易壁垒的措施。

（三）借鉴必要的准入风险防范措施

我国除应进一步健全、完善国家安全审查制度、外资并购审查制度、反垄断审查制度等一系列外资准入风险防控制度外，尚需从具体的制度操作层面入手：其一，可借鉴美、澳等国的经验，尝试对部分即将开放的银行市场领域实施"门槛限制"，即以某一开放银行业务领域的外资进入水平（如市场份额、吸收存款量等）为标准，科学地设定进入水平的上限和下限并以此为"门槛"，一旦该领域外资进入水平达到这个"门槛"限度则对超出部分实行严格的准入限制，只保留在有限的"门槛"范围内实施"准入前国民待遇"的自由空间。其二，可在允许放开银行业部分业务领域或机构准入门槛的同时，以国家安全审查制度为依据，保留对本国某些特殊企业或关键领域给予特别优惠（保护）的权利。其三，国际实践表明，在国家制定整体准入标准的基础上，赋予地方政府根据地区实际情况设置准入国民待遇条件的权力，能够最大限度地保障地区间的均衡发展。从外资银行在我国的发展布局来看，主要集中在东部沿海地区，以及中部的重要省会城市。地区间金融市场发展水平不均衡，且各地监管部门之间的监管水平也存在较大差距，保障地方政府自由裁量空间，允许市场准入条件存在地区性差异，是解决这些区域不均衡问题的有效对策之一。此外，值得思考的是，针对许多经济体将人员准入中的国籍限制作为外资国民待遇的例外，且此类限制在实践检验中均展现出了积极效果的情况，说明外资银行的人员准入限制在某些领域看来有宜紧不宜松的趋势，这是值得我国监管部门根据实际国情参考与借鉴的。

第三章

负面清单模式下
外资银行的自治与监管

在银行业适用更广泛的准入前国民待遇并不意味降低门槛自然引入风险的必然结果，国际实践经验表明，除了合理的准入制度外，行之有效的监管模式亦对防止外部风险、维护本国金融市场的稳健运行有关键影响。

第一节　负面清单的法理阐释

一、负面清单的概念及其实现形式

（一）负面清单的概念

负面清单（negative list），又可称为否定清单或消极清单，其规定的内容在国际投资立法实践中又通常表述为"不符措施"，具体指某一国或地区用以列明禁止或限制外资准入的行业清单，对于清单以外的领域，向外国投资充分开放，也就是说外资得以在这些领域享有与内资完全相同的开放待遇。因此，负面清单管理模式通常与准入前国民待遇的适用密不可分。① 与正面清单管理模式相比，负面清单反映了"法无禁止即可为"的法理原则，其积极作用之一在于减少政府对微观投资行为的干预，因而其常被认为是外资监管的重心由管制向自治迈进的重要标志。

（二）负面清单的主要类型

最早将负面清单管理模式在经济交往活动中以法律形式确定下来的，

---

① 据联合国贸发会议 UNCTAD 的分类直接将负面清单与国民待遇进行绑定，将负面清单开放模式定义为依据国民待遇或最惠国待遇中更优惠的条件提供完全的准入，但可以清单方式列明除外。此后又有学者在 UNCTAD 的基础上将外资管理模式进一步分类为：投资控制模式、正面清单模式、区域性最惠国待遇模式、互惠国民待遇模式、负面清单模式和完全开放模式。可见，负面清单模式是比正面清单、最惠国以及国民待遇都要更开放的外资管理模式。

是美式 BIT，此后又通过 1994 年生效的 NAFTA 对这一制度进一步予以确立。① 此后，美国在其牵头和参与的国际投资自由化谈判中，始终坚持采用这一管理模式，并进一步将负面清单推广到世界其他国家，如北美的加拿大、欧盟，亚洲的新加坡及日本、拉美国家，以及其他与美国订立 BIT 的国家等。② 当前国际社会适用负面清单的形式大体可分为三种类型：

第一种是东道国以准入政策立法的形式，自主制定的负面清单，其订立和修改仅需经由国内立法程序即可，受外部规则环境影响较小。目前采取这一形式的国家较少，且多为外国投资市场并不健全的发展中国家，如韩国、印尼、菲律宾、沙特阿拉伯、斐济。我国发布的《外商投资特别准入管理措施（负面清单）》即属于此类形式。

第二种是在双边、多边投资协定或区域经济一体化协议中，以附件形式约定的负面清单，缔约国采纳与否除取决于自身规则标准外，更多考虑的是谈判过程中的利益博弈。相比第一种形式确定的负面清单，第二种负面清单的修改或调整受到的外部约束更强。实践中，采用这种方式的国家大都集中在北美以及亚洲地区，典型的如加拿大、美国、墨西哥、乌拉圭、日本、韩国、马来西亚、越南、澳大利亚等。2020 年我国签订的《区域全面经济伙伴关系协定》（以下简称 RCEP）也首次在自贸协定项下以负面清单形式对投资领域进行承诺。

第三种则属于"准"清单形式，即实际不采用统一清单的形式列明不符措施，而是将禁止或限制准入行业的限制性规范散见于法律、法规以及其他行政性规范文件之中。绝大多数欧洲国家都采用了这种形式，如德

---

① 虽然 NAFTA 中未明确出现负面清单的定义，但纵观全文，却在多个条款和附件中以不符措施、措施例外等不同的形式表现出来。

② 加拿大基于 NAFTA 构建的规则体系，率先在其参与缔结的一系列双边投资协定中采用了这一模式，并与美国一样，成为负面清单的积极推动者。亚洲的新加坡和日本是采纳负面清单管理模式的先行者，最早在《新西兰与新加坡更紧密经济关系协定》中就制定了负面清单。欧盟和拉美国家一样，在美国通过 TPP、TTIP 等一系列国际协定的力推之下，也或主动或被动地采用了这一模式。

国、法国、英国、意大利、西班牙、俄罗斯等。① 相对于前两种形式而言，采用这种方式产生的负面清单在透明度上显然较为薄弱，不利于外资全面、系统地掌握一国具体的开放准入政策。

实践中并不排除一国同时采用两种甚至两种以上方式制定负面清单的情形。韩国的负面清单同时采用了第一和第二种形式；日本、美国、加拿大等国同时采用第二和第三种方式制定负面清单；而我国的负面清单则同时采用三种形式。例如，除 RCEP 等国际协定以及《外商投资特别准入管理措施（负面清单）》的规定外，我国对于外资银行审批和监管涉及的与中资银行不同的规范还散见于各类行政性法规、规章和其他行政性文件之中，如前文提到的《外资银行管理条例》《外资银行管理条例实施细则》《中国银保监会外资银行行政许可事项实施办法》等。

二、负面清单的治理逻辑

自由还是约束、自治还是管制，是经济学各理论流派几个世纪来争议最激烈的问题之一。② 正面清单与负面清单的题中之义即蕴含着自治与管制间的深刻联系。

（一）自治与监管的概念

1. 自治的概念

自治，亦可称作私法自治或私人自治，通说认为，其概念发源于古罗马法中的诺成契约，是任意性规范的发端。自治作为私法最重要的特征，一般指各个主体得以依其意思表示处分与其有关的私法事务。其实质是承认个人自主意志对于私权利支配的法律效力。自然法中有关平等、自由的

① 如德国虽然没有制定专门的负面清单，但在德国的《对外经济法》《对外经济条例》《反限制竞争法》《监理法》等中都有对外资管理措施的具体规定。

② 由 20 世纪 30 年代以自由放任为主旨的古典经济学，到危机后大行其道的凯恩斯经济学，到 70 年代兴起的主张"管制供求"的货币供给学派，再到 90 年代的金融约束理论，银行监管也经历了从自由到管制，再到自由的反复博弈过程。

思想将人的尊严与理性推上了一座高峰，同时也因为这种认知，个体自我支配的行为才被认为是每个人与生俱来的权利。在市场经济环境下，自治被视作由市场这只"看不见的手"发起的自我约束机制，通过市场主体内部的自治以及其之间的竞争得以实现整个社会资源的优化配置。

2. 监管的概念

监管一词实通管制，其源于英文中的"regulation"，亦有被译为规制之说，在实务界就通常被称为监管。美国著名学者斯蒂格勒在其论著中提到："私人成本与社会成本、或私人收益与社会收益之间的差别，为经济活动的公共控制提供了一片富饶的领域。"（斯蒂格勒，1990）此处所谓的公共控制，即是政府监管。这一概念最早可溯源至19世纪中后期西方发达国家对自由资本市场竞争失灵、配置失效的反思。以银行市场为例，由放任无序所引致的全球经济危机彻底粉碎了自由主义勾画的"市场万能"论，将银行市场的负外部性、不完全竞争性以及信息不对称性等深刻矛盾全面展示在世人眼前，并进一步将金融管制理论推向公众视野，此后，以中央银行制度为核心、以业务干预和行为引导为主要内容的金融监管制度得以在世界各国广泛建立起来。一般认为，市场失灵是政府监管的根本依据，因为市场机制无法仅靠自身的交换来消除负外部性，只有通过政府采取的各种监管措施，如设定市场准入条件、制订资格认证制度和审查检验制度等，才能够降低无效率的社会成本。因此，从政府宏观与微观经济职能的二元关系来看，监管更侧重于发挥政府对微观经济活动的干预和管理作用，具体体现为其运用相对独立的"强制权力"对被监管者（企业与消费者）采取一系列的管理与监督行为。

（二）自治与监管的内在联系

私法自治是现代民法的支柱，也是现代资本主义法理学的基石。作为自由法治最核心的价值体现，私法自治使个人得以依据自己的意思形成法律关系，并同时进行自我约束，在最大限度上发挥个人的积极性、主动性和创造性。朱庆育教授在《私法自治与民法规范》一文中提道："基于自治理念，私人生活由自身规划，为己'立法'之情形当为常态，遵守他人设置的规范则属例外。"可见自治与监管之间的逻辑关系是，以自治为常态，以监管为例外，若非必要，国家不主动介入和干预个体在市场中的活动。

当政府减少行政干预时，开始由两项源于罗马法的基本原则为私法自治划定准据和范围——诚实信用和公序良俗——由诚实信用作为"帝王条款"同时约束当事诸方的行为，由公序良俗来为私法自治划定边界。此时，个体在市场活动中的自律约束机制主要建立在三个假定基础之上：民事主体权利平等，完全竞争的市场环境，以及个人利益与社会利益的有机统一。通过行使平等的民事权利，市场中的个体得以平等地创设自治权利；而充分的市场竞争则支配着社会资源的优化配置，使其向高效的合同关系倾斜；与此同时，由个人利益最大化的加总，最终又实现了社会利益的最大化。

然而，20世纪初市场机制失灵所引致的全球性经济大萧条，彻底打破了以上三个假定的基础：名义上的民事权利平等并不必然导致实质上的竞争平等；市场的不完全竞争可能导致效率的低下；此外，个体利益的加总也不等于社会整体利益。政府放手完全由私法自治代替管制的结果，是无序的竞争以及垄断。于是，对于过度自由的放任最终终结于强制性规范在立法中的介入，国家借由这些强制性规范，实现了对私法自治活动必要的管制目的。随着市场经济的发展以及政府权责边界的不断明晰，行政监管对私法自治进行约束的手段得以在民商事立法中被不断地具体化和系统化。① 对于一般市场主体而言，此类强制性规范主要为禁止性规范（verbot，verbietende vorschriften，或称禁令），具体表现为阻止市场主体从

---

① 在物权法领域，行政管制对私法自治的约束表现为所有权绝对原则受到限制，在弱化物权的绝对性外，尊重公共利益、增进社会福祉和禁止权利滥用成为行使所有权的指导原则。在合同法领域，合同自由原则受到多重限制。例如，针对电力、电信、天然气、公共运输等垄断企业的强制缔约责任；强制性合同条款对当事人"确定合同内容的自由"的限制；以及情事变更原则对"变更和解除合同的自由"的限制，等等。在侵权法领域，过错推定原则和无过错责任原则的适用更多地体现了私法之中的行政强制性。

事某种（经营）活动。我国在外商投资领域发布的诸多限制性监管规则，如《外商投资产业指导目录》中规定的限制外商投资准入的内容、《外资银行管理条例》中规定的业务准入限制等，皆属此类。

由此可见，私法自治与行政监管之间是密不可分的。而这也自然衍生出两个问题：一是政府行为的约束问题；二是企业行为的约束问题。若将政府和企业之间的关系理解为行政关系和契约关系并存的一类联系，两个"约束问题"要解决的就是哪些情况属于行政关系，哪些情况属于契约关系；契约关系的上线是什么，而行政关系的底线又是什么。在这两者之间找到平衡，是行政（包括监管）体制改革、行政（监管）效率提升的关键。而落在外商投资法领域，触发这一平衡的契机则是由正面清单向负面清单管理模式的转变。

（三）负面清单与自治间的理论逻辑

以负面清单模式为基础推行的准入前国民待遇是外商投资法对私法自治的一次重要回归。具体而言，负面清单从以下三个层面对保障私主体的自治权发挥着积极作用：

1. 明确了私法自治在法律"空白地带"的适用

正面清单模式遵循的法治逻辑是"法无授权不可为"，即对于法律没有明确做出规定的领域，皆为禁止。然而，法律在正面清单中能够列举的事项是极为有限的，也无"穷尽列举"的可能。因此，对于那些未能"穷尽"的领域，或新出现的领域，则将无可避免地成为法律的"空白地带"。① 根据正面清单的规定，市场主体在这些"空白地带"没有随意出入的自由，也即无法发挥私法自治的调整作用。此时，一个社会中的"空白地带"越多，私法自治的空间越小。反之，在负面清单管理模式下，奉行

---

① 法律的"空白地带"又称法律的沉默空间，王利明教授曾对负面清单模式下法律的"空白地带"做过系统性的论述，他指出，社会生活纷繁复杂，且处于不断变动之中，而立法者的理性有限，不可能对不断变化的生活都作出妥当的规划和安排。因此，任何社会都存在着法律的"空白地带"。即便是在一些西方发达国家，法网细密，法律多如牛毛，法律的"空白地带"也仍然随处可见。

的是"法无禁止则自由"，因此对于市场主体在"空白地带"应当享有什么样的自由给出了明确指示。在负面清单管理模式下，"空白地带"越多，私法自治的空间也就越大。

2. 限制了政府自由裁量权对私法自治的干预

在正面清单管理模式下，政府往往以逐案审批的形式对市场主体的准入进行限制，这种形式包含着巨大的自由裁量空间[1]。政府运用主观裁量权能够轻易地介入到社会经济活动中，并进行"事无巨细"的管理，因而此时法律的充分、健全与否对于市场管理效果而言，似乎已经变得没有那么重要了。[2] 权力寻租问题成了广泛自由裁量权下的主要矛盾之一。在负面清单管理模式下，政府手中广泛自由的裁量权转变为有限自由的裁量权，除清单外，行政部门不得再设置额外的准入限制，这使得政府必须通过行使有限的权力对市场经济活动做出有效的调整，在监管权与私法自治权之间，政府不再是一边倒的干预，而是出现了小心翼翼的试探。

3. 赋予私法自治更公开透明的制度环境

在负面清单管理模式下，行政机关只能根据明确、公开列举的限制条件行使有限的行政监管权，因而对于其行使的某一项权限是否属于清单范畴有义务进行合理的说明，这就促使每一项行政行为的做出都更为公开、透明。市场主体也从而得以通过这些公开、透明的制度，明确知悉自己所享有的自由究竟有哪一些。

三、负面清单在投资法中的现实价值

对于处在发展关键时期的中国而言，采用负面清单能够很大程度上满

---

[1] 例如，银行业监管部门在采取审批制时往往拥有较大的自由裁量权，在客观准入条件之外，还会加入许多主观准入条件的限制，因此，在很多情况下，申请者即使满足了客观的审批条件，审批机关也可能会基于其他宏观审慎原因，不批准其申请。

[2] 换言之，只因政府享有广泛的自由裁量空间，仅以主观条件，而非客观标准，即可顺利地行使管制权，对整个社会经济活动进行全方位的调整，也就不再有动力去细化和补充那些尚不健全的法律法规了。

足自身开放的内因性需求。实行负面清单管理模式，一方面，能够使我国的投资制度体系尽快与国际高标准的谈判要求对接，[①] 有助于我国在投资协定的谈判中争取主动权；另一方面，该管理模式背后蕴含的更为开放的制度环境，还有助于我国升级外资管理政策体系，保持对外商直接投资吸引力的可持续发展。

第二节　我国外资银行负面清单的制度探索与反思

一、我国的外资银行负面清单

（一）我国外资银行负面清单的改革进程

我国在加入 WTO 体系之初，主要采用正面清单模式对银行业开放进行管理，一方面以《外商投资产业指导目录》（见表 3-1）对外资银行的准入做原则上的限制性规定，另一方面通过制定专门的监管规则对外资银行准入及经营活动进行调整。

表 3-1　各版《外商投资产业指导目录》对银行业外商投资的规定

发布时间	所属领域	具体限制规定
1995 年、1997 年、2002 年、2004 年、2007 年、2011 年	限制	仅笼统地将"银行"归入限制投资产业目录，但对于具体限制内容未做出明确

---

① 从目前主要双边、多边以及区域性投资协定的国际实践来看，既有的如 TPP、TTIP、NAFTA，以及诸多由发达国家主导的 BIT 等，此外还有许多正在进行的投资协定谈判，都采用了负面清单管理模式，负面清单管理模式极有可能成为未来国际投资协定谈判的标准模式。

表3-1（续）

发布时间	所属领域	具体限制规定
2015 年	限制	银行：单个入股比例≤20%，多个入股比例合计≤25%，投资农村中小金融机构的境外金融机构必须是银行类金融机构
2017 年	限制	银行：单个入股比例≤20%，多个入股比例合计≤25%；投资农村中小金融机构的境外金融机构必须是银行类金融机构；设立外国银行分行、外商独资银行、中外合资银行的境外投资者、唯一或控股股东必须为境外商业银行，非控股股东可以为境外金融机构

2013 年 7 月 13 日，我国表示同意以负面清单模式为基础，与美国进行 BIT 实质性谈判，在外资管理模式方面做出了巨大让步。此后，我国通过设立上海自贸试验区对这一模式开展"境内关外"风险可控的试点，并随即在全国更广范围内继续探索实行负面清单式的管理。

1. 上海自贸试验区内的外资银行负面清单探索

截至 2020 年，我国已分多批次批准了 21 个自贸试验区以及一个自贸港（海南），围绕进一步的改革步伐，这些自贸区（港）各有开放侧重，其中，上海自贸试验区作为我国设立的第一个自贸试验区，其主要使命是进行投资自由化与金融国际化的制度探索。

2013 年上海自贸试验区发布第一版适用于自贸试验区范围内的负面清单，其中包括 18 个门类、89 个大类的共计 190 条限制准入管理措施。由于内容冗长，这一版清单又被戏称为正面清单的反向穷尽。此后，上海自贸试验区一直在致力于对清单"瘦身"的探索。2013—2021 年，自贸区共颁布了 8 版负面清单，由表 3-2 中对各版清单的比较可以看到，上海自贸试验区内的外资银行负面清单经历了由"粗"到"细"再到完全放开的过程。

表 3-2　上海自贸试验区各版负面清单对银行业准入的特别管理措施比较

负面清单	特别管理措施
2013 年	限制投资银行、财务公司、信托公司、货币经纪公司

表3-2（续）

负面清单	特别管理措施	
2014 年	投资银行业金融机构须符合现行规定	
2015 年	股东机构类型要求	境外投资者投资银行业金融机构，应为金融机构或特定类型机构①
	资质要求	境外投资者投资银行业金融机构须符合一定数额的总资产要求②
	股比要求	境外投资者入股时受单一股东和合计持股比例限制③
	外资银行分行	外资银行分行还受限于从事人民币业务、营运资金、资本充足率、最短开业时间等方面的条件④

① 具体股东机构类型要求包括：（1）外商独资银行股东、中外合资银行外方股东应为金融机构，且外方唯一或者控股/主要股东应为商业银行；（2）投资中资商业银行、信托公司的应为金融机构；（3）投资农村商业银行、农村合作银行、农村信用（合作）联社、村镇银行的应为境外银行；（4）投资金融租赁公司的应为金融机构或融资租赁公司；（5）消费金融公司的主要出资人应为金融机构；（6）投资货币经纪公司的应为货币经纪公司；（7）投资金融资产管理公司的应为金融机构，且不得参与发起设立金融资产管理公司；（8）法律法规未明确的应为金融机构。

② 具体包括：（1）外资法人银行外方唯一或者控股/主要股东、外国银行分行的母行；（2）中资商业银行、农村商业银行、农村合作银行、农村信用（合作）联社、村镇银行、信托公司、金融租赁公司、贷款公司、金融资产管理公司的境外投资者；（3）法律法规未明确不适用的其他银行业金融机构的境外投资者。

③ 但未明确具体股比限制的数值。

④ 具体包括：（1）外国银行分行不可从事《中华人民共和国商业银行法》允许经营的"代理发行、代理兑付、承销政府债券""代理收付款项""从事银行卡业务"，除可以吸收中国境内公民每笔不少于100万元人民币的定期存款外，外国银行分行不得经营对中国境内公民的人民币业务；（2）外国银行分行应当由总行无偿拨付营运资金，营运资金的一部分应以特定形式存在并符合相应管理要求；（3）外国银行分行须满足人民币营运资金充足性（8%）要求；（4）外资银行获准经营人民币业务须满足最短开业时间要求。

表 3-2（续）

负面清单	特别管理措施	
2017 年	股东机构类型要求	境外投资者投资银行业金融机构，应为金融机构或特定类型机构
	资质要求	境外投资者投资银行业金融机构须符合一定数额的总资产要求①
	股比要求	单个入股比例≤20%，合计≤25%
	外资银行分行	受到经营业务范围、营运资金、资本充足率等方面的限制②
2018 年—2021 年	无	

值得一提的是，2024 年，商务部在其公布的《自由贸易试验区跨境服务贸易特别管理措施（负面清单）》中对包括金融、批发零售、农林牧渔业等在内的 11 个门类的国民经济行业做出了跨境服务贸易负面清单管理的具体规定。例如，规定"未经中国银行业监督管理机构批准，境外服务提供者不得以跨境交付方式从事银行业金融机构的业务活动""未在中国境内设立的商业银行，不得申请期货保证金存管银行资格""未经批准，境

---

① 具体要求包括：（1）取得银行控股权益的外国投资者，以及投资中资商业银行、农村商业银行、农村合作银行、村镇银行、贷款公司和其他银行的外国投资者，提出申请前 1 年年末总资产应不少于 100 亿美元；（2）投资农村信用（合作）联社、信托公司的外国投资者，提出申请前 1 年年末总资产应不少于 10 亿美元；（3）拟设分行的外国银行，提出申请前 1 年年末总资产应不少于 200 亿美元；（4）在中国境外注册的具有独立法人资格的融资租赁公司作为金融租赁公司发起人，最近 1 年年末总资产应不少于 100 亿元人民币或等值的可自由兑换货币；（5）法律法规未明确不适用的其他银行业金融机构的境外投资者，提出申请前 1 年年末总资产应不少于 10 亿美元。

② 相比前一版负面清单，2017 年版的自贸区负面清单对于外资银行的业务限制更明确具体，且取消了最低营业时间的限制。外国银行分行不可从事《中华人民共和国商业银行法》允许经营的"代理收付款项""从事银行卡业务"，除可以吸收中国境内公民每笔不少于 100 万元人民币的定期存款外，外国银行分行不得经营对中国境内公民的人民币业务；外国银行分行应当由总行无偿拨付不少于 2 亿元人民币或等值的自由兑换货币，营运资金的 30% 应以指定的生息资产形式存在，以定期存款形式存在的生息资产应当存放在中国境内 3 家或 3 家以下的中资银行；外国银行分行营运资金加准备金等项之和中的人民币份额与其人民币风险资产的比例不可低于 8%。

外征信机构不得在境内经营征信业务"等。

2. 自贸试验区外的外资银行负面清单制度演进

自贸试验区内对外资银行负面清单管理制度的探索为区外的政策调整提供了宝贵的实践经验。2015 年国务院发布《关于实行市场准入负面清单制度的意见》（以下简称《意见》），开启了对全国范围内制定与适用负面清单制度的探索，[①] 其中首次明确将负面清单分为两类：市场准入负面清单和外商投资负面清单。市场准入负面清单充分反映了国民待遇的基本要求，对内外资各类市场主体实行同一套标准；相较之下，外商投资负面清单则更具有适用主体类别上的针对性。[②] 为防止再次出现清单内容繁杂的情况，《意见》对负面清单涉及的领域、内容要求、准入措施类别等都做出了严格的限定。[③] 至 2018 年，《外商投资产业指导目录》的规范模式被《外商投资准入特别管理措施（负面清单）》和《鼓励外商投资产业目录》正式取代，标志着在国内规则层面，外国投资管理体制由正面清单向负面清单的全面过渡。

在五年的探索中，我国积累了一定负面清单管理的经验，形成了自贸试验区内与自贸试验区外的两套负面清单，目前实行的两个版本分别是仅适用于自贸试验区内的《自由贸易试验区外商投资准入特别管理措施（负面清单）（2020 年版）》（简称《2020 自贸区负面清单》）以及可在全国

---

① 要求各级政府对各类市场主体基于自愿的投资经营行为，凡涉及市场准入的领域和环节，都要建立和实行负面清单制度；条件成熟时，将采取目录式管理的现行市场准入事项统一纳入市场准入负面清单。

② 《意见》同时规定，制定外商投资负面清单要与投资议题对外谈判统筹考虑，有关工作另行规定。我国签署的双多边协议（协定）另有规定的，按照相关协议（协定）的规定执行。

③ 《意见》规定："列入市场准入负面清单的事项应当尽量简化、确属必要。不能把法律、行政法规和国务院决定中的禁止类、限制类事项简单纳入市场准入负面清单。不能把现行禁止、限制市场主体投资经营的行业、领域、业务等简单照搬至市场准入负面清单。不能把非市场准入事项和准入后监管措施，混同于市场准入管理措施。不能把对市场主体普遍采取的注册登记、信息收集、用地审批等措施纳入市场准入负面清单。不能机械套用市场准入负面清单的适用条件，把不适于实行负面清单管理的事项纳入市场准入负面清单。"

除自贸区以外地区执行的《外商投资准入特别管理措施（负面清单）（2020年版）》（简称《2020负面清单》）。虽然在两套负面清单中都取消了对银行业特别管理措施的规定，但仍有两方面问题值得在此一提。其一，两套清单内容的差异性体现出我国目前自贸区内政策的"优先性"①，《2020负面清单》规定了30条特别管理措施，比《2020自贸区负面清单》在渔业、制造业多出三条特别管理措施；② 同时，《2020负面清单》对于部分特别管理措施的规定也不如《2020自贸区负面清单》更具体，如《2020负面清单》仅规定"公共航空运输公司须由中方控股，且一家外商及其关联企业投资比例不得超过25%，法定代表人须由中国籍公民担任"，而《2020自贸区负面清单》在此基础上还要求"只有中国公共航空运输企业才能经营国内航空服务，并作为中国指定承运人提供定期和不定期国际航空服务"。其二，提前取消了2019年版负面清单对金融业（证券与保险业）的持股比例限制（原定为2021年取消外资股比限制），实现了利用负面清单加快市场开放的目标；同时对于那些暂时缺乏竞争力，但终会开放的行业，列出具体的保护或过渡期限，也符合提高政策透明度的开放要求。

（二）我国外资银行负面清单的现实挑战

需要明确的一点是，将银行业从负面清单中移除，并不代表对于外资银行的准入不再设限，从清单形式来看，我国发布的《外商投资准入特别管理措施（负面清单）》只是负面清单管理模式采用的形式之一。事实上，我国负面清单的制定采用了国际惯用的三类形式，除发布国内法意义上的统一清单以及在国际协定中作出相关承诺外，还分别在其他法律法规和规章中规定了针对外资的禁止或限制性准入条件。

---

① 在开放政策指导之下，自贸区内的外资优惠措施普遍优于区外，即实施政策以开放性不低于自贸区外政策为底线。

② 《2020负面清单》多出的特别管理措施是：第一条"玉米新品种选育和种子生产须由中方控股"；第四条"禁止投资中国管辖海域及内陆水域水产品捕捞"；第六条"出版物印刷须由中方控股"；第七条"禁止投资中药饮片的蒸、炒、炙、煅等炮制技术的应用及中成药保密处方产品的生产"。

首先，我国国内法意义上的银行业负面清单，主要体现在包含自贸试验区以及自贸试验区外的两套体系、三张清单上。而在当前形成的三张清单——《外商投资准入特别管理措施（负面清单）2020 版》《自由贸易试验区外商投资准入特别管理措施（负面清单）2020 版》《市场准入负面清单（2020 版）》中，前两者已逐步取消了银行业的准入特别管理措施，后者则将银行业列入许可准入类，针对银行业投资者在开展金融相关经营活动、设立机构、变更股权、从事特定业务、高级管理人员准入等方面都以许可的形式做出了严格限制。

其次，RCEP 的缔结打破了我国未在国际协定中接受负面清单的局面，在附件三"投资保留及不符措施承诺表"中对非服务贸易投资列明了负面清单，为我国今后在国际协定中适用负面清单打下了基础。然而，对包括金融在内的服务类投资，我国在 RCEP 中则仍旧延续了正面清单的开放模式，即继续采用了服务具体承诺表：如提出银行及其他金融服务提供跨境服务的，在市场准入方面除提供和转让金融信息等辅助金融服务外，不作开放承诺。

最后，外资在华投资银行业在准入与运营方面的禁止性或限制性条件还散见于各类外资银行管理规范中，形成了所谓的准外资银行负面清单。

针对不同类型的外资银行负面清单，其所面临的具体挑战有所不同。

1. 国内法式外资银行负面清单

仅从两套负面清单中的特别管理措施来看，我国已将对外商投资银行业的限制移出清单之外，我国银行业的开放程度似乎要远高于美国等发达国家。但需要明确的一点是，将银行业从负面清单中移除，并不代表对于外资银行的准入不再设限，事实上，采用国内法式负面清单模式开放的国家，容易遇到来自至少两个方面的挑战。

首先，在负面清单的制定形式上，可借鉴的同样采用第一种形式的国际经验十分有限，除韩国外仅有少数几个发展中国家选择通过制定专门负面清单的方式对外资进行管理，例如，韩国制定的负面清单具体禁止的行业主要涉及金融、运输、司法、教育、行政等可能会影响国家安全或公共秩序的领域，对外资银行的准入也采取了相对较为严格的限制措施。[①]

其次，负面清单"棘轮机制"的挑战也不可忽视。负面清单"棘轮机制"（Non-Conforming Measures Ratchet Mechanism），亦被称为"不符措施棘轮机制"，是指负面清单一旦制定后就具有了不可逆性，所列明的限制性措施只可向下调整（不断减少），而不得向上调整（增加）。例如越南在TPP中就规定了"负面清单棘轮机制"的限制，第十一章"金融服务部分"的附件部分规定，越南不得通过对负面清单（不符措施）进行修改的方式撤销曾赋予另一缔约方金融机构、金融投资者或跨境金融供应商的权利或利益。如确需修改的，则须至少在修改前90天内通知其他缔约方关于负面清单修订的所有细节。"棘轮机制"能够有效保障负面清单管理模式下的制度透明度，使外国投资者能够对其是否可在某一投资领域始终享受国民待遇、最惠国待遇等政策作出快速直观的判断；此外也体现了国际法上"禁止反言"（By Estoppel）原则在国内法中的适用，是对一国开放政策公信力的检验。我国由国务院发布的负面清单，虽然在制订和修改程序上与国际协定中负面清单调整需受到谈判约束的情况不同，相对而言具有更大的自由空间，但也不可不受到"棘轮机制"的约束。[②] 这就要求我国在制订清单时必须尤为谨慎，适当时候应当保留今后修缮的空间，否则一旦对某些敏感领域完全放开限制，若今后再要修改，则很有可能进入"骑虎难下"的境地。鉴于目前我国在两版负面清单中均已不再对银行业的准入规定具体限制措施，故而之后即使出现风险不可控的情形也较难以直接

---

① 事实上，即使是在自由贸易协定中，韩国也仍然通过负面清单保留了对银行业的诸多限制，如在韩国—印度FTA中，韩国规定开放的银行服务仅包括存贷、金融租赁、支付与资金支出，且将事前准入许可、地域限制、持股比例限制，以及高管人员要求等列为具体保障条款。韩国在韩国印度FTA中规定，只允许外国金融机构在原产地处理相同的服务的商业活动，要求高管人员必须居住在韩国；韩国对印度的银行在韩设立分支机构的申请给予充分考虑，满足其合理的要求。

② 自2001年我国与塞浦路斯签订BIT开始，"祖父条款"模式即开始在我国对外投资协定中得以体现，"祖父条款"意指其允许东道国存在对外资不符合国民待遇的措施，并可以对其进行修改和延续，但不得增加新的歧视性措施；在限制准入限制增加方面与负面清单"棘轮机制"有着异曲同工的效果。

在清单中添加特别管理措施的形式加以约束。对此，可以采用其他措施来应对负面清单"棘轮机制"带来的挑战，如通过建设与不断完善反不正当竞争制度、反垄断立法以及国家安全审查制度等，在负面清单之外对银行业外资进行准入限制和调整。①

2. 国际协定中的银行业负面清单

在国际协定的谈判中，缔约国通常都会针对不同的谈判对象采用不同的负面清单，并进而对不同的投资领域或禁止、或限制、或开放。②《中华人民共和国外商投资法》第四条规定，负面清单由国务院负责制定，若我国缔结或参加的国际条约、协定对外国投资者准入待遇有更优惠规定的，可以按照相关规定执行。这表明我国在今后的国际谈判中将很可能会以国内制定的负面清单作为模板，甚至于制定清单的"底线"。以 2020 年 11 月订立的 RCEP 为例，我国在附件三的"投资保留及不符措施承诺表"中表明："有关主管部门在依法履行职责过程中，对外国投资者拟投资负面清单内领域，但不符合负面清单规定的，不得予以办理许可、企业登记注册、或任何其他相关事项；涉及固定资产投资项目核准的，不予办理相关核准事项。"即已将国内制定的负面清单与国际协定中的外资准入不符措施直接挂钩。

对银行业来说，若此后同类协定都参照这一"底线"标准，显然是极为严格的，也不符合目前大多数国家在开放负面清单中的做法，③ 换言之，

① 这也是贸易协定中通常采用的做法，基于当前国际实践对负面清宜短不宜长、宜简不宜繁的要求，使得一些国家担心开放市场后大量外资涌入，会给国内市场造成冲击和损害。为防止这种情况的发生，一般国际贸易协定中都会设定例如"安全点""保障条款""免责条款"等内容，其内在依据正是出于对一国市场公平竞争环境、经济稳定与国家安全的考量。

② 大多数国家都会在签订不同的自由贸易协定中约定不同的负面清单，如韩国在与东盟、印度、欧盟签订的 FTA 中都对金融业作出了禁止或限制准入的特别管理措施，但在与美国签订的 KORUS FTA 中则未在这一领域作任何限制。

③ 从负面清单的限制领域来看，金融业（尤其是银行业）是包括英、美、欧盟等在内的主要经济体通常选择对外资准入进行限制的行业。如印度、新加坡、加拿大、澳大利亚、南非、马来西亚等国都在其负面清单中将金融业列为限制准入行业，而韩国和俄罗斯则直接将金融保险业设为禁止准入领域。

在所有国际协定中无差别采用这一标准，很可能会影响我国的金融稳定与安全。因此这就涉及目前国务院制定的负面清单中对银行业的限制标准，在我国今后参与的其他国际协定谈判中，究竟算是"底线""参照"、还是"上限"的问题。针对以上问题，我国可在今后参与国际协定负面清单谈判时尝试针对不同谈判对象采取不同的清单措施，以保障开放的高效与针对性；同时充分考虑到地区间的经济和市场完善水平的差异性，借鉴美欧等国为外资在州、省一级准入过程中保留必要的限制措施，以维护区域发展不均衡情况下落后地区开放后的市场秩序。

3. 外资银行准负面清单

采取这种模式的负面清单，政策透明度较低，往往有着较高的外资准入门槛。制度效力层级低下、系统性欠缺、制度配套不健全等问题，依然是目前外资银行准负面清单制定与实施的巨大难题。为保障银行业开放政策的透明度和稳定性，我国后续应尽快对现有涉及银行业的外资准入限制措施和国民待遇的例外情形进行有效整合，这不仅有利于外国投资者更清楚直观地了解"门槛"要求，更能够在一定程度上防止今后出现我国缔结的国际协定中的负面清单与国内法相冲突的情况发生。

二、外资银行负面清单的弦外之音

外商投资法改革将我国引入了一个以全面负面清单模式向外国投资开放的新纪元，[①] 而其中所蕴含的转变绝不仅止于负面清单的制定本身，还离不开对以下三个方面问题的回应：其一是市场准入，即在负面清单管理模式下如何设计外资银行的准入制度；其二是监管部门的审批与管理，即在负面清单的改革要求下如何合理规划监管部门的审批管理职能的问题；

---

① 党的十八届三中全会审议通过的《中共中央关于全面深化改革若干重大问题的决定》指出，实行统一的市场准入制度，在制定负面清单的基础上，各类市场主体可依法平等进入清单之外领域。时任总理李克强在 2014 年首次国务院常务会议上提出要将审批事项逐步向负面清单管理迈进，做到审批清单之外的事项均由社会主体依法自行决定。

其三是监管部门自由裁量权的规范与限制，由"正"到"负"的宽松化管理，必然赋予外资银行更大的行使自治权的空间，当私权利的自治空间与公权力发生冲突时，就需要对两者的边界进行明确，尤其是在行政权过度行使的情况下，则涉及对监管部门裁量权的约束。

（一）管理模式与思路的转变

在进行负面清单管理模式制度探索之前，我国对外资的监管一直采用正面清单的管理模式，① 在这种"法已禁止不可为"的管理体制下，我国长期将银行业列入限制类投资领域进行监管。通过正面清单的监管，一国监管当局能够在可预见、有限的行业领域和业务范围内开展审批管理工作，可谓拥有绝对的主动权和自由裁量权。因而除国内立法采用指导目录的开放承诺外，中国在已签订的各类国际双边、多边贸易协定②中也均采用了正面清单模式。③

然而，近年来随着国际投资自由化标准的提高，发达国家开始不断施压反对发展中国家依靠正面清单在国际投资协定中"搭便车"的情形，在各类高水平投资自由化的谈判中，我国的开放与外资管理模式也屡屡遭受

---

① 即通过行业清单的形式列举出允许或鼓励外资进入的领域，清单之外则为禁止（或不鼓励）外资准入的领域。

② 需要指出的是，中国的投资开放到目前为止基本都是基于单边措施而进行的，至今尚未达成一项实质性的投资自由化协定。因此对于开放承诺模式的讨论更多的事实依据只能来自中国在签订的各类贸易协定中的表现。

③ 例如在《中国—澳大利亚自由贸易协定》中，中方延续了其在 WTO 体系下的一贯做法，仅以《服务贸易具体承诺减让表》的形式承诺开放减让的服务贸易领域（包括市场准入限制和国民待遇限制），这是典型的正面清单式开放；而澳大利亚则采用了不符措施清单（负面清单）的形式列出限制或禁止开放行业的具体要求。此外，在《中国—韩国自由贸易协定》《中国—新加坡自由贸易协定》《亚太贸易协定》《中国—东盟全面经济合作框架协议》等国际协定中，中国也都选择采用减让表或具体承诺表的正面清单开放承诺方式。

来自发达国家的压力。①

推进负面清单管理模式在外商投资领域的适用，是对我国外资管理体系从制度到理念一次全面的革新挑战，意味着监管部门将放弃过去惯用的风险可控的正面清单，② 这不仅是对负面清单制定水平的挑战，还是对现有准入和外资管理制度的挑战，更是对监管部门监管能力和监管水平的挑战。

（二）监管的边界：外资银行审批体制改革

在许多发达国家，负面清单已被广泛适用到整个经济管理领域。负面清单所隐含的"放权"思维，使之成为对行政审批权有效约束与调节的一种管理模式。③

我国在外资管理体制方面践行负面清单的探索主要体现为对全面审批制的反思与改革。自党的十八届三中全会提出"改革涉外审批体制"的总要求后，我国就一直在探索外商投资审批制度的改革进路，结合上海自贸试验区的试点经验，在《外商投资法》的起草过程中（从最初的《外国投资法》到此后发布的几版草案），始终努力将负面清单模式融入外资准入管理制度之中。最终《外商投资法》颁布，正式以"准入前国民待遇＋负面清单"管理模式取代了由"外资三法"所确立的逐案审批制度：即原则上监管部门不再对清单列举之外的外商投资领域实行准入审批，取而代之

---

① 高标准的国际贸易投资规则在外资准入和管理模式上，出现了以负面清单管理模式为标准的趋势。主要的推动力来自以美国、欧盟为首的 OECD 国家，目前包括 OECD 成员国在内，全球已有 70 多个国家实行负面清单，占全球主权国家总数的 1/3。这些国家在面对其他发展国家进行投资自由化谈判时，频频遭遇来自正面清单审批体制的阻力，因而近年来在 WTO 体制下对于反对发展中国家"搭便车"的呼吁愈演愈烈。

② 对于清单之外的投资领域，监管当局只在维护公共利益和公平竞争领域行使有限的监督权，而没有任何投资审批权力，这对于市场机制尚不健全的发展中国家而言，开放后可能意味着不可预见、不可事先调控的风险的发生。

③ 审批制在市场开放进程中表现出许多固有缺陷，如程序繁琐导致效率低下、削弱外商投资积极性，不能体现"国民待遇"的根本需求，政策透明度低下等。这使得近年来越来越多的国家在进行市场开放的改革过程中，选择对政府行政审批权进行限制。

的将是广泛适用的备案制，政府部门的职能重心也相应地开始由事前审批转为事后监管。

事前审批制通常为形式审查，亦即其主要审查对象是外国投资申请者提交的合同与章程，这一制度在我国已沿用了 40 多年①；而备案制的监管重心则在对外国投资者投资行为的本身，开展的是实质审查，这就要求监管部门在充分掌握外资行为的同时，做好合理的风险评估。我国要实现这两种审批制度的转变，不仅要面对目前存在的制度缺漏，更要面对执行备案制对监管部门本身能力的考验，绝非朝夕之功。鉴于银行业在对一国金融安全与经济稳定中发挥的特殊作用，我国一直采取特殊例外的方式对外资银行的准入和运营进行监管，可以说银行业的外资监管制度通常是独立于其他一般服务部门之外的。② 在外商投资法改革确立的由审批制向备案制转变的大背景之下，银行业监管部门也经历了一系列"简政放权"的改革过程，正尝试着不断放宽对外资银行的审批限制，因此，这一过程中的风险与监管制度的重构，尤其值得深入研究。

（三）私法自治的强化

负面清单管理模式背后隐含的法理在于国家减少乃至放弃对私人主体权利的介入，而这也正是私法自由的基石。③ 我国在由正面清单向负面清单转化的外商投资立法改革中，实现的不仅仅是准入限制条款的缩减，更

---

① 我国最早通过 1979 年颁布的《中外合资经营企业法》确定了对外国投资采取审批制的管理模式。

② 《外商投资法》第四十一条即规定："对外国投资者在中国境内投资银行业、证券业、保险业等金融行业，或者在证券市场、外汇市场等金融市场进行投资的管理，国家另有规定的，依照其规定。"将银行业列于一般外商投资管理制度之外进行调整。此外，如前文所述，我国目前对于外资银行的监管采取的是"双轨制"管理，即单独对外资银行列出一系列有别于中资银行的监管要求。

③ 如德国学者海因·科茨等指出的："私法最重要的特点莫过于个人自治或其自我发展的权利。契约自由为一般行为自由的组成部分……是一种灵活的工具，它不断进行自我调节，以适应新的目标。它也是自由经济不可或缺的一个特征。它使私人企业成为可能，并鼓励人们负责任地建立经济关系。因此，契约自由在整个私法领域具有重要的核心地位。"

是市场主体行为自由范围的扩大。这一变革的优点在于使市场调节经济活动的作用得到强化，是符合我国进一步扩大开放的改革目标，以及国际开放高标准的要求的。

外资银行在负面清单管理模式与审批制简化双重宽松政策之下，一下子被赋予了许多此前未被赋予的投资自由，拥有了较大的行使自治权的自由空间，而这与我国长期以来正面清单模式下的行政管理思维之间极易产生冲突。因此监管权与自治权之间的边界不可不明晰。

第三节　外资银行的监管与改革

外商投资法改革以及负面清单管理模式的全面探索不断推动着我国外资管理体制由审批制向备案制的转型，同时，银行业的外资监管体制也受到了来自备案制的冲击。

一、外资审批制度的内涵与外延

（一）外资审批制度的概念

外资（行政）审批制度在我国由来已久，最初是计划经济时期的产物,[①] 后又在经济建设过程中作为调整市场主体与经济活动的手段被保留至今。关于行政审批概念与性质的争议也由来已久，目前并无统一的权威定义，因此学界对于行政审批的认识存在着巨大分歧，有研究认为行政审

---

① 这一时期，政府配置资源的基本手段是计划与审批，企业生产什么、生产多少、为谁生产、如何生产等都必须服从政府的计划，生产原料的采购，包括向谁采购、采购价格、采购数量、银行贷款乃至于什么人从事什么工作、工资标准等，都由政府审批决定。

批是行政行为中的审查与批准环节（张兴祥，2003）；有研究认为行政审批是广义行政许可中的一种管理行为（马怀德，1994）；有的研究则认为行政审批中涵盖了行政许可的内容，是"诸多行政行为的结合体"（王克稳，2007）。为了统一行政审批制度的认定标准，2001 年国务院行政审批制度改革工作领导小组（以下简称审改办）对行政审批的基本含义进行了界定，指出行政审批是审批机关根据申请，经依法审查，最终做出"准予、认可或确认"决定的行为；换言之，就是将"经过行政审批机关同意"作为判断某一行为是否属于行政审批的事实依据，在此基础上，审批机关可以采取的"同意"形式十分多样，包括审批、核准、批准、审核、同意、注册、许可、认证、登记以及鉴证等。

2003 年我国颁布《中华人民共和国行政许可法》（简称《行政许可法》），在排除不属于行政许可的审批事项后，[①] 将剩下的行政审批与行政许可作为统一概念进行调整。从我国目前的立法框架来看，对于审批类型的划分主要以审批的功能与作用为标准，主要包括涉及公共资源分配的准入审批、涉及公共安全的准入审批，以及涉及公共服务的准入审批。其中市场准入类审批的核心内容是投资项目审批，对此《行政许可法》中并未做出明确规定，实践中主要参照《外商投资法》的有关规定，而审批权则主要来源于具体监管部门的规定。

本书主要采纳《行政许可法》中对行政审批的定义，同时也承认"非许可类"审批事项的合法性——在本书讨论语境下的审批制度，主要指有关部门依市场主体申请而采取的市场准入类审批，其在外延上比行政许可稍广，主要包括审批、核准、批准、审核、许可、登记等手段。根据这一认识，本书又将外国投资审批作如下定义：外资审批是一国通过行政手段对外商投资企业进入其国内市场进行审查和批准的制度，具体指东道国政

---

① 根据全国人大法律委员会 2003 年 8 月 19 日向全国人大常委会所作的《关于〈中华人民共和国行政许可法（草案）〉审议结果的报告》，对于部分与行政许可事项难以严格区分的审批事项，执行中宜按国家有关规定办理。《行政许可法》第三条也规定了，有关行政机关对其他机关或者对其直接管理的事业单位的人事、财务、外事等事项的审批，不适用本法。

府依据一定的程序和标准，对外国投资进行鉴定、评价与监督管理，从而决定是否批准或发放许可。

（二）主要的外资审批形式

2001 年国务院发布《关于清理行政审批项目的通知》，对各类审批形式的基本内涵给出了定义，从这些规定内容来看，可以将我国审批机关通常采用的审批形式归纳为三种，即审批、核准与备案。其中，采取审批制的审批机关拥有较大的自由裁量权，申请者即使满足审批条件也不一定能获得批准；相比较而言，核准制之下的自由裁量权范围有限，通常情况一旦申请者符合法定条件，即可获得批准。而备案制的采用则表明监管部门的行政权介入由事前（审批或核准）向事后转变，较前两者而言，申请者在备案制之下的自治空间最大，因为对于备案事项，只要审批机关在规定期限内未提出异议，申请人即获得批准。

二、我国外资银行审批的制度架构

鉴于我国未对银行业的审批划定"非许可类"项目，因而对于银行的准入审批主要采取行政许可的形式进行。[①] 与我国外资管理体制由审批制向备案制调整的整体改革趋势相一致，近年来我国银行业监管部门也在分阶段、有步骤地放宽对银行准入的审批权限。在 2019 年的《市场准入负面清单》（见表 3-3）中，我国将银行业列为"许可准入类"，仅在部分业务领域保留了行政机关在机构设立、从事特定金融业务以及高级管理人员

---

① 我国在 2004 年发布的《国务院办公厅关于保留部分非行政许可审批项目的通知》中列举了 211 项审批项目，将其认定为政府的内部管理事项，不属于行政许可；此外未对银行业审批项目作出特别保留。

任职等方面依法对银行采取准入审批的权限。①

表 3-3　2019 年我国银行业《市场准入负面清单》②

序号	许可事项	主管部门
1	未获得许可，不得设立银行、证券、保险、基金等金融机构或变更其股权结构	银保监会
2	未获得许可，不得设立金融机构营业场所、交易所	公安部
3	未获得许可，不得从事特定金融业务	人民银行、银保监会、外汇局
4	未获得许可或资质条件，不得从事代理国库业务	人民银行
5	未获得许可，金融机构高级管理人员不得任职	银保监会

在完善银行业整体审批体制的同时，我国有关部门也对外资银行的准入审批进行了调整。我国对于外资银行实行审批的主要内容如表 3-4 所示。

表 3-4　我国外资银行准入审批（行政许可）现行规定③

序号	审批事项	审批形式	审批机关
1	机构筹建	审批（审核、批准）	银保监会、银保监局

---

① 《市场准入负面清单（2019 年版）》规定，针对非投资经营活动的管理措施、准入后管理措施、备案类管理措施（含注册、登记）、职业资格类管理措施、只针对境外市场主体的管理措施，以及针对自然保护区、风景名胜区、饮用水水源保护区等特定地理区域、空间的管理措施等不列入市场准入负面清单，同时将《产业结构调整指导目录》《政府核准的投资项目目录》及地方国家重点生态功能区和农产品主产区产业准入负面清单（或禁止限制目录），地方按照党中央、国务院要求制定的地方性产业结构禁止准入目录，统一纳入市场准入负面清单。此外，清单还在附件 1 中列明根据《商业银行法》规定与市场准入相关的禁止性规定：商业银行在中华人民共和国境内不得从事信托投资和证券经营业务，不得向非自用不动产投资或者向非银行金融机构和企业投资，但国家另有规定的除外。

② 表格内容由作者自《市场准入负面清单（2019 年版）》筛选整理后得出，具体规定参见《国家发展改革委、商务部关于印发〈市场准入负面清单（2019 年版）〉的通知》（发改体改〔2019〕1685 号）。

③ 依据 2019 年《外资银行行政许可事项实施办法》整理得出。

表3-4(续)

序号	审批事项	审批形式	审批机关
2	机构设立	审批（审核、批准）	银保监局
3	机构开业	审批（审核、批准）	银保监局、银保监（分）局
4	投资设立、入股境内银行业金融机构	审批（审核、批准）	银保监会
5	变更股东、章程、名称、住所或办公场所	审批（审核、批准）	银保监会或所在地银保监局
6	机构终止、破产	审批（审核、批准）	银保监会、银保监局
7	机构关闭	审批（审核、批准）	银保监会、银保监局、银保监（分）局
8	开办业务	审批（审核、批准）	银保监会、银保监局
9	外资银行董事、高级管理人员和首席代表任职资格	核准	银保监会、银保监局、银保监（分）局
10	高级管理人员任职资格	备案（报告）	银保监会（局）、银保监（分）局
11	股东名称变更	备案（报告）	银保监会或所在地银保监（分）局
12	业务开办	备案（报告）	银保监局

由上表可知，我国对外资银行的准入审批主要集中在机构设立、变更、终止与新开办业务阶段，对于不作审核、批准要求的业务领域，则采用行政审批模式下的"有限核准"与"普遍备案"，对于准入审批要求之外的内容则一律不得进行审批限制。当然，除准入审批要求外，外资银行在运营过程中也受到监管部门诸多审批管理要求的调整，如《外资银行管理条例》第四十九条规定："外资银行营业性机构应当按照国务院银行业监督管理机构的有关规定，向其所在地的银行业监督管理机构报告跨境大额资金流动和资产转移情况。"

三、我国外资银行审批制度的重构

从当前国际行政审批（许可）的先进立法实践来看，对于审批权的使用通常都非常谨慎，以美国为例，作为市场化程度极高的国家，美国一直以来秉持的管理理念是"由政府实行的管制必须解释为对财产法、民法、契约法等普通法的一种补充"，因而对政府行使行政许可的权力进行了严格限制，一般只在两类事项的管理中允许适用。一是在市场经济活动方面，由行政许可来调整凭借市场机制本身无法解决的事项，如限制某些主体在自然垄断或过度竞争领域的准入；二是在社会管理方面，由行政许可来对可能引发市场风险的产品或服务进行审批，金融业作为天然信息不对称的行业，经营稍有不善就可能产生巨大的负外部性，因而也属此类。可见，对于外资银行的审批宜严谨、宜克制，但也不可全部取消。在全面开放的背景下，紧缩的审批制度不符合我国审批制改革的总体趋势，也不利于实现我国吸引外资、对外开放的经济建设目标；而另一方面，过于宽松的审批制度则势必会增加外源性的市场风险，从而给本就不够健全的金融市场的稳健运行造成冲击。

从我国外资银行审批制改革的总体执行情况来看，主要在以下几个方面取得了阶段性成果：首先是大幅缩减了行政审批事项，通过多次清理行政审批项目，对于一大批不适合进行审批的事项"该取消的一律取消，该调整的必须调整"[1]；其次是部分审批权限下放，由地方银行业监管部门承担起相应的审批工作，给银保监会减轻了审批负担，提升了审批效率；最后是将主要审批方式由审核、批准调整为核准或备案等其他相对更为宽松

---

[1] 国务院办公厅《关于进一步清理取消和调整行政审批项目的通知》（国办发〔2007〕22号）。

的管理方式。①

然而，从改革结果来看，目前外资银行在我国的经营情况却并不理想：首先是外资银行在我国银行业结构性占比依然较低，资产规模不足银行业总资产规模的 2%，除极少数几家大型法人银行外，进入中国市场的外资银行规模都较小。其次是即使面对我国"法人导向型"的开放政策，外资也仍然偏好以设立外国银行分行的形式开展经营活动，相比寥寥 41 家法人银行，分行数已超过一千家。最后是地域分布的差异性仍然显著，外资银行大都集中在经济特区、东部沿海地区以及自贸区辐射区域。

外资银行结构性占比低甚至出现震荡下行趋势的主要原因在于我国审批管理体制对外资的限制过于严格，由于设立法人银行有着更高的审批要求，使得许多外资不得不"退而求其次"地以开设分行的形式开展经营活动；虽然中央层面对于精简行政审批事项提出了高标准的要求，但具体落实到地方还存在现实落差，且不同地区之间的差异也仍然显著，② 因此外资总是选择流向审批制改革更为彻底的地区。

从目前外资银行在我国的业务开展情况来看，其无论是在营利能力还是创新能力方面有些中资银行没有的优势，其市场存在本身即能够对我国金融市场建设发挥较大的积极效用，因此我国在今后的制度建设中应当进一步放宽外资银行审批限制——不仅仅采用更为宽松的核准或备案制，对部分领域应考虑直接取消审批（许可）限制；此外，还应尽快在全国范围内以权力清单的形式明晰监管部门审批权限的边界，完善外资审批的救济机制，以不断提高审批政策的透明度、加强对外资合法权益的保护。

---

① 2019 年 11 月 15 日，《国务院关于在自由贸易试验区开展"证照分离"改革全覆盖试点的通知》，规定从 2019 年 12 月 1 日起，在自贸试验区内对所有银行业涉企经营许可事项实行全覆盖清单管理，在下放审批权限、精简审批程序、延长审批有效期的同时，"进一步扩大企业经营自主权，创新和加强事中事后监管"。

② 如有些地区已建立了"一站式"服务窗口以完成全部项目所需审批程序，而在一些不发达地区，此类行政服务改革仍然滞后，投资者仍需要面临层层审批程序的阻碍，因此在不同地区之间已出现审批制的不公平竞争环境。

第四节　外资银行的自治与规范

负面清单模式的实施不仅表明政府审批范围的收缩，同时也意味着外商自治权限的扩大。因此，在负面清单模式改革推动的由审批制向备案制转变的趋势下，我国完善银行业监管体制的一项重要任务就是厘清政府与市场之间的关系，实现监管部门职能由微观介入向更多宏观调控的转变，充分发挥外资银行的内部治理。

一、外资银行在华自治现状

一方面，外资银行在华资产占比仍然很低；[①] 另一方面，结合银保监会公布的各项指标来看，外资银行皆表现出明显的优势。其一，外资银行拥有最高的流动性比例，使得外资银行流动性风险承压能力较强。其二，外资银行不良贷款率在所有商业银行机构类型中最低，同时外资银行净息差也低于国内商业银行整体水平，生息资产收益率低也恰从侧面反映出其对传统存贷业务依赖性低，且具有较高的信贷风险抗冲击能力。其三，外资银行的资本充足率和拨备覆盖率远超当前的监管要求，且都显著高于经营较稳健的大型国有商业银行和股份制商业银行，结合外资银行近年来稳定提升的盈利能力，从多方面确保了外资银行在经济下行期更有能力缓解资本下降带来的压力。

2020 年第二季度银行业金融机构主要指标情况如表 3-5 所示。鉴于外资银行自治水平的整体稳健与高效，我国目前的外资银行负面清单在外资银行治理层面实施的总体进路应是：在外部治理上放松监管，在内部治理

---

① 详见本书第一章第一节相关数据。

上强化自治。

表3-5　2020年第二季度银行业金融机构主要指标情况表（法人）[1]

单位:%

指标＼机构	大型商业银行	股份制商业银行	城市商业银行	民营银行	农村商业银行	外资银行
不良贷款率	1.45	1.63	2.30	1.31	4.22	0.69
拨备覆盖率	227.97	204.33	152.83	318.42	118.14	312.09
资本充足率	15.92	12.92	12.56	14.22	12.23	18.76
流动性比例	54.36	58.45	67.43	68.51	65.70	73.09
净息差	2.03	2.08	2.00	3.74	2.42	1.67

二、负面清单对外资银行自治的积极推动

（一）有利于减少外资银行面临的准入风险

正面清单模式下外资银行可能会面临的准入风险主要有三种：第一，是不能进入的风险，在《外商投资产业指导目录》管理时期，银行业作为限制开放领域对外资进行严格准入管理，外资可以开设哪些银行机构、从事哪些业务，都必须严格遵照监管规则；而对于那些新兴业务，如互联网金融等，由于不能及时在监管规制中予以体现，因而成为"空白地带"，并对试图进入这一领域的外资采取排斥的态度，与此同时，我国采取的指导目录形式的单项开放，阻断了外资母国与东道国对新业务领域协商开放的可能性。第二，是进入后面临过度监管或处罚的风险，由于银行业监管制度尚不健全，因而对于外资银行在进入市场后从事的未被列入监管规则的业务的管理，则可能出现过松或过严两个极端，过于宽松的自由裁量权也容易造成处罚失据的情况时有发生。第三，是进入无效造成的投资损失和浪费风险，由于不确定是否能够进入某些"空白地带"开展经营活动，

---

① 数据来源：银保监会。

因而外资银申请审批的整个过程中事实上需要面对很强的不确定性，并有可能在经历漫长审批程序、消耗了大量时间和资金成本后，仍然不被允许准入。负面清单的实施有效填补了以上问题中的制度空白，减少了外资银行准入过程中的一系列不确定性因素，使外资银行能够在更确定的权利范围内行使自治。

（二）有利于鼓励外资银行从事业务创新

一般而言，在正面清单管理模式下，银行业从事创新需要承担更大的风险。因为在正面清单管理思维的影响下，政府往往倾向于通过行政介入对法律的"空白地带"采取严格管制，对于未知事项本能地拒绝，或通过设置各类自由裁量权极大的审批程序全程监控，此时，留给银行创新"试错"的空间较少。在负面清单管理模式下，主要由市场机制对法律"空白地带"进行调整，银行从事创新业务时拥有相当大的自由空间，能够通过市场竞争机制实现新业务的优胜劣汰。政府的监管功能更多地由事前转移至事中和事后，有利于减少银行机构的创新风险。

（三）对政府行使监管权提高了要求

长期以来，我国在对市场采取的调控机制中都充满浓重的管制氛围：一是在计划经济体制影响下，政府自一开始便以"全能型政府""巨型政府"的形式存在，负责对社会生活的方方面面做出安排。二是政府的监管权缺乏有效制衡，合宪性审查、外商投资投诉机制、竞争中性规则等的缺失或不完善，使得我国政府得以在极大的自由之下全面介入市场关系。民众长期以来对政府干预经济形成了默认的信任，更一度在认识上将市场经济发展水平与政府监管能力直接挂钩，[①] 如此，就在治理理念上助长了政府管制的动力。三是缺乏必要的政府责任追责机制，以我国的银行监管部门权责分配为例，长期以来，我国银行业监管立法对于银行监管机构职能

---

① 我国的民众对于政府干预市场活动、限制个体私法自治的情况几乎已习以为常，更有甚者，某一时期的市场经济发展的"成败"几乎全部寄托于政府管制之上。一旦出现经营不利的情况，一般经营者潜意识往往仍将解决之道寄托于政府干预。因而从整个市场环境以及市场中的每一个主体来看，市场竞争意识仍然很淡薄。

的划分并不总能够达到明确而具体，事实上，如前文所述，在银行监管领域多头监管、职权交叉的情况仍然十分常见，这就使得要在各部门间做出明晰的责任界定并不容易。而定责不易的结果，则是进一步导致追责不力。①

负面清单模式是与我国实施简政放权总体目标一致的一种监管方式，在银行业监管中，其强调监管部门不得违法设置市场准入和退出条件、违法干预企业的正常经营活动，因而蕴含着对政府依法行使监管权提出的更高要求：此前行政监管只需"主动出击"，直接对不自信的领域设置高标准的门槛要求以实现市场的低风险运行；而如今，我国在如银行这样的高风险领域也已实行了负面清单管理，且取消了外资在银行业的诸多市场准入限制，更自由的自治空间意味着更多不确定的风险，行政监管部门必须在更被动的管理模式下中做好充分的风险防范，这是对政府监管能力和监管效率的极大考验。

三、外资银行自治权的具体落实与规范

从目前我国行政审批制度改革的总体要求来看，区分行政监管权与私法自治权边界的基本法理依据在于"对市场主体，是'法无禁止即可为'；而对政府，则是'法无授权不可为'"②。《关于实行市场准入负面清单制度的意见》提出："企业投资项目，除关系国家安全和生态安全、涉及全国重大生产力布局、战略性资源开发和重大公共利益等项目外，一律由企业依法依规自主决策，政府不再审批。"其实质就是将更多原先掌握在政府手中的"拍板权"转交到企业手中。因此，私法自治权的具体落实，除了负面清单自身体系的健全与完善外，还取决于政府管制权的受约束

① 由于行政监管部门的权责难以做到统一，使得不论是人大问责、行政问责，抑或司法追责，到最后都有可能演变成同级党委领导下的"自我问责"或"自我追责"。

② "李克强在国务院第二次廉政工作会议上的讲话"，载《人民日报》2014 年 2 月 24 日第 2 版。

程度。

首先，要结合不同性质与特征，完善各类形式的银行业负面清单。根据负面清单的棘轮效应，做好国内法模式负面清单的制度配套，围绕《外商投资安全审查办法》建立健全国家金融安全审查的具体制度架构，以此作为扩大银行业投资开放的"安全阀"。尝试在今后的国际合作中引入以负面清单为基础的银行业开放承诺，并根据不同的协定条件来确定差异性的清单条款。精简与整合各类银行业"准负面清单"，做到银行业具体开放各项制度的统一协调与公开透明。

其次，要落实负面清单模式对银行私法自治的积极作用，就要将行政监管的模式从主体监管过渡到行为监管上来。目前，我国对银行业的监管大致可分为两类：一是主体监管（亦可称为"所有制监管"），即指将银行根据所有权性质分别进行监管，主体监管所涉及的不同主体又可以被大致分为中资银行和外资银行。二是行为监管，是指所有类型的主体性质不加区分，仅以其在市场中从事的经营行为作为监管的依据，具体又包括市场准入监管、市场退出监管、利率监管、信贷规模监管等。外资银行与国有银行相比，主要的竞争劣势即在于银行业监管规则大都以所有制结构为依据，在内外资银行间设置了完全不同的两套标准。[①] 这种主体监管自然引发了"对某一类主体保障自由或赋予特权、对另一类主体则限制权利或增加义务"的结果，而此时自治与平等将再难得到保障。若以行为监管的方式调整银行经营活动，则能够极大地避免主体监管下监管歧视的发生。须知大多数情况下市场风险的发生概率并不取决于主体所有制的差异性，一些对于外资银行有较大经营风险的领域，对于民营银行而言同样也具有极大风险。因此，出于负面清单管理模式对私法自治和平等权的要求，监管部门应基于投资行为本身做出判断，将对外资的监管重心调整到行为监管上来，以确保监管制度的公平与客观。

---

① 例如我国的银行业行政许可制度即采取了内外资银行两套规则体系，具体内容见《中国银保监会外资银行行政许可事项实施办法》以及《中国银监会中资银行行政许可事项实施办法》。

再次，负面清单管理模式要求将事前介入转变为事中与事后监管，给予外资银行在准入和运营阶段更多的经营自由。然而与此相伴的，也极有可能是银行市场风险的增加，此时监管部门的事后介入就涉及问题银行①处理机制的完善。目前，我国金融市场尚未建立完善的问题银行市场退出机制，问题银行的退出因缺乏体系规范而显得十分"随意"，这严重影响了我国金融市场的稳健。基于我国目前已有的银行市场退出机制，具体可从以下两方面着手完善：①建立问题银行预警机制。虽然我国已于2005年颁布《商业银行风险监管核心指标（试行）》，对商业银行风险的识别、评价和预警机制作出了初步的制度安排，但该制度也有明显缺陷，如规范对象仅为中资商业银行、评估指标多为静态结果使得风险预测机制缺少前瞻性等。因此我国有必要借鉴国际先进治理经验，对应问题银行预警机制，建立完善的银行风险评估系统（银行业风险评级体系）和对应措施。②继续完善健全存款保险制度。存款保险制度作为问题银行退出机制中的关键环节，虽已在我国得到确立，但相关制度架构仍很不完善，如仍缺少专门的存款保险机构（存款保险公司）且职权不明等。因而此后我国应当积极推进存款保险制度的建设，成立专门的存款保险机构，②并将更多的银行类型（包括外资银行）纳入投保银行的系统中去进行统一管理。③

---

① 问题银行提法最早来自1929年的美国经济大萧条，是针对能够正常提供存贷款业务的健康银行而言的。目前普遍认可的问题银行共同特征是：一是问题银行是由于经营管理不善、违规运营或受到外部不利因素冲击造成的；二是问题银行均陷入财务困境，缺乏清偿能力，且不能自救；三是问题银行所面临的困境如不采取措施及时救助，会进一步恶化，导致破产清算退出。

② 例如，美国作为存款保险制度十分健全的国家之一，拥有不止一个存款保险机构，除了有根据《1933年银行法》设立的联邦存款保险公司（FDIC）外，还有根据《1933年国民住房放款法》成立的联邦储蓄信贷保险公司（FSLIC）（虽然此机构后因经营不善最终被FDIC接管），以及1970年成立的全国信用合作社保险基金（专门向信用合作社提供存款担保）。

③ 对此可参考美国存款保险制度的做法，其除了强制参保的本国银行业金融机构（具体包括商业银行、储蓄银行、储蓄贷款协会等）外，还向外国银行在美国的分支机构提供存款保险服务。将外资银行纳入参保系统，也便于一国监管当局对外资银行的经营风险做出有效预警。

最后，完善外资银行的投诉与救济机制。"负面清单+准入前国民待遇"的外资管理模式赋予外资银行在更广泛意义上享有的国民待遇，其中也包含了司法行政救济方面的国民待遇，即外国投资者在一国因遭遇国有化、征收等而受到损失时，有望从东道国获得司法与行政救济。例如《外商投资法实施条例》第二十一条第（三）款规定："外国投资者对征收决定不服的，可以依法申请行政复议或者提起行政诉讼。"完善的司法行政救济机制能够保障外资权益在受到行政管制侵害时，能够有效地得到维护，是实现私法自治权的重要法治保障。我国目前除在一般民商事司法框架内对外商投资企业提供权利救济外，还在 2006 年通过商务部发布的《外商投资企业投诉工作暂行办法》（以下简称《暂行办法》）建立了专门的外商投诉工作机制：设立全国和地方外商投资企业投诉机制，依法受理并对投诉事项进行协调处理。就目前该机制的运行效果来看，还存在较多问题。如受理投诉主体的体系化不够明确，各地方投诉受理机构的设立可谓"五花八门"；[①] 不同地区的投诉处理机构的投诉处理范围不一致；以及投诉处理程序有较大差异化等。而根据《外商投资法》及其实施条例的规定，除要求建立外商投资企业投诉工作部际联席会议制度外，对于外商投资企业投诉机制也仅做了原则性提法，其具体内容较《暂行办法》的有关规定并未有进一步的明确和细化。相比商务部于 2015 年 1 月公开发布的第一版《中华人民共和国外国投资法（草案征求意见稿）》中用整整一章"投诉协调处理"的内容对外商投诉机制进行明确，《外商投资法》以框架式的立法确立了其基本法的地位，后续仍亟待相关制度以配套规则的形式对外商投诉机制的机构权责划分、投诉处理原则、监督检查机制、投诉处理程序、信息公开与共享等内容予以补充和完善。

---

① 例如，根据《宁波市外商投资企业投诉处理办法》，投诉受理主体为"宁波市外商投资企业投诉协调中心"；根据《广东省外商投资企业投诉处理服务办法》，投诉受理主体为"各地级以上市人民政府和外商投资企业较多的县（区）人民政府、经济园区管委会负责外商投资企业投诉处理工作的部门"；根据《大连市外商投资企业投诉处理办法》，投诉受理主体则为"大连市外商投诉中心"。

第四章

竞争中性原则
在银行业开放中的适用

《外商投资法》中对营造公平外国投资竞争环境的规定，从顶层设计上为竞争中性原则在我国投资领域的全面适用奠定了基础。我国外资银行在市场中的结构性占比一直较低①，其中既有准入制度的问题，也与我国银行业的竞争安排制度中存在的缺陷脱不开干系。各国市场开放的实践经验一再证明了营造良性竞争环境的重要性，在竞争中性原则普遍适用的今天，从银行业开放的角度来看，首要解决的问题就是：竞争中性原则在银行业究竟可否或应否适用，若应适用，又应当如何适用？竞争制度调整中的实际担忧和现实阻碍是什么？以及如何据此对相应的制度架构进行完善。

第一节　竞争中性的实践与影响

一、竞争中性的概念与产生背景

（一）澳大利亚国内立法阶段

"竞争中性"（Competitive Neutrality，以下简称 CN），又可称为"竞争中立"，最早产生于澳大利亚的联邦政府文件之中。1993 年，澳大利亚国家竞争政策调查组在提交的《希尔默报告》（the Hilmer Report）中指出，竞争政策除竞争立法②外，还包括一系列法律和政策，要建立有效的国家竞争政策（National Competition Policy，NCP）尤其需要处理好这些具体政

---

①　详细数据见第一章与第三章内容，在此不再赘述。

②　指澳大利亚《1974 年贸易惯例法》（the Trade Practices Act 1974），该法后经修订成为如今施行的《2011 年竞争与消费者法案》（the Competition and Consumer Act 2011）。

策中的竞争安排。① 通过竞争政策改革，澳大利亚政府认识到政府对市场运作的潜在影响是巨大的，除了制定法律和实施各级政府的政策外，还可以通过其拥有、控制或有实质影响力的公司或其他实体，发挥其作为市场参与者的重要作用。事实上，政府机构的许多优势并不在竞争立法和政策的限制范围之内，除了那些显而易见的制度优势外（如免税优势、业务准入许可等），政府拥有的一些竞争优势可能是极为隐蔽的。比如，某些企业一旦获得政府的支持往往能更容易获得融资，这将直接影响到其他投资者作为有效主体参与市场竞争。而所有那些旨在消除政府这类优势的政策都可被称为竞争中性政策。

《希尔默报告》不仅仅将政府企业在竞争关系中定义为只享有竞争优势，报告中承认政府企业在竞争关系中也可表现出许多先天劣势，如需在公共和社区服务中承担更多的义务，拥有更少的管理自主权，还需遵守政府有关工资、就业和劳资关系的各项政策要求等，因而要精准地确定其在特定活动中的净竞争优势或劣势几乎是难以实现的。因此竞争中性原则改革的主要目标除了要消除政府企业的竞争优势，还包括尽可能地缓解其竞争劣势。

1994 年，澳大利亚联邦与州和地方政府通过签订《竞争原则协议》（the Intergovernmental Competition Principles Agreement）的形式承诺将审查所有限制竞争的法律、对政府所有的公共服务企业施加必要的税收要求等，并随即成立全国竞争委员会（the National Competition Council）来监督这些承诺的具体执行情况。这一做法正式明确了竞争中性原则在澳大利亚的全面实施，使澳大利亚成为全球第一个不仅承诺施行竞争中性政策，还拥有完整执行机制的国家。1996 年澳大利亚《联邦竞争中性政策声明》对竞争中性的概念、监督和投诉机制作出明确规定，指出竞争中性的基本原

---

① 根据 Hilmer Report 的规定，澳大利亚有效的国家竞争政策应该解决六个特别的问题，具体包括：处理好政府企业与私营部门竞争情况下的竞争中性原则；处理好公司的反竞争行为（以及竞争法对其未能加以约束的行为）；处理好不合理的竞争监管限制问题；处理好公共垄断的不适当结构问题；处理好基础设施领域的准入禁止和垄断定价的问题。

则是政府企业在与其他企业竞争时，不应因其所有权而享有任何净竞争优势（net competitive advantage）①，而如何评价这一政策实施的适当与否则取决于竞争中性政策实施后的收益是否大于成本。从效果来看，国家竞争政策改革给澳大利亚经济带来的积极促进作用是十分显著的，2005 年的一项数据显示，国家竞争政策改革使澳大利亚的 GDP 增长了 2.5%。（Rod Sims，2013）

（二）由国内法向国际法的演进

进入 21 世纪后，随着对公平竞争理念不断的制度化探索，以美国为代表的西方国家开始注意到，新兴经济体凭借国有企业在其经济结构中的重大占比，在短短几年间拥有了不容小觑的竞争实力，并对由发达经济体构建的传统国际经贸格局产生了巨大冲击。2008 年 OECD 的一项统计数据显示，国有企业在当时最大的几个新兴经济体中占有相当大的比重，从国有企业 GDP 占比来看，其在俄罗斯和中国 GDP 各占三分之一，在印度占 10%~20%，在巴西则占 10% 左右；且这一比例还在不断快速攀升。② UNCTAD（联合国贸易和发展会议）随后的研究也印证了这一现象，其在 2011 发布的《世界投资报告》（World Investment Report）中指出，新兴经济体的对外直接投资已占全球总量的 29%，且其中 11% 来自国有企业的贡献。因此越来越多的国家和国际组织开始重视国有企业市场地位的问题，或更直接地说，对于老牌发达国家而言，就是如何应对新兴经济体借由国

---

① "净竞争优势"是竞争中性概念下的一个核心术语，其并不意味着一个领域的"优势"弥补了另一个领域的"劣势"，而是应当对每一种竞争情况中的优劣势关系单独考虑。

② 早在 1995 年，世界银行的一项研究就曾指出，国有企业在许多经济体（特别是在中东、非洲和亚洲）中仍然扮演着关键角色，在世界范围内，国有企业占工业化国家 GDP 的 8%~10%；而在低收入国家，这一占比则高达 15%。此外，这一比例在许多国家仍在不断攀升，如自 20 世纪 90 年代中期以来，中国的这一比例翻了一番，而印度则增长了 70% 之多。

家资本主义（State Capitalism）获得竞争优势的问题。①

2009 年 OECD 在其政策圆桌会文件《国有企业和竞争中性原则》（State Owned Enterprises and the Principle of Competitive Neutrality）② 中对竞争中性的概念与适用作出了深入全面的分析，标志着竞争中性正式从一国国内法向国际制度立法的过渡。OECD 在该文件中虽然承认国有企业凭借其所处的特殊地位确实可能会对市场竞争关系产生负面影响，但也指出，目前没有任何证据可以得出国有企业比私营企业更反对公平竞争的结论，同时，考虑到国有企业承担的大量公共服务义务往往具有高昂的价格成本，国有企业实际上可能正利用其市场活动获取的利润来补贴这些义务（前提是这些义务对社会是有益的）。因此，竞争中性的制度构建不应当仅仅作用于某一个市场主体，从严格意义上讲，竞争中性可以理解为一种法律和管制环境，在这种环境中，所有企业，不论公营或私营，都面临同一套规则，政府拥有或参与不会给任何实体带来不合理的利益，换言之，竞争中性并不意味着提供基本公共产品的国有企业不能因此得到政府补偿，只是这种补偿必须是公平的。

二、竞争中性的制度内涵与实现路径

竞争中性原则成立的前提是国有企业在一定程度上会对市场竞争造成扭曲，而在大多数情况下，国有企业所享有的部分特权或优惠政策（如税

---

① 美国前副国务卿罗伯特·霍马茨曾直言不讳地表示，国家资本主义是对美国经济的最大挑战之一，该模式下的他国国有企业借助背后的政府支持，无须提高自身的生产效率或研究创新能力便能在美国市场或第三国市场获得竞争优势，因此美国有必要采取应对措施以消除这一竞争优势。

② 该文件包含一份执行概要、背景说明，以及包括加拿大、巴西、中国、法国、欧洲委员会、德国、韩国、英国、美国等在内的 20 多个国家对国有企业与竞争中性原则的讨论意见。在这份文件中指出，仅凭竞争法不足以确保国有企业和私营企业享有公平的竞争环境，这就是为什么旨在实现两者之间竞争中性的政策能够发挥至关重要的作用。竞争中性可以理解为一种管理框架，在这种框架内，公共企业和私营企业面对同一套规则；不与国家接触会给任何市场参与者带来竞争优势。

收优惠、贷款政策优惠等）也确实是其他市场竞争对手所没有的。这些特权和优惠手段赋予了国有企业更多的竞争优势，且这些优势并不是建立在更好的经营业绩、更高的效率、更好的技术或更好的管理技能之上。

第一，国有企业被赋予更大的专用权或垄断经营的权利。一国政府将某一领域的经营完全纳入自己的控制之下是当前世界各国常见的一种操作，即使是被认为最为开放的美国也会对某些行业以授权的方式实行垄断经营。例如，联邦政府授予美国邮政局（US Postal Service，USPS）在信件投递和客户邮箱使用方面的独家垄断权，授予美国国家铁路客运公司（National Railroad Passenger Corporation of the USA，Amtrak）在城际铁路线上运送乘客拥有垄断权。国有企业或受政府授权企业对于某一行业的垄断，会对那些无法进入该领域经营的其他市场主体形成不公平的竞争地位，更重要的是，"交叉补贴"[①] 的出现将几乎无法受到有效限制。

第二，国有企业往往比其他企业拥有更大的融资便利。相对于其他企业而言，国有企业不仅可以凭借自身性质获得更为优惠的信贷利率，甚至能够享受由政府为其提供信贷担保的便利。[②] 即使是在国有企业没有明确享受优惠信贷利率或政府担保的情况下，市场也不会抛弃对国有企业享有政府隐性担保的认知——尤其在国有企业向国有商业银行融资时，两者间具有共同的国有产权性质，使得国有银行更可能出于政治目的而提供融资。

第三，国有股权对企业具有很强的控制力，且往往不会因经营不善而被其他市场主体所替代。与股权流动性较强、在市场竞争环境中充分实现"优胜劣汰"的私营企业不同，国有企业的股权被认为是"锁定"（locked in）的，即一般不会随股票交易而轻易将公司控制权转让给他人。此外，

---

① 交叉补贴即国有企业利用垄断租金来交叉补贴其面临市场竞争的其他活动。

② 例如，在美国，邮政服务被允许直接从联邦融资银行借款，而联邦融资银行为公共债券提供担保，其利率低于具有类似风险的私营公司的市场利率。联邦政府还为美国邮政服务债务提供担保。这种融资优势在外资企业身上更无法实现。

一国政府还可能通过准入限制对某些行业的国有股比作出限制性规定。①

第四，国有企业在濒临破产时往往能够获得更多的政府救助，甚至能够在持续亏损的情况下仍免于破产。如美国最大的两家住房抵押贷款公司房利美（Fannie Mae）和房地美（Freddie Mac），在次贷危机发生之前，一直利用美国政府的隐形支持为其自身谋利，② 并由此导致了危机的爆发。但有意思的是，即使在两家公司负有如此重大经营责任的情况下（危机前一年损失已达约 110 亿美元），危机出现后，美国乃至全球大多数投资者依然坚信美国政府不会袖手旁观（事实上由于对两家公司"太大而不能倒闭"的认知，美国政府也确实采取了预期中的接管计划，为两家公司注资 1 900 亿美元）。很显然，缺乏破产约束的状况将直接浇灭其他竞争者参与竞争的积极性和信心，以至于最终的市场竞争将成为一场彻彻底底的"竞次"（Race to the Bottom）游戏。在金融领域，对于那些经历金融危机却依旧"大而不倒"的银行业机构的批判即来源于此。

第五，国有企业在信息不对称的市场环境中拥有更多的信息资源优势。在国有企业和政府之间往往存在紧密的联系，因此国有企业更有可能获得其竞争对手无法获得的数据和信息，并利用这些信息进一步稳固自身的市场地位。一般认为充分的市场竞争能够克服信息不对称引发的经营者道德风险问题，但这对于国有企业却并不一定适用。如有中国学者就曾指出，国有企业即使在竞争中因经营不善而亏损，在信息不对称的前提下，依然可以把责任都推给政策性负担。这也从另一方面解释了一些国有企业并不排斥信息不对称的原因。

---

① 如 2000 年我国颁布《中华人民共和国电信条例》，规定在对《电信业务分类目录》中列出的电信服务实行许可证制度，其中基础电信服务由国务院信息主管部门审批，基本条件是依法设立专门从事基础电信业务的公司，公司中的国有股权或股份不少于 51%

② 房利美和房地美与美国政府之间存在着千丝万缕的联系：如董事会成员中有 5 名成员由美国总统任命；为确保两家公司的资本流动性，美国财政部有权分别从两家公司购买不超过 22.5 亿美元的证券；此外，两家公司还均可免除缴纳国税和地方税的义务。同时由于其发行的有价证券中暗含着美国政府的担保，因而两家公司得以以超低的成本筹集资金。

第六，通常许多国有企业能够从政府获得直接补贴，或从其他公共形式的财政援助中受益（间接补贴），以维持其商业运营。[①] 例如，2002年的一项数据显示，Amtrak 自运营以来已经收到了超过 440 亿美元的联邦直接补贴（Geddes，2004）。政府通过补贴干预降低了国有企业的运营成本，使其得以维持运转甚至在竞争中处于优势，这对于一些自然垄断行业（如石油行业）中的国有企业来说是十分必要的，因为在这些产业中的企业几乎很难获利，所以除国家战略政策引导下的国有企业外，通常没有市场主体愿意进入，若政府不给予相应的补贴，则该行业也无法持续性运转。但对于那些竞争行业的国有企业来说，政府补贴的理由便不再那么充分和正当了。

第七，对于国有企业和其他企业的歧视性监管或许无法避免。一方面，国有企业与政府部门之间的紧密联系使得监管的形式意义或许更大于其实质意义；另一方面，即使监管者能够坚持绝对公正的监管，但可能也不得不面对一个事实，即由于缺乏必要的政策透明和外部约束，从国有企业获取监管相应的信息可能非常困难，而这种情形在私营企业中则少有发生。

当然，如很多研究所指出的，国有企业的公共服务义务在充分竞争的市场环境下也可能将之置于不利的竞争地位。对于一些国有企业来说，利润最大化或许并不在首要考虑之中，为了实现对某一经济领域的控制或相对控制，其很可能将追求规模经营作为最终目标，如我国的烟草专卖局即是典型例证。因此竞争制度的改革也不得不考虑到国有企业身上背负的这些"负担"，以及从国家安全角度出发在市场失灵情形下固守某些关键领域的现实需求。

---

① 直接补贴是一种最简单、但可以说是最不常用的支持国有企业的方式，它涉及直接向接受者转移现金。间接补贴更为微妙，也更普遍，而且可能严重扭曲国有企业与私营竞争对手之间的竞争，它包括任何形式的不涉及直接资金转移的补贴。例如，国有企业享有的税收优惠制度或某些税收的豁免，等同于政府的选择性补贴。这些免税政策人为地降低了国有企业的成本，提高了它们在税收制度下比竞争对手更有效地定价的能力。

目前，竞争中性原则的制度化路径已经有了明确的方向：那就是认识到政府对市场施加影响时可能会对竞争秩序造成的破坏，并在不断完善竞争立法的同时，通过制定一系列竞争政策约束市场中的每一个参与者，确保任何一个主体（无论是国有企业、私营企业抑或是外资企业）都不能凭借政府或政策干预而取得凌驾于其他市场主体之上的竞争优势。

三、国际竞争立法中对竞争中性的体现

许多发达经济体都已建立或正在建立竞争中性制度，并试图通过以此项制度为基础在国际经济交往中建立一套对之更为有利的、能够保障充分竞争的市场环境。在许多国家（主要是发展中国家），竞争中性原则虽然不是一个法律概念，但其在为这些国家制定和完善国内竞争立法时发挥了提供经验参考的作用，这也是不可忽视的。

（一）发达经济体对竞争中性原则的立法现状

发达国家对于竞争中性原则的讨论和制度实践，概括起来可分为以下几种类型：

1. 澳式竞争中性原则

2013 年，考虑到澳大利亚经过二十年的发展，市场环境已与 1993 年确立竞争中性原则时的情况发生了巨大的变化，澳大利亚政府针对竞争立法和竞争政策又进行了一次彻底的独立审查，这也是继希尔默报告之后澳大利亚针对国家竞争政策（National Competition Policy，NCP）改革开展的最全面的一次审查，其提出的几项核心政策目标为世界其他国家实行竞争中性政策提供了值得参考的依据。这些核心政策目标分别是：①确保任何市场参与者都不应在市场活动中从事可能损害公共利益的不正当竞争行为；②确保促进生产的微观经济改革始终将实现公平、透明和公开的竞争作为重点；③确保在市场能够有效运作或可实现有序竞争的情况下，政府不应代替私营部门在其中发挥作用；④在评估竞争监管的成本和效益时，应尽可能地减轻企业的监管负担。

另外，澳大利亚在参与缔结的一系列自贸协定和双边投资协定中，都对 CN 原则有所体现。① 例如，在 2015 年签订的《中国—澳大利亚自由协定》中列出了澳大利亚可以维持现行措施，或采纳新的或限制性更高的措施，且这些措施实施的对象包括了不受部分条款关于国民待遇义务约束的特定部门。比如，澳大利亚有权采取或维持在投资方面优先照顾原住民（原住民指土著居民与托雷斯海峡岛民）或原住民组织，或为原住民或原住民组织提供优惠待遇的任何措施。

2. 美式竞争中性原则

近年来美国凭借自身的国际影响力以及在各类经贸规则制定中的主导权，将竞争中性原则推广适用到了许多领域。但与澳大利亚采用国内立法的形式为实现竞争中性创建完善的执行与监督架构不同，美国并未在国内法中对竞争中性原则加以明确，实践中主要是通过将其转化为投资协定或经济组织新规则的方式向其他国家灌输这一规则理念，并进而影响其他国家竞争制度或竞争承诺的调整，主要手段包括在双边投资协会或自由贸易协定中设置单方承诺的竞争中性条款；通过 OECD 以报告形式形成"国际软法"；在跨太平洋伙伴关系协定、跨大西洋贸易与投资伙伴关系协定等高规格多边谈判中将竞争中性列为重要的横向议题，以协议的广泛影响来施加他国调整竞争制度的压力等。

3. 欧盟竞争中性原则

虽然未曾在统一立法中明确规定竞争中性原则，但欧盟作为一个超国家实体，在其竞争法框架内拥有确保竞争不因任何成员国（无论是私营企业还是公共企业）的不正当支持而受到扭曲的权力。② 此外，欧盟还可以

---

① 如在澳大利亚—韩国自由贸易协定、澳大利亚—新加坡自由贸易协定以及澳大利亚—智利自由贸易协定中各方都表示同意接受竞争中性条款的约束；在美国—澳大利亚自由贸易协定中，澳大利亚也明确做出了关于竞争中性条款的单方承诺。

② 例如，1992 年《欧盟运行条约》规定，国有企业或代表政府进行经营活动的私人企业均须遵守欧盟竞争法，阻止、限制或扭曲竞争的交易或者其他行为均属违法行为；由某一成员国提供或通过国家资源给予的任何资助，不论方式如何，凡优待某类企业或者某类产品的生产，以致破坏竞争或者对竞争产生威胁，从而对成员国之间的贸易产生不利影响，均应视为与共同体市场相抵触。

控制那些被授权提供公共利益服务的国有企业不会因获得与此类义务成本不成比例的补偿而扭曲竞争。① 可以说竞争中性原则在欧盟竞争制度中的具体设置有以下特点：首先，欧盟仅在制度框架上提出了竞争中性的要求，但具体内容还有赖于各成员国以国内立法的形式进一步规范；其次，欧盟层面并未制定专门的体现竞争中性的立法，也未进行国有企业改革以实现更好的竞争安排，而是通过既有的欧盟竞争法对违反竞争中性原则的行为进行事后规制；最后，欧盟在对外签订国际投资协定时坚持将竞争中性作为一项十分重要的谈判依据，谈判对象若不能在竞争原则安排上与其达成规制层次的一致性，将很难绕过这一问题进入欧盟市场，因此在规则的推广上具有一定的"强制性"色彩。目前，瑞典、挪威、西班牙等欧盟成员国均已通过了旨在调整公私企业之间竞争条件的法律，具体内容包括授予竞争当局监管权力、禁止国有企业利用其垄断地位进入与私营企业竞争的市场，以及提高透明度等。

（二）发展中经济体的立法实践

近年来，不少发展中经济体开始将竞争中性的制度建设列为一项重要的改革目标。

1. 越南

作为东南亚经济增长最快的国家之一，越南近年来对完善市场机制的要求也越来越高。同时，作为一个"低起点"的经济体，越南为了实现经济的快速增长，导致了一些以国家垄断为特征的行业或领域的存在和壮大。这些因素都对越南建立和完善竞争立法提出了现实要求。

在竞争法出台之前，越南对于不正当竞争以及垄断行为的干预主要通过单独立法的形式予以规制，如《价格法》《电信条例》《信用机构法》

---

① 例如，《欧盟运行条约》授权欧盟委员会负责监管并赋予其强制权，具体包括责令成员国将欧盟竞争法律规则适用于本国国有企业；要求成员国政府及时报告对本国国有企业的资助行为；对成员国国有企业的行为进行透明度审查，责令违反竞争法律规则的国有企业停止行为并处以罚款；以指令或决议等形式责令帮助或纵容本国国有企业违法的成员国政府停止违法行为等。

《商法》《电商法》等。与此同时，越南也如中国一样，进行了历时长久的国有企业改革，至2015年，越南的国有企业改革已初见成效：首先，对国有企业按步骤、按阶段地实行了有效的私有化改革（经历了从简单的小型国有企业到大型国有企业再到困难的大型国有企业的分批私有化）；其次，通过对242家国有企业的平等化（equalization）、6家企业的收购、32家企业的合并与整合，越南国有企业重组计划取得了显著成效；最后，国有企业改制稳步推进，对900多家国有企业制定计划或已实施改制，从总体经济结构看，越南的公有制经济主体数量和规模都在大幅减少，并逐渐被其他非公经济主体所取代。2004年，《越南竞争法》出台，并于2005年开始正式生效，一定程度上为在市场中有效实施公平竞争奠定了基础。但越南在推进竞争中性制度的过程中也存在着国内市场脆弱、立法体系不完善、配套执行机制不到位等问题，这些有待进一步通过竞争机制改革进行完善。

2. 印度

印度是近年来亚洲新兴经济体中对竞争中性问题的关注和探索较为突出的一个。与许多发展中经济体经历的崛起历程一样，印度国有企业在其工业化和经济发展中发挥了极其重要的作用，[①] 尤其是在经历了金融危机的考验后，人们对印度国有企业的信心更是大大增加了。[②] 也正是在这样的认知之下，多年来，印度国内市场的竞争环境并不理想：一方面，印度对外资设有较高的准入门槛，市场中的有效竞争主体数量并不充分，这使

---

① 印度全国拥有约250家中央直属国有企业，至2019年，这些企业的年产值占到印度年度国民生产总值的四分之一，出口总额约占印度出口总额的8%。在孟买证券交易所（Bombay Stock Exchange）上市的排名前500的企业中，有超过60家是国有企业，约占孟买证券交易所总市值的五分之一。

② 一方面，与私营企业相比，印度国有企业具有相对完整的治理体制，以及稳定的经营规模，这使它们更容易抵抗金融危机带来的外部风险。因此，即使是在严重经济危机的环境下，它们也为印度的GDP做出了巨大贡献，促进了工业和城市基础设施的发展：在2008—2012财政年度，国企营业额占印度GDP总量的20%~24%。另一方面，国有企业为印度社会提供了大量的就业机会，并贡献了大量的政府财政和税收收入，可以说，国企发展的稳定与否直接决定了印度经济的稳定与否。在2017年《财富》杂志公布的全球500强企业中，印度有7家企业入选，其中4家为国有企业。

得许多领域的经营主动权都掌握在国有企业或家族企业手中——在英国 Brand Finance 发布的《2020 全球最具价值品牌 500 强》中，印度被列入该榜单的 11 家企业中有 8 家都来自印度的垄断性行业或家族企业。另一方面，尽管印度在 1991 年实行改革开放后将许多此前由国有垄断企业主导的市场向私营企业开放，但国有企业的市场份额仅略有下降，其仍然控制着印度国民经济的关键行业。①

由于缺乏公平的竞争环境，私营部门很难在印度的经济发展中发挥更有效的作用。对此，自 20 世纪 90 年代初实施自由化改革以来，印度的政府采取了一系列措施，试图在国有企业经营过程中引入必要的市场约束，然而受到繁复的准入许可和行政审批制度的限制，印度的市场自由化改革进程推进得并不顺利。到 90 年代中后期，印度政府废除了许多对于市场主体的指导政策，精简了市场管理体制，在一定程度上为市场注入了竞争活力。但从印度目前的经济结构看来，还是远远不够的。竞争中性原则的提出，在某种意义上为印度实施竞争体制改革提供了重要参考。当前，印度虽然未在任何立法和参与的国际协定中承认竞争中性原则的适用，但已积极地开展了对竞争中性原则的摸索，主要通过两个层面的制度建设进行：

一是公司治理规则的建立和完善。适当的公司治理和透明度规则可以将国有企业可能享有的任何不当竞争优势限制在完成其任务所需的最低限度，其根本目的是将国家的角色从市场参与者重新定位为市场监管者，从国有企业的日常管理转向基于健全的公司治理原则行使其核心所有权。二是颁布了专门的竞争法（《2002 年竞争法》）。该法平等适用于公共和私营企业的商业活动，② 并明确规定，在商业活动方面，私人和政府参与者之间不应存在任何歧视，所有参与者都应得到平等对待，以便为所有人提供一个公平的竞争环境。此外，印度还成立了专门的竞争委员会（Indian

---

① 例如，印度国有企业完全垄断了核能发电，其他主导领域还包括煤炭（超过 80%）、原油和天然气（超过 70%）、石油炼制和销售（超过 55%）、发电和有线线路（超过 80%）等。

② 需指出的是，与印度主权职能有关的政府活动，包括与能源、货币、国防和空间有关的活动，不在该法律的范围之内。

Competition Commission，CCI），在维护竞争中性方面发挥了积极的作用。

四、竞争中性在我国适用的必要性

随着竞争中性被越来越多的国家所采纳和制度化，其对国际竞争立法的影响也越来越深远。对于目前的中国而言，在竞争制度中全面适用竞争中性原则已不再是一个"是"或"否"的选择问题，而是一个时间问题。

（一）竞争中性对我国竞争立法框架的挑战

在我国的立法框架下讨论竞争中性问题，首先不能够背离《中华人民共和国宪法》（以下简称《宪法》）。《宪法》第六条规定："……国家在社会主义初级阶段，坚持公有制为主体、多种所有制经济共同发展的基本经济制度。"第七条规定："国有经济……是国民经济中的主导力量。国家保障国有经济的巩固和发展。"这为竞争中性原则在我国的适用打下了最基本的制度基调——市场主体间的公平竞争改革不能动摇公有制经济的主体地位，也不能够动摇国有经济的主导作用。因此，我国竞争立法在处理国有企业竞争问题时往往需要处理好这样一组关系：一方面，要对国有企业的竞争优势进行必要规制；另一方面，对国有企业竞争优势的限制不能与《宪法》相冲突。

与一些国家已经制定专门的竞争中性法不同，目前我国对竞争中性问题并未从专门的立法层面加以明确，实践中对于市场竞争关系的调节主要体现为：竞争立法，如《中华人民共和国反不正当竞争法》《中华人民共和国反垄断法》；与竞争相关的立法，如《中华人民共和国广告法》《中华人民共和国价格法》《中华人民共和国消费者权益保护法》；一些行政法规，如《关于禁止公用企业限制竞争行为的若干规定》《国务院关于在市场体系建设中建立公平竞争审查制度的意见》《国务院关于促进市场公平竞争维护市场正常秩序的若干意见》等；以及部门规章层面的《金融业经营者集中申报营业额计算办法》①《制止滥用行政权力排除、限制竞争行为规定》《公平竞争审查制度实施细则》《经营者集中反垄断审查办事指南》等。虽然规则数量不少，但由于缺少统一的立法架构，也没有配套的申诉和处理机制，竞争中性制度的建设很容易受到来自外部国际压力的挑战（尤其是在一些发达国家将竞争中性制度作为双边投资谈判中的一项重要衡量标准的情况下）。

在外国投资领域，近年来，我国通过积极的政策开放，使得市场自由化水平以及竞争充分性都得以大大提升，但需要指出的是，当前产业政策对我国投资开放的影响仍然是十分重大，可以说它直接影响着某一市场的发展水平，因此我国投资领域竞争安排的最大驱动仍然是国家，而不是市场。

尽管没有明确提及"竞争中性"等表述，但 2019 年《外商投资法》中关于营造公平竞争投资环境的要求，在更广泛意义上实现了竞争中性原则在投资规则领域的全面推广。作为一部纲领性立法，《外商投资法》中关于竞争安排的规定亦十分的原则性，② 这就要求今后通过制度完善将这些原则性的提法进一步落实。

（二）竞争中性带来的外部阻碍与挑战

竞争中性规则带来的首要外部影响在于其以竞争安排的方式对我国企业"走出去"设置了障碍。国有企业一直是我国开展海外投资的主力，2018 年我国对外直接投资 1 430.4 亿美元，是世界第二大对外投资国，其中国有控股经济主体贡献了 37.7% 的投资总额。在 2019 年《财富》公布的世界 500 强排行榜中，我国共有 129 家企业（包括台湾和香港地区企业）入围，这些入围的 500 强企业绝大部分属于国有企业，其中有三家国有企业更是进入了榜单前十名（分别是中石化、中石油以及国家电网，这

---

① 该《办法》也是目前我国唯一一部专门针对银行业发布的反垄断的部门规章。
② 目前，我国外商投资立法中对竞争中性原则的规定主要集中在两方面：市场准入和政府采购。

也是中国企业排在前十名的全部的席位）。[1] 当前，以美国为首的"贸易保护主义"出现再抬头迹象，鉴于我国国有资本和私营资本在海外投资结构上分布的不平衡，竞争中性审查很可能被美国等发达国家用以作为设置贸易壁垒的新标准。

其次是对外资企业"走进来"的影响。经过多年改革开放的努力，我国在营造良性市场竞争环境方面已取得了很大进步，2019 年，我国在 190 个经济体中营商环境排名第 31 位，比 2018 年上升 15 位。[2] 但在传统自然垄断行业以及部分特殊行业（如金融业），国有企业占比依然很高，在这些领域内，不要说是外资企业，就是中资民营企业也几乎难以涉足。竞争中性原则的提出也让我国开始对这些未实现全面竞争领域内的竞争安排开启相应的制度探索。

最后是增加了我国参与国际贸易协定和参与全球经济治理的难度。当前，不论是美式双边投资协定、高规格的多边投资协定、还是由其他发达国家参与的自由贸易协定，这些以竞争中性原则为基础开展的高水平自贸谈判，要想从被动的规则跟随者转化为主动的规则主导者，就必须在制度体系建设上尽快与主流国家的竞争中性标准实现同步。

---

① 有意思的是，中国上榜公司近半数利润来自银行，刨除 11 家银行利润，其他 108 家中国上榜企业的平均利润只有 19.2 亿美元，美国其他 113 家企业平均利润高达 52.8 亿美元。这个数字是中国企业的近 3 倍。数据来源：《2019 年世界 500 强单》榜单，财富中文网，http://www.fortunechina.com/fortune500/c/2019 – 07/22/content_339537.htm。

② 参见 2019 年 10 月 23 日世界银行发布的《全球营商环境报告 2020》。2018 年我国列第 46 名，比 2017 年上升了 32 名。数据来源：国务院网站，http://www.gov.cn/xinwen/2019-10/25/content_5444630.htm。

第二节　国际银行业开放中的竞争安排与选择借鉴

考虑到银行业的特殊性，对于是否实行竞争中性原则，当前并没有具有统一价值的经验，各国往往还需根据各自市场特征对竞争制度做出安排。

一、本土化阻碍下失灵的竞争安排

与其他因自身金融系统脆弱而导致外资进入后有巨大银行业风险的国家和地区不同，日本拥有一套相当完备的金融监管制度，也建立了相对较为稳固的"银行业监管三角"：由金融厅负责制定政策法规，并对金融机构及相关交易行为进行监管；由日本银行负责对在其开立账户的银行业金融机构进行现场和非现场检查，并据此做出相应的经营风险评估；由日本存款保险公司负责保障问题银行的退出不会损害金融消费者利益，防止系统性风险的发生。与此同时，日本政府早在20世纪50年代实施银行业对外开放后，就已通过一系列制度安排与优惠措施给予外资银行必要的"国民待遇"。

然而，完善的监管环境以及宽松的市场政策，都没能给在日发展的外资银行提供竞争优势，相反，经过几年的艰难经营后，有许多外资银行甚至已开始退出日本市场。2017年日本外资银行数已跌至55家，只有1995年在日外资银行数的近一半，外资银行资产规模仅占日本银行业总量的4%。[1]

外资银行在日本发展艰难主要可归结为以下几方面的原因：其一，日本本土银行在国内的支配地位难以撼动，20世纪初日本国内银行经过一系列兼并后形成了三大巨头鼎立的银行业格局，并形成了巨大规模效应。至2008年，日本金融巨头瑞穗银行的总资产规模达到了160万亿日元，几乎是美国

---

① 数据来源：OECD网站FDIR数据，由作者整理后得出。

花旗银行与德国德意志银行当年资产规模的总和。其二，受日本实体经济不断下行的影响，经济不景气与人口结构老龄化拉低了日本国内的信贷需求，加之低息政策的实施，使得日本银行系统的整体盈利水平普遍较低。以瑞穗银行为例，虽然其在2008年时的资产体量已远超大多数国际银行业巨头，但净利润仅占资产总额的0.14%，而美国花旗银行当年资产回报率为1.63%（戴晓芙，2008）。在此大背景下，外资银行所承受的生存压力可见一斑。其三，日本国内的金融消费者有着较为明显的"本土情结"，在消费习惯上对外资银行较为排斥，使得外资银行在日本的业务拓展尤为不易。

二、特殊市场结构下的不充分竞争

德国的银行主要由三种机构类型组成：一是私营商业银行，包括大型商业银行、地方性商业银行以及外资银行等；二是州立银行或地方储蓄银行，这类银行主要依据州立银行法和地方储蓄银行法设立，相对于私营银行而言被统称为"公法银行"；三是互助合作银行，具体指地区性城市、农村信用合作社等。

德国适用"准入前国民待遇+负面清单"的模式对银行外资准入和经营进行管理，赋予了外资银行在准入和运营等方面较大的自由空间，也在制度层面营造出一个内外资较为公平的竞争环境。外资银行进入德国市场时，除需满足德国的《银行法》和《反洗钱法》等相关法律的规定准入要求外，德国联邦金融监管局（BaFin）可能会根据拟设银行机构的具体情况提出其他审慎性监管（如最低资本金限额）、高管人员任职资格、母国监管框架等方面的要求。除此之外，根据欧盟关于银行业准入的统一规则，德国对外资银行股东持股比例、拟设机构法律形式、参股业务范围等都未进行明确限制。

受全球扩张步伐放缓、英国脱欧带来的地缘政治冲突以及全球贸易争端摩擦加剧等因素的影响，近年来欧洲银行业市场表现均不理想，但德国银行业相对而言还是在增速放慢的背景下保障了金融主权的稳定。这与德国特殊的银行业开放特点息息相关：

首先，德国特有的企业结构比例决定了外资银行即使取得了经营执照，其业务获得能力与其他德国内资银行相比也基本不具优势。在德国，有近 99% 的企业为中小型企业，而其中又有约 90% 为家族企业。这使得绝大部分企业对股权融资需求不强，而对传统银行信贷的市场依赖性较大，因此虽然德国实行混业经营管理，但其金融市场却并不发达，金融创新能力、利息收入在业务总收入中占比较高。德国银行手中握有大量企业股权，得以直接介入企业治理，银企关系十分密切，这一关系也使得"关系贷款"成为银行利息收入的主要内容之一。而反观外资银行，在这一领域短期内并不具有竞争优势，就长期来看，要想融入德国当地企业，建立如本土银行一样的紧密融资与控股联系，仍存在极高的门槛，因而从 OECD 公布数据来看，至 2016 年德国已连续 4 年出现外资金融业资本流入为负值的情况，且该数值下降的趋势还在逐年增大。[①] 因此，即使在高宽松的政策环境下，德国本土银行业也得以在金融市场中保有极高的经营主动权。

其次，全能型银行牢牢占据市场主导地位。德国金融业实施混业经营，造就出的全能型银行能够为企业提供包括存贷、证券、保险业务在内的全面服务，在经营覆盖性上具有无可比拟的优势。相比之下，外资银行所持牌照的经营范围则需一事一议向监管部门提出申请，且批准的范围往往仅限于其所申请的业务类型，更拉开了内资银行与外资银行在提供金融服务能力上的差距。此外，全能型银行具有较高的经营稳健性，不易出现因经营不善而被外资银行兼并或替代的情况，更遑论德国还对外资银行兼并收购行为提出了严格的对等权要求。

最后，德国主要大型商业银行在银行业的资产占比并不高，由超过 1 400 家互助合作银行和大量公法银行组成的银行系统使得德国银行市场同

---

① 数据来源：OECD（2020），Inward FDI flows by industry（indicator）. doi：10. 1787/89688481-en（Accessed on 03 January 2020），https://data.oecd.org/fdi/inward-fdi-flows-by-industry.htm。

时拥有极高的饱和度和极低的集中度，并不断抢占零售业市场份额。① 此外德国的公法银行由政府为其债务提供担保，经营风险与政府信用直接挂钩，因此其在客户资源吸引力上极具优势，即使是德意志银行和德国商业银行，其利润空间也被大量挤占，更遑论外资银行。

三、"强"国家资本体制下的弱竞争机制

中美间的双边贸易摩擦给邻国市场带来了巨大的转移效应，把握时机开放国内市场能够在留住外资和产能方面创造竞争优势，越南就是其中的主要代表之一。自 2017 年以来，越南的 GDP 和出口额分别保持着 9% 和 13% 左右的高速增长。在金融业方面，越南对外开放银行业的 20 多年来，金融业 FDIR 指数从 1997 年的 0.787 下降至 2018 年的 0.118，降幅达 85%，仅从 FDIR 数据来看，至 2018 年其金融业开放程度已领先于 OECD 列入统计的所有东盟国家。② 此外，为进一步缓解越南国内银行坏账率居高不下的问题，越南近年来频频放开对外资的持股比例限制，自 2014 年起，外资在越南金融机构的持股比例已升至 20%。③ 凭借有利的地理位置和国内市场环境，以及不断放宽的准入限制，越南吸引了一大批银行业外资战略投资者，如瑞穗实业银行（日本）、渣打银行（英国）、兴业银行（法国）等，至 2018 年年底开设了包括来自澳大利亚、美国、马来西亚等 7 个国家和地区的 9 家外商独资银行，外资银行规模不断壮大，在其银行业总资产中的占比已接近 10%。

然而就现实效果来看，如此大幅度的开放却并未能给越南银行业带来

---

① 2004 年年底的一项数据显示，公法银行资产占德国银行总资产的 57%。仅德意志银行、德累斯顿银行、商业银行三大财团的分支机构就占据了德国全国金融机构数量的 90%，业务量占其他银行业务的 60% 以上。

② 根据 OECD 在 2019 年公布的数据显示，截至 2018 年，下列东盟国家的金融业 FDIR 指数分别为：印度尼西亚 0.167、老挝 0.133、马来西亚 0.319、缅甸 0.326、菲律宾 0.115。

③ 数据来源：中国人民银行网站，《越南提高外资在金融机构持股比例》。

有效的输血刺激。越南银行业结构中的国有股比重较大，2003 年数据显示越南前三大国有银行拥有全国全部金融资产的 82.1%，且这一比例还在继续增加（王鸾凤，2007）。因此，外资银行虽然在管理、产品以及稳定性等方面都比越南内资银行更有优势，可就目前业务开展情况来看，服务对象主要是在越外资企业，2015 年外资银行在越南零售业市场中的占比仅为 10%，由于在数量、网点设置等方面较越南国有银行并无优势，其服务于实体经济的能力也未能如预期股得以发挥。

四、多元背景下的良性竞争

印度从 20 世纪 90 年代初开始实行银行业的开放和改革，在充分继承自英殖民期间延续 130 多年的金融制度的同时，坚持对外开放与对内改革同步推进，建立起一套较为完备的银行业监管制度，并为之配备了健全的监管机构，使得开放真正成为双赢。主要举措包括以下几项：

第一，通过颁布一系列放松银行业监管的政策，如降低存款准备金要求、实施利率市场化、实施有管理的浮动汇率制等，吸引外资投向其银行市场，改革推行后的十年间，外资银行在银行业的比重不断上升，国有银行（public sector banks，简称 PSBs）占比则由 1990 年的 90% 下降了 15%。第二，引进外资的同时，致力于营造良好的竞争环境，为外资银行引入多元化的竞争对手——私营银行（private sector banks，简称 PrSBs），早在 1991 年印度便开始试点私人入股 PSBs（但对持股比例做出了不得超 49% 的限制），又于 1993 年正式放开对国内私人资本投设 PrSBs 的准入限制，此后 PrSBs 的规模迅速扩张，带动了各类银行机构间的充分竞争，使得印度的银行业市场更加成熟、健康。第三，在调整银行业结构比重的同时保证 PSBs 的主体地位，印度对于外资银行的进入采取有限数量开放的政策，自 1998 年起每年仅允许新增外资银行分行 12 家，且禁止外资以任何形式入股 PSBs，这一政策确保了国有银行在面对复杂竞争环境时依然能够充分发挥其主导作用，有助于印度继续掌握其国内的金融控制权。

截至 2017 年，印度共开设有外资银行法人 38 家，资产总额 1 229 亿美元，占全国商业银行资产的 6.7%。根据银行年度公开报表显示，印度外资银行的盈利能力总体要高于其他银行（PSBs 和 PrSBs），2009 年印度外资银行的平均 ROA 为 1.6%，高出内资银行 0.6 个百分点。基于良好的金融监管环境和优越的配套政策，外资银行相比印度本土银行而言，对传统存贷业务的依赖性低，2009 年 3 月的一项数据表明，本土银行当年利息收入占总收入的 83.8%，而外资银行的这一比例仅为 67.1%（Rakhe，2010）。通过积极增加除利息收入外的利润，如佣金、外汇和经纪业务收入、出售投资收益和外汇交易收益等，外资银行取得了高于其他银行的资产利润率。与此同时，虽然国有银行在银行业中的整体占比逐年走低，但其收益率在银行业总收益率中的占比却一直十分稳定，可见在对外开放进程中其本身已实现了经营效率的提升。此外，私营资本的进入也为印度银行业注入了新鲜活力，2017 年统计结果显示，自从对内放宽银行业准入限制后，不良贷款率在十年间下降了13%，银行业市场总效率均值要高出同为金砖国家的俄罗斯与巴西一倍左右，银行业整体呈稳健运行。（Srinivasan，Britto，2017）

第三节　我国银行业竞争中性的制度化条件

一、我国银行业从垄断到开放的发展历程与市场竞争情况

（一）"大一统"的垄断阶段

新中国成立初期，我国实行全面的计划经济体制，以行政手段对全国经济活动进行直接调控。为了与计划经济管理要求相适应①，我国的银行

---

① 中国人民银行编制的综合信贷计划纳入国家经济计划。

业也建立起了"大一统"式的管理体制，即将全国的信用和资金结算业务集中于人民银行，吸收公私合营银行、取消商业信用①，实行单一银行信用下的"统存统贷"制度②。

在这种"全国一家银行，一种信用"的管理体制之下，人民银行身兼商业银行职能、金融监管职能以及央行货币职能于一身，以行政管理的形式实现了对全国金融活动的全面管控。这一制度在当时的历史条件下发挥了一定的作用，但从长远的银行管理体制健全的角度来看，这一制度存在的问题较多：其一，人民银行身负的各项职能之间存在冲突、重叠的内容，大大降低了金融效率；其二，受计划经济思维的影响，人民银行主要运用行政手段对本系统内实行合规报告式的监管，金融监管水平落后、监管手段单一、缺乏必要的监管自主权，且容易暴露高度集中的综合信贷计划管理不足时的体制缺陷；其三，有限的投资主体使得银行资金来源单一，与国内政治经济环境之间产生高度捆绑。

很显然，在这种市场主体单一、上下行政管理层级分明的银行管理时期，是不存在必要的银行间市场竞争的。

（二）改革开放的起步阶段

1978年12月的十一届三中全会开启了我国探索改革开放的新篇章。随着计划经济体制被逐渐打破，银行业的管理体制也随之发生了巨大变化：首先，随着政府财政收入在GNP中的比重不断降低，"大一统"式的银行体系再也不能满足社会经济对金融服务的需求③。在改革开放后五年内，四大银行机构（中国银行、中国农业银行、中国工商银行、中国建设

---

① 在此期间，全国能够开展银行业务的金融机构只保留了中国人民银行及其领导下的农村信用社。尽管当时还存在着建设银行、中国银行，但在内部组织体制上仅仅属于中国人民银行内部的一个部门。

② "统存统贷"指各级人民银行分支行统一将吸收存储的资金上交到总行，总行根据国家总体建设计划、目标要求制定信贷计划，并下发信贷指标和额度给下属分支行。

③ "1978—1994年，中国政府财政收入占GNP的比重由31.2%下降至12.6%，政府调配社会资源的能力大幅下降直接导致财政资金无法继续给企业提供资金支持。"

银行）纷纷恢复运营，逐渐打破了此前延续多年的单一银行体制。其次，以国家财政为全部经营风险买单的模式已不再适应发展市场经济的要求。为了推进银行开展独立经营、自负盈亏的改革不断深化，另有一批股份制商业银行和城市信用合作社等金融机构也不断建立起来，向股权结构多元化作出重要突破。最后，1983年国务院发布《关于中国人民银行专门行使中央银行职能的决定》，将商业银行业务从人民银行中剥离出来，人民银行保留央行职能并对银行机构实行监管权。

虽然这一时期银行机构数量有了明显增加，针对不同的经济领域提供了更有针对性的金融服务，但银行业的竞争机制仍存在很多问题。从股权结构来看依旧单一，国有资本在银行业中处于绝对的主导地位，缺乏必要的竞争对手；从监管机构来看，央行同时承担货币职能和银行监管职能，职能与调控目标间的冲突在所难免；① 从监管手段来看，仍然对行政管理手段有较强的依赖，不利于发挥市场的竞争调节作用，应对金融风险的能力也很弱；从业务范围来看，工商信贷、农村金融、外汇、基建等重要领域中的金融服务依然由国有四大银行所垄断；② 从服务创新来看，国有（包括独资、控股）银行受到的外源性竞争压力较小，以至于自身缺乏足够的创新动力。

（三）推进市场化的摸索阶段

1993年，国务院发布《关于金融体制改革的决定》③，提出要"把中国人民银行办成真正的中央银行、把专业银行办成真正的商业银行"。为

---

① 反对央行行使银行监管职能的观点认为：其一，当央行同时承担两种职能时，将不可避免地产生利益冲突，例如，央行为了避免银行利润和信贷质量下降，可能会实施宽松的货币政策。其二，银行倒闭往往与监管无效存在密切联系，因而银行的倒闭会损害央行声誉，从而影响央行货币政策的公信度。其三，央行获得制定货币政策的银行经营信息并非一定要通过监管银行来获得。

② 在国有四大银行中，中国工商银行承担原中国人民银行的工商信贷和储蓄业务；中国建设银行从财政部分离，负责基本建设贷款；中国农业银行则负责农村服务贷款；中国银行长期作为国家外汇外贸专业银行，统一经营管理国家外汇，开展国际贸易结算、侨汇和其他非贸易外汇业务。

③ 《关于金融体制改革的决定》，国发〔1993〕91号。

实现这一改革目标，人民银行于次年设置了4个监管司①和1个稽核监督局，负责对不同金融机构进行监管和现场检查，以增强央行的监管职权。此后，又在1999—2000年间，以全额拨款方式成立了4家金融资产管理公司，以整合和接收国有商业银行的不良资产。此外，为配合央行监管职能的行使，我国还先后出台了《中华人民共和国中国人民银行法》《中华人民共和国商业银行法》《中华人民共和国担保法》②《中华人民共和国票据法》等一系列金融立法，从商业银行的权利和义务、业务范围、管理机制等方面，为银行业活动构建了相对全面的法律框架。

2003年我国启动对四大国有独资银行的股权改革，通过引进海外战略投资者以及股份公司改革上市的方式，充分发挥了资本市场在银行融资壮大中的作用。③同年，中国银行业监督管理委员会正式成立，随即通过发布一系列监管规制开始逐步从央行手中接过对银行机构的监管权。④

这一时期对于金融业改革的有益探索为我国应对1998年亚洲金融危机以及迎接入世创造了更好的制度和市场基础。但就竞争机制的建设来看，还有一些不足：

首先，从市场结构来看，中资银行（尤其是大型国有银行）的垄断依然是阻碍市场结构多元化以及充分竞争环境发展的重要瓶颈，1999年的统计数据显示，四大国有独资商业银行占国内银行市场总资产比重达85%以上，国有银行得以凭借悬殊的规模集中度差距轻松取得市场竞争的有利地位。

---

① 此后人民银行又对内部监管机构作出多次调整，1998年，四个司分别调整为银行监管一司、银行监管二司、非银行金融机构司和合作金融机构监管；2001年，人民银行又新设了银行管理司，负责监管银行类机构的市场准入和退出、制度建设等。

② 《中华人民共和国民法典》施行后，该法同时废止。

③ 2003年12月30日，汇金公司向建行和中行投入450亿美元的资本金，标志着国有独资商业银行的股改上市工作起步。此后，2004年建行和中行分别完成了股份公司改制，2005年工行完成了股份公司改制。至2005年后，建行、中行、工行以及农行四大国有银行先后在中国境内和香港发股上市。

④ 通过充分利用市场调配作用，兼以有效银行监管的介入，银行业的不良贷款余额和不良贷款率从2003年的25 377亿元和19.6%分别降低到2013年的5 921亿元和1.0%，为防范系统性金融风险、保障银行业稳步健康发展创造了基础性条件。

其次，从监管机构和监管手段的角度看，虽然在机构架构上较此前更为完善，但仍未摆脱由央行参与部分银行监管而产生的与货币职能相冲突的问题，且由于国有股对银行业发挥主导作用，因而管理过程中依然无法避免地适用行政手段对市场活动进行干预。

最后，从准入条件和业务范围来看，非公经济进入银行业的准入门槛依然很多，由于相关制度并不健全，往往还会受到许多非制度因素的影响或限制，重要业务领域的经营活动，如外汇业务等，仍然实行国有垄断，外资银行一方面很难进入市场，另一方面也很难发挥业务优势，因而在竞争关系中依然处于不利地位。

（四）改革开放的全面推进阶段

2006年是经过入世承诺的五年过渡期后，开始逐步探索全面开放银行业金融市场进路的一年，在这一年里，我国向外资银行全面开放人民币零售业务，标志着入世承诺的全面兑现。此后，我国通过不断深入的改革探索，经过十多年的努力，在监管制度完善、监管机构建设，以及实现市场主体多元化等方面取得了一定成效。

第一，在银行业准入与监管制度建设方面，构建起了一套相对全面的制度体系。在立法层面由《中华人民共和国中国人民银行法》《中华人民共和国商业银行法》《中华人民共和国银行业监督管理法》等对全国银行业金融机构的经营活动进行调整；在行政法规与部门规章层面则有《中国银监会中资商业银行行政许可事项实施办法》《中资商业银行专营机构监管指引》《存款保险条例》《中国银保监会办公厅关于加强中资商业银行境外机构合规管理长效机制建设的指导意见》等，其中，还分别对外资银行和民营银行的具体监管要求做出了进一步明确，具体规范如2015年发布的《关于促进民营银行发展的指导意见》、2019年新修订的《中华人民共和国外资银行管理条例》以及《中国银保监会外资银行行政许可事项实施办法》等。

第二，在监管机构体制方面，由"一行三会"转变为由金融稳定委员会和"一行两会"共同组成的监管架构，能够在金融业混业经营的发展趋势下，较好地适应商业银行综合经营对监管体系提出的挑战。同时，还加强了短期内的微观审慎监管以及中长期内的宏观审慎监管，为保障个体金融机构运行稳定、保障宏观金融环境稳定，以及防范系统性金融风险打下了一定基础：通过充分利用有效银行监管的介入，这一阶段我国银行业的不良贷款率从 2003 年的 19.6% 降至 2018 年的 1.89%。①

第三，除了向外资银行扩大市场开放之外，开始不断放松对民间资本进入银行业的准入限制，允许设立了一批民营银行，对市场竞争发挥了重要的补充作用。至此，有国有资本、民营资本以及外资参与的银行业竞争市场已全面建立，后续竞争安排需要做的就是在一般市场调控外，对这些参与主体的竞争关系做出适当调控，以创造一个实质公平的经营环境。目前，这三类银行参与竞争情况如下：

1. 国有银行参与竞争情况

经过多年的股权结构改革，我国国有股份在银行业中的占比逐年下降，至 2019 年四大国有商业银行的资产份额占比已从最初的全面垄断降至 39.1%。但国有银行在市场中的主导地位并未因此而产生动摇，事实上，国有银行在许多制度和非制度层面都仍然享有明显的竞争优势。②

首先，国有银行因取得政府信用背书，而在经营中天生具备竞争优势，即使在存款保险机制已经建立的情况下，大型国有银行理论上可能出现破产的情况在实际中则不可能出现，长期以来，国有商业银行业都以国家信用作为强有力的支持，兼之此前国有银行两次坏账剥离最后都由国家财政买单，更加深了金融消费者对于国有大型商业银行根本不能破产的印象，而这一根深蒂固的印象将直接影响储户在选择存款银行时的倾向性。③此外，国际金融危机的实践经验也一再强化"大而不倒"的危机理念，从

---

① 数据来源：银保监会网站。

② 世界银行将国有企业定义为"政府所有或政府控制、大部分收入来自销售商品和服务的经济实体"。从这一定义标准来看，除大型国有商业银行外，股份制商业银行等受政府直接政策影响和控制的银行也属于国有银行。

③ 尤其是在与外资银行和民营银行作比较时，储户普遍会产生国有银行不会倒闭，因而存款更为安全的认知。

制度层面为这种偏离市场竞争原则的做法提供了重要依据。

其次，国有银行利用规模经济和范围经济制造高准入壁垒，从而在一定程度上有效阻止了竞争对手的竞争。如今，我国大型商业银行依靠规模效应已在国际金融市场中展现出无与伦比的竞争优势。在《银行家》杂志2019年公布的"全球银行1 000强"中，中资大型商业银行包揽了榜单中的前四名，四大银行一级资本达到了10 980亿美元，比其他6家榜单前十银行（分别是美国的4家银行、英国的汇丰银行以及日本的三菱日联金融集团）一级资本总和还要多出810亿美元。相较之下，国有银行无论是在资本体量、设施硬件还是软件建设上都遥遥领先，仅就基层网点的布局和服务可获性而言，外资银行和民营银行就几乎很难与之展开正面的市场资源争夺。

最后，一直以来，国有银行也受益于歧视性监管，在外资银行和民营银行因准入和业务牌照受限之时，以"全牌照"开展经营活动，在某些领域，如代理金融债券业务、银行卡业务、人民币存款业务等方面，通过抢先占领市场、培养消费习惯，取得了实质意义上的垄断优势。[①] 此外，国有银行还可能受益于监管过程中的信息不对称，事实上，我国大型商业银行的管理层与监管部门之间有十分紧密的联系，因而这些银行在获得私营竞争对手无法获得的数据方面往往具有无可比拟的优势。

2. 外资银行参与竞争情况

随着近年来我国银行业对外开放和改革的不断深化，外资银行无论是在准入还是监管制度上都获得了更多的自由空间，但与不断加快的开放脚步相比，外资银行进入中国市场的脚步则在不断放缓，甚至一度还出现倒退——自20世纪90年代对外开放银行市场以来，我国外资银行资产所占比例虽然一直较低，可仍能始终稳定维持在2%左右，但至2019年，该比例已降至1.64%并伴有进一步下行的趋势。[②] 这与开放之初对外资银行

---

① 外资银行，尤其是外资银行分行在业务准入范围上受到更多区别于中资银行的严格限制。详见本书第二章论述。

② 详细数据见本书第一章图1-2。

"狼来了"的担忧形成了鲜明对比。而如此低的市场占比，也恰恰是外资银行参与市场竞争不力的直观表现。

3. 民营银行参与竞争情况

相比国有银行和外资银行，民营银行在我国的发展起步是最晚的。2013 年，借由上海自贸区开展制度试点的契机，原银监会表示将支持符合条件的民营资本在上海自贸区内设立自担风险的民营银行。此后，深圳前海微众银行、温州民商银行、天津金城银行分别获批取得银行执照，成为试点政策实施后第一批获准设立的民营银行。这些民营银行能够充分发挥股东经营优势，一定程度上为提高中小企业金融包容创造了市场条件。

自允许民营资本开设银行以来，原银监会对其给出的基本监管要求就是"自负盈亏"，并通过"有限牌照"和"生前遗嘱"的行使对民营银行进行多方约束。2015 年，原银监会在《关于促进民营银行发展的指导意见》中提出，确定民间资本发起设立民营银行的其中一项原则是"有承担剩余风险的制度安排"。此后，原银监会又进一步在 2016 年发布的《关于民营银行监管的指导意见》中关于"加强股东监管"的部分规定："民营银行应当在银行章程或协议中载明，股东承担剩余风险的制度安排，推动股东为银行增信，落实股东在银行处置过程中的责任。"而这一规定显然是对我国《公司法》对于股东责任有限性原则规定的一次重大突破。同样是存款保险参保机构，民营银行股东在一定程度上被赋予了无限责任，而与此同时，国有银行股东则得以在出资范围内承担有限责任；即使是对于外资银行股东亦无如此严格的责任限制。此外，根据一项对我国民营银行准入限制的实证研究显示，我国现行政策不论是对民营银行的资本金准入还是业务准入都设置了明显过高的准入要求，通过"门槛"效应人为地给民营银行参加公平市场竞争设置了阻碍。

二、当前我国的银行业竞争立法及政策体系

即使目前我国的银行业开放取得了前所未有的成效，在世界金融市场

中的影响力也已举足轻重，但仍不可无视竞争安排中的不足。通过分析我国银行市场中三类银行在参与竞争时遭遇的竞争扭曲，并对其中制度层面的脆弱环节进行加固，是应对冲击的第一步。

（一）我国银行业的市场竞争立法框架

我国目前对银行业的竞争安排笼统适用市场竞争的一般立法框架，即基本围绕着反垄断以及反不正当竞争的角度展开。

根据《中华人民共和国反垄断法》（以下简称《反垄断法》）的规定，垄断行为包括四项，即经营者达成垄断协议、经营者滥用市场支配地位、经营者集中、行政垄断。而从大型商业银行以往的经营操作来看，极有可能跨越这四种行为的红线。例如，中国银联在 2006 年与各成员行之间签订的跨行查询收费就被认为是以价格协议的方式达成的一项垄断协议；① 实践中一些银行限制小企业开户数量的行为则可被视作滥用市场支配地位的行为；② 就商业银行的经营者集中而言，③ 则可能在国有商业银行间并购④和外资参股商业银行⑤过程中发生集中垄断的风险；而行政垄断则可通过前文所提到的歧视性银行监管制度得以实现。⑥ 因此，虽然仍存在很多

① 《反垄断法》第十三条规定："垄断协议，是指排除、限制竞争的协议、决定或者其他协同行为。"

② 《反垄断法》第十七条规定："市场支配地位，是指经营者在相关市场内具有能够控制商品价格、数量或者其他交易条件，或者能够阻碍、影响其他经营者进入相关市场能力的市场地位。"因而银行增收不合理管理费用、限制存折开立，或开立账户必须与信用卡绑定等情形，都属于滥用市场支配地位的行为。

③ 《反垄断法》第二十条规定："经营者集中是指下列情形：（1）经营者合并；（2）经营者通过取得股权或者资产的方式取得对其他经营者的控制权；（3）经营者通过合同等方式取得对其他经营者的控制权或者能够对其他经营者施加决定性影响。"

④ 如 2004 年兴业银行收购佛山市商业银行、招商银行收购泉州市商业银行；2008 年招商银行收购香港万隆银行等。

⑤ 如 2001 年汇丰银行投资 144.61 亿元人民币现金入股中国最大的股份制商业银行交通银行，成为仅次于财政部的第二大股东。建设银行引入了新加坡淡马锡控股公司 5.1% 的股份以及美洲银行 9% 的股份，并于 2005 年 10 月在香港联交所挂牌上市。

⑥ 《反垄断法》没有直接对"行政垄断"明确规定，只是在第 1 章第 8 条规定："行政机关和法律、法规授权的具有管理公共事务职能的组织不得滥用行政权力，排除、限制竞争。"并在第 5 章对"滥用行政权力排除、限制竞争"作出了相关规定。

制度不完善的问题，但《反垄断法》的实施的确能够在一定程度上对银行业的上述四种垄断行为进行相应的规制。此外，2019 年《外商投资法》也就经营者集中审查和外商信息报送制度提出了明确要求。

不正当竞争行为的外延相当广泛，虚假宣传、商业贿赂、高息揽存等都可能破坏银行业市场的有序竞争，因而很难对其划定固定的范畴。根据《中华人民共和国反不正当竞争法》（以下简称《反不正当竞争法》）的规定，银行业可能涉及的不正当竞争行为包括第七条规定的"采用财物或者其他手段贿赂下列单位或者个人，以谋取交易机会或者竞争优势"；第九条规定的"侵犯商业秘密行为"；第十条"利用虚假信息损害竞争对手商誉"；以及其他可能妨碍其他经营者合法提供金融服务或服务正常运行的行为。从实施效果来看，对不正当竞争行为的规制主要还仰赖于市场监管部门的审查和事后处置，但《反不正当竞争法》对监督检查部门的职权以及检查程序的规定则并不明确。因而竞争机制的运作离不开有效配套机制的保障。

（二）配套机制——公平竞争审查与投资保护

2014 年 6 月国务院发布《关于促进市场公平竞争维护市场正常秩序的若干意见》提出要"平等保护各类市场主体合法权益，维护公平竞争的市场秩序"。2015 年 3 月，国务院第一次提出要建立公平竞争审查制度。次年 6 月，国务院又再次强调公平竞争是市场经济的基本原则，明确了公平竞争审查制度的概念①，并从以下几个方面对建立竞争审查制度提出具体要求：

一是明确实行公平竞争审查的对象是行政机关和政策制定机关制定的，关于市场准入、产业发展、招商引资、经营行为规范等涉及市场主体

---

① 公平竞争审查制度是指对政府干预经济的公共政策，包含法规规章、政策措施、制度安排、规范性文件等，以是否限制竞争为标准，进行审查、实施替代乃至给予制止的一项制度。该制度既有通过审查限制或控制政府管理经济、监管市场权力的一面，也有在最终目的上促进市场公平竞争、进而保障市场主体公平竞争权和消费者权益的一面。

经济活动的各类制度规范。

二是规定了在政策起草阶段即以事先审查的方式，向社会公开征求意见并接受监督，对于具有排除、限制竞争效果的政策不予出台；对于未经审查的政策不得出台。

三是详细规定了审查标准，包括不得设置不合理和歧视性的准入和退出条件；不得对市场准入负面清单以外的领域设置审批程序；不得对外地经营者实行歧视性的待遇；不得违法给予特定经营者优惠政策，等等。

四是为公平竞争审查保留了限制性例外，对于维护国家安全或维护社会公共利益需要的某些政策，即使具有排除和限制竞争的效果也依然可以实施。①

2017 年 10 月，国家市场监督总局、国家发展改革委联合财政部等多部门发布了《公平竞争审查制度实施细则（暂行）》，对审查机制和程序、审查标准、例外规定以及社会监督追责等内容进一步予以明确，建立了相对较为完善的制度体系。

对于外资银行在投资过程中的竞争问题，《外商投资法》除了提出原则性的构想外，还以构建投资保护机制的方式列举了几个方面的要求：首先是构建和完善外商投资促进机制，全面践行"准入前国民待遇+负面清单"模式，使外资银行在准入和管理过程中享受更平等的竞争条件；其次是建立国际投资促进合作机制，加强交流与合作是减少政策壁垒、促进竞争的一项有效措施；最后是建立外商投资企业投诉工作机制，这一机制涵盖范围很广，外资银行和外国投资者可以对其认为侵犯其合法权益的行政行为进行投诉，实践中能够对一些行政垄断行为进行约束。

---

① 这些例外情形包括：第一，维护国家经济安全、文化安全或者涉及国防建设的；第二，为实现扶贫开发、救灾救助等社会保障目的的；第三，为实现节约能源资源、保护生态环境等社会公共利益的；第四，法律、行政法规规定的其他情形。政策制定机关应当说明相关政策措施对实现政策目的不可或缺，且不会严重排除和限制市场竞争，并明确实施期限。政策制定机关要逐年评估相关政策措施的实施效果。实施期限到期或未达到预期效果的政策措施，应当及时停止执行或者进行调整。

第四节　我国银行业开放对竞争中性的响应

一、引入竞争中性原则对我国银行业开放的影响

在近年来全球经济下行压力不断增加的同时，我国的经济水平基本保持平稳，银行业发展也基本实现了稳健有序。在这一背景下，竞争中性原则的适用更凸显其两面性。西方发达国家主导和推动的竞争中性规则，与其说是发起了一场对中国社会主义市场经济的正面挑战，不如说是提供了一次我国参与国际规则制定、实现自身市场机制完善的契机。

（一）积极影响

Schaeck 等人（2009）通过对 38 个国家在 1980 至 2003 年间发生的 28 次系统性银行危机进行研究指出，良性的市场竞争环境有助于减少系统性风险，有利于促进经济的发展。从各国经验看来，银行业开放过程中的竞争偏差往往来自以下几个方面：一是市场结构不均衡，国有银行在市场中占比过重；二是政策倾斜，将国有银行置于竞争优势地位；三是缺乏竞争主体、缺乏多元化，国有银行几乎没有适合的竞争对手；四是存在歧视性的准入和监管政策，导致外资银行的准入和运营都更为困难；五是非制度因素，如市场环境和消费习惯等，阻碍了外资银行的本土化进程等。对中国来说，此后要克服这些影响竞争机制正常运行的阻碍，离不开对竞争中性原则的制度化安排。具体来说，竞争中性原则在银行业开放过程中的制度化的主要目标就是实现对监管制度的适当抑制，通过创设良好的银行间竞争环境以及制定一系列竞争政策来约束每一类银行机构，确保无论是国有银行、民营银行还是外资银行都不能因政府不当干预而取得凌驾于其他市场主体之上的竞争优势。

1. 对实现市场竞争主体多元化的积极影响

放宽外资银行和民营银行的准入限制，是通过促进市场竞争主体多元化实现竞争中性原则的基本要求。金融服务的匮乏往往是阻碍地区经济发展的障碍之一。外资银行和民营银行是对我国银行市场的有效补充，在提高金融包容性方面发挥着十分重要的结构性作用。例如，民营银行由于拥有充分的银企联合的背景，在满足中小企业融资、服务实体经济方面有着天然优势；而外资银行依靠其完善的治理架构和先进的运营经验，往往在金融创新服务提供方面具有得天独厚的优势。因此，进一步放宽这两类银行的准入限制，使其在业务范围、审批程序方面处于和其他大型商业银行及股份制商业银行趋于一致的公平地位，有利于发挥竞争中性原则在银行领域的这一积极影响。此外，为国有银行创设合格的竞争对手，在很大程度上能够倒逼国有银行的制度改革，形成良性的竞争促进效应。

2. 对进一步完善竞争制度体系的积极影响

竞争中性原则能够通过限制竞争过程中的政策干预，从而成为推进反垄断、反不正当竞争制度建设的"内在指引"。正是在竞争中性原则的指导下，我国的《反垄断法》《反不正当竞争法》以及公平竞争审查制度的相关立法得以稳步推进；也正是在竞争中性原则的影响下，我国银行业监管实行了削减行政审批程序和事项、简化负面清单限制、推进准入前国民待遇制度适用等一系列旨在放宽市场监管、完善市场竞争机制的改革，并取得了一定的成效。此外，竞争中性原则的推行也有利于促进竞争机制由"形式公平"向"实质公平"的转变。在竞争中性原则之下强调的竞争是企业通过真实绩效建立的竞争优势，这种绩效竞争观清晰地表明了对非市场化竞争优势及特权的排斥。

3. 对银行业"走出去"与"走进来"的积极影响

竞争中性原则一方面有利于增强我国对外资银行的吸引力，另一方面拥有一套完善的市场竞争制度，更符合国际市场对中国的期望，也更有利于中国银行机构在走出国门时摘掉"贸易保护主义"的帽子，减少因竞争制度差异而遭受不必要准入壁垒的情况发生。

（二）消极影响

就目前的持股情况来看，国有股在我国银行市场中依然占据垄断地位。根据 2019 年银保监会公布的银行业金融机构资产份额数据，在我国全部的 4 056 家银行业金融机构中，国有银行（即国有控股银行和国有非控股银行）合计资产占比超过了 70%。①

如此高的国有银行保有率使我国银行市场具有其他许多国家不具备的结构性特点，某种意义上来说，也正因国有银行在市场中充分发挥了规模效应，以及极高的政策响应能力，才使得我国银行业得以在短期内实现快速发展。而若是要在这样的银行结构背景下谈绝对的竞争中性原则，似乎也是不可实现的。

以中美银行业发展差异举例来看，一方面，从《银行家》公布的"全球银行 1 000 榜单"数据可见，中国的国有银行在近年来经历了飞速的发展，无论是在资本体量还是机构规模上都展现出超越美国老牌跨国银行的强劲实力，而美国的银行业金融机构的发展却在经历收缩。因此，从国家利益的角度来说，放弃由国有银行带动银行业整体发展并实现"走出去"目标的金融模式带来的竞争优势，并不符合国家战略利益。另一方面，无论是资本市场规模还是相关制度建设（包括竞争机制和金融安全网）的完善程度，美国都远远领先中国，② 一旦完全实现竞争开放，对美国的影响几乎很小，但对于中国现有的金融体系来说则会产生翻天覆地的巨大冲击，同样是实行竞争中性改革，但潜在的实施风险却完全不同。

此外，在有些情况下，坚持严格的竞争中性是不适当的，因为它可能妨碍实现重要的社会目标。例如，在危机情况下或在处理市场失灵时，考虑到银行的资源有限，并考虑到各银行对金融系统的系统重要性等各种因

---

① 其中国有控股银行（大型商业银行和股份制商业银行）占总资产的 57.1%；国有非控股银行占 13.2%。数据来源参见银保监会网站，《银行金融机构资产份额图》。

② 相比之下，中国的金融市场由于一直高度依靠银行市场，资本市场长期发育不足。就债券市场规模而言，中国国内债券市场规模有美国的 1/10；中国股票市场的规模只有美国股票市场规模的 1/4。这些都成为中国与美国在资本市场竞争中的主要短板。

素，各国政府往往必须在几天内决定救助哪些银行，允许哪些银行倒闭。在这种情况下，坚持严格的中立态度可能会阻碍政府对经济危机做出有效的反应。因此，对于市场失灵的情形，以政府干预来克服寡头垄断市场的低效率是必要的。

基于以上原因，对竞争中性原则在我国银行业开放中的制度化探索，应当十分谨慎。正因如此，许多学者据此提出了"伪竞争中性"理论。

二、关于"伪竞争中性"顾虑的解读与判断

（一）"伪竞争中性"概念的提出与背景

事实上"伪竞争中性"并不是已在学界形成的统一范式的提法，而是由国内部分学者提出的一个概念，[①] 本书借此指代那些将由发达国家（主要是美国）主导制定的竞争中性原则视作对我国国有企业竞争歧视的理论。

不可否认，除了在 OECD 国家和 UNCTAD、APEC 等国际组织中大力游说推广竞争中性外，美国还通过各类国际协定的谈判直接向发展中国家施加竞争中性改革的压力。如在 WTO 框架下的《国际采购协定》（The Government Procurement Agreement，GPA）谈判中，美国就以竞争中性要求为由给中方施加了巨大的加入压力，这些要求包括进一步修改出价清单、将国有企业纳入"其他实体"，甚至取消政府在政府采购中优先购买本国产品或自主创新产品的政策等，并以是否能够达到相关要求作为美方是否继续严格限制中国供应商参加美国政府采购的条件。而对于其他"友邦"，美国则并未做此要求。如此"双标"不得不让人质疑美国推动竞争中性原则的真正初衷，究竟是为了实现公平还是为了抹杀公平。因此，国内学者纷纷对美国主导的竞争中性制度（以下简称"美式竞争中性制度"）进行批判并据此反思我国的应对之策。

---

① 如刘笋等人就指出，作为国有企业规模较大的国家，我国在国际经贸活动中若接受由发达国家主导制定的"伪竞争中立"，其结果肯定将是对中国国有企业的歧视。

（二）美式竞争中性制度的现实批判

国内相关研究对美式竞争中性制度的批判，主要围绕以下几个方面：

其一，认为美式竞争中性制度在根本目的上不是为了营造公平竞争环境，而是将此作为遏制"国家资本主义模式"的制度工具。随着中国经济的崛起，西方发达国家早在21世纪初便开始产生对新的发展模式动摇自由资本主义模式霸主地位的忧虑：2012年《经济学家》杂志一篇题为《国家资本主义的兴起》的文章直指中国等新兴经济体正在利用国家资本主义破坏贸易公平，给全球贸易格局带来了严重的负面影响。此后，中国用发展实力向世界展示了"中国模式"的优越性，已被许多同处开放和改革阶段的发展中国家作为学习模板，其在金融领域的适用，甚至被认为将会改写国际金融规则。为维护其在旧国际贸易体制框架之下的竞争优势，加强对国内产业的保护，抑制他国企业的竞争力，控制美国技术向发展中国家的转移，美国在传统的国家安全理论之上，又添加了一项竞争中性标准，其政治上的战略意图已十分明显。

其二，美式制度中的"双标"规定，使这一竞争制度的公平性存疑。事实上，美国政府从未停止过对经济实行政府干预，仅就外资银行在美竞争情况来看，外资银行在美国一直处于从属地位，其中的"佼佼者"大部分来自美国的"友邦"如加拿大、日本、英国等。美国监管机构对中资银行在美开设网点监管非常严格。举例来说，以中国银行为代表的中资银行早在1981年就进入美国市场，远远先于美国的银行进入中国。但迄今为止，中国银行在全美仅有4家分行，工行因为收购东亚银行在北美业务才有十几家网点。中资银行在美的网点数要少于美国在华网点数。另外，美国监管机构在金融控股公司牌照发放上对中资机构采取了"歧视性"原则，其对绝大数发达国家外资银行都予以了FHC牌照，但迄今为止没有批准一家中资银行升级成为金融控股公司，这严重影响了中资银行在美开展非银行业务的可能。

其三，美式竞争中性制度所调整的竞争关系也十分狭隘，将全部重心都放在限制国有企业竞争优势上。这一提法与竞争中性的制度初衷完全背道而驰，竞争中性所主张的公平竞争环境要求任一市场主体不因不正当竞争行为或政府介入，而获得有别于其他市场主体的不当竞争优势，所针对的对象并不仅仅是国有企业，也包括市场中的私营企业。充分的自由以及适当的政府干预都是必不可少的，事实证明，绝对的放任自流只会导致"不自由的自由"。况且，并非只有国有企业才能从政府的市场干预行为中获利，实践中并不排除私营企业通过贿赂、游说以争取政府不当干预而获得竞争优势的情况发生。

其四，美式竞争中性规则的具体内容本身存在明显缺陷，以美国在TPP（跨太平洋伙伴关系协定）中对"非商业援助"的规定为例，几乎所有根据政府对国有企业的所有权或控制对国有企业提供的援助都被列入其中。① 如此这般将非商业援助作过于宽泛的解释，其后果是将许多WTO体系框架下并不属于政府财政资助的内容也纳入其中，进而将国有企业与政府之间的正常联系也作不合理竞争的解释，显然是不科学、不客观的。

（三）基于美式竞争中性制度的反思

全盘接受美式竞争中性制度并不是中国应对本轮制度改革的明智之举。然而在经济全球化背景下，以经济实力为基础的国际规则体系留给中国的选项并不多，拒绝实行竞争中性制度并不在选项之中。因此，我国应在批判借鉴欧美范式竞争中性制度的基础上，立足国情，建立一套属于自己的竞争中性制度体系，并在相应的制度框架下，进一步完善反垄断与公平竞争审查制度。

具体到银行业的竞争安排，应从制度和非制度层面同时着手：制度层面，应在更广泛意义上探讨银行业引入竞争中性原则的可行性，使之最大限度地在调整市场结构中发挥必要的作用。同时，将政府对银行市场的制度干预纳入更严格的规制范畴内进行调整，在发挥金融业在国民经济发展中辅助性作用的同时，努力营造更符合开放价值和国际高标准要求的竞争环境。此外，还应全面梳理准入及监管制度中涉嫌产生歧视性效果的政策

---

① 包括政府或国有企业对国有企业提供的援助，该援助限于国有企业并主要由国有企业使用，国有企业获得的数额巨大，且通过裁量权偏袒国有企业。

规则，并根据实际情况进行相应的符合公平竞争的调整。非制度层面，应当认识到竞争中性原则的根本要义不仅是要求一国为市场提供形式公平的竞争环境，更重要的是提供实质公平的环境。如日、德模式下的银行业发展即存在实现了形式公平却无法保障实质公平的问题，对此应鼓励外资银行发展优势业务以应对本土化过程中可能遭遇的非制度阻碍。同时可参考印度的积极做法，在市场中引入更多元的竞争主体，分散外资银行的竞争压力，形成资源的优质整合。

三、我国银行业竞争制度完善的建议

竞争中性的适用不是一个因其具有潜在风险就可以被暂时搁置的问题。我国应在掌握规则原理的前提下，通过全面的制度准备，对潜在风险进行合理预判和规避。这些制度准备具体包括：第一，在立法中明确竞争中性的含义，将国有银行、民营银行和外资银行都列为规范对象；第二，明晰竞争中性的外延，警惕将竞争中性外延作扩大化解释的国际压力，防止对国有银行参与竞争行为"矫枉过正"的情况发生；第三，继续推进国有企业改革，厘清政府和国有银行以及市场之间的合理边界，增强外资银行和民营银行在市场竞争中发挥的作用，政策助力外资银行尽快实现本土化；第四，建立和完善相关监督和投诉处理机制，为竞争中性的实现提供完善的法制保障。

（一）完善银行业竞争中性立法

我国目前的反垄断法和银行业监管立法在调整银行业竞争安排时仍存在冲突与不足之处，例如，反垄断法针对的对象是所有行业，并不仅仅规制银行业的垄断行为，而银行业与其他行业相比具有明显的特殊性，笼统的反垄断条款并不能够产生有针对性的规制效果；而同时银行业监管立法又集中于对准入、运营阶段的规范，缺少对银行从事不正当竞争和垄断行为的规制。此外，反垄断法在调整银行市场竞争关系中所能发挥的作用也十分有限：一方面，我国《反垄断法》规制的内容主要为市场主体的限制

竞争行为，反映在银行业结构来看，对处于寡头垄断地位但并未出现滥用市场支配地位等情况的国有银行而言，调整效果并不大；另一方面，《反垄断法》对国家行政干预银行业竞争的情况几乎不能发挥调控效果。

此外，虽然我国已初步建立了公平竞争审查制度，但考虑到其在推动竞争中性原则在银行业的适用方面，仍然存在很大的局限性：其一，是审查对象范围狭窄，仅针对政策制定机关制定的政策措施进行公平竞争审查，[①] 而事实上政府可以采取的干预企业间公平市场竞争的行为并不仅止于政策措施的制定。其二，是审查机制不够完善和明确，从国际经验来看，竞争评估和审查一般分为内部审查和外部审查两种模式，内部审查可通过专设的机构或一般公司治理机制得以实现，而外部审查主要由独立机关审查和竞争执法机关审查两类机构来负责完成。我国现行公平竞争审查制度框架下的审查机制主要为内部审查，即由政策制定机关以建立"自我审查机制"的形式来确定具体复杂审查的机构以及审查程序，并对自行做出的书面审查结论进行存档；公平竞争审查工作部际联席会议只负责"统筹协调"和框架性规则制定。相比外部审查模式，这种自查式的竞争审查缺乏必要的监督机制，并且在各部门具体执行审查标准的一致性上也很难做到统一。其三，目前的公平竞争审查机制对于我国银行业因结构性垄断而产生的不公平市场竞争环境而言，没有调整作用。

将竞争中性原则适用于银行业竞争制度安排的具体保障，在于确保竞争中性政策的执行情况，而其关键又在于建立完善的竞争性评估和审查制度。澳大利亚设立专门的国家竞争委员会（National Competition Council, NCC）来负责"国家竞争政策"计划的执行，[②] 属于典型的独立机关审查模式，由于其不隶属于任何其他行政机关，因而审查权威性得以充分保障，并能够免受其他行政机关的干扰，减少审查中的灰色地带。相比之

---

① 参见 2017 年《公平竞争审查制度实施细则（暂行）》第二条，以及 2016 年《国务院关于在市场体系建设中建立公平竞争审查制度的意见》第三条第一款。

② NCC 作为一个独立的专业机构，独立运行并负责审查、评估和监督联邦和州在不同层级上的法律法规文件。

下，由竞争执法机关进行审查的模式被更多国家所采纳（如美国、日本、韩国等），根据美国反托拉斯法所确定的执法模式，由联邦贸易委员会（Federal Trade Commission，FTC）和司法部（US Department of Justice，DOJ）在各自的职责范围内负责竞争审查和评估。因此，我国也有必要在进一步完善公平竞争审查机制的同时，构建一套专业的外部审查机制。根据我国《反垄断法》的规定，国务院反垄断委员会主要负责对市场竞争情况进行调查和评估，因此涉及银行业制度安排的竞争性评估也落在国务院反垄断委员会的肩上。考虑到银行业监管的专业性，可以在国务院反垄断委员会下设专门的银行业竞争性评估委员会，引入银行业监督管理部门的有关专家进行联合审查和评估。

（二）优化银行市场开放后的竞争环境

1. 明确国有银行在市场竞争中的定位

许多国有银行在实现公共利益目标方面发挥着至关重要的作用，而其他市场竞争主体则很难实现这些目标，例如，政策性银行能够在不产生利润效益的区域，切实提高当地的金融包容水平，而民营银行和外资银行一般不能担负这样的使命，因为它们的重点是使利润最大化。因此，有必要在最大限度减少由其特殊地位而可能造成的市场扭曲的前提下，[①] 保障国有银行在公共金融服务领域得以发挥应有的作用。减少国有银行可能造成垄断扭曲的情形，除以专门反垄断和金融监管立法进行规制外，还需要将国有银行纳入必要的公司治理规则约束之下：一方面，适当的公司治理和透明度规则可以将国有银行因政府参与而享有的任何不正当优势限制在完成其任务所需的最低限度之内；另一方面，公司治理框架还应包括对国有银行非商业目标进行明确和透明的指导，将监管责任与所有权职能充分分离，使竞争对手清楚知悉国有银行拥有政府所有权可能享有的特权。此外，国有银行还应遵守加强内部审计制度、建立健全会计制度、提高治理

---

① 政府应努力保持竞争中性，以便在公共政策目标引起优惠待遇时，尽量减少市场扭曲，以实现充分和公平的竞争。政府作为监管者而不是市场参与者，应该推进这些政策目标。

机构效率、改善监督职能、提高透明度和促进股东和利益相关者权利的规定。

2. 优化外资银行竞争环境

银行业对外开放的根本目标是通过引入国际资本更好地促进实体经济的发展，而就目前外资银行在我国的发展现状来看，其对实现这一目标发挥的正面作用并不大。在本土化进程缓慢的同时，外资银行的主要业务仍然是向其母国客户及其海外分支机构提供金融服务。此外，外资银行拥有的先进技术和管理水平似乎也并未通过竞争给其他本土银行带来升级压力，事实是，外资银行的市场竞争力正在逐年减弱。[①] 从国际实践来看，银行业对外开放的竞争，首要需处理好竞争与金融安全之间微妙的关系：一方面，适度引入竞争应以保障金融市场稳定为前提；另一方面，重视金融安全固然重要，但不能以牺牲合理市场竞争为代价。就外资银行在我国的境遇而言，放松监管、刺激竞争是当前制度改革的当务之急。可行的进路包括：放宽外资银行准入限制、全面推进国民待遇的适用；简化和便利准入审批程序，建立健全银行业投资促进机制；完善外资银行权益保障机制，如争议处理机制、外商投诉机制等。

3. 民营银行竞争环境的优化

我国银行业的开放不仅包括对外资的开放，还包括对民间资本的开放。事实上，民营银行的发展历程远比外资银行要短，因此相应的经验积累也尤显不足。通过对民间资本开放银行业、实现银行市场竞争主体多元化，其本身就是对银行业竞争安排的重要完善。

民营银行（尤其是中小型民营银行）是对我国以大型银行为主导的银行市场结构的有益完善，也对国有商业银行和外资银行的业务范围实现了有效补充，能够更直接地服务于小微企业和实体经济。从民营银行在我国的经营现状来看，各项经营指标都显示其具有较强的稳健性，且也具备必要的抗风险能力。数据显示，民营银行的不良贷款率普遍极低，除浙江网商银行高于1%以外，其他都在0.7%以下，其中重庆富民银行的不良贷款

[①] 支持数据详见本书第一章内容，在此不做赘述。

率更是低至 0.01%。① 全国民营银行不良贷款率均值仅为 0.99%，虽高于外资银行的 0.83%，却已远低于大型商业银行的 1.32% 和股份制商业银行的 1.63%。此外，民营银行在净息差、流动性比例、拨备覆盖率等监管指标方面的表现较其他中资银行而言都具有极为明显的优势。② 原银监会《关于促进民营银行发展的指导意见》提出民资进入银行业的首要原则就是"积极发展，公平对待"，然而就目前来看，民营银行在牌照业务以及股东责任承担方面仍然受到许多特别限制，与公平对待之间仍有一定距离。银行业的发展具有显著的顺周期性，在经济下行期，其营利能力和风险补偿能力也随之减弱。在连年国际投资放缓、国内实体经济不景气的背景下，刚成立不久的民营银行显然也正遭受着前所未有的经营压力。而在此时，柔性监管政策必然比刚性限制更能够促进民营银行的良性发展，而不至于将其"先天不足"的竞争劣势进一步放大。

目前，我国民间资本进入银行业的方式相对较为灵活，除可参与设立村镇银行、参与其他银行业金融机构重组改制，以及参与投资入股外，还可自主发起设立中小型的银行业金融机构。从最初试点的 18 家民营银行经营规模来看，大多为资产规模在 500 亿以下的小银行，主要以提供中小微企业、"三农"和社区金融服务为定位。但鉴于我国目前并没有针对民营银行的相关法律，因此民营银行在开展差异化服务时缺乏必要的立法保障。特别是在一些大城市大型银行机构已基本实现市场饱和的情况下，社区性质的民营银行很难获得必要的市场空间。针对于这一现象，可以从两方面进行制度引导：一是引导民营银行在金融欠发达地区开设机构，并提供一定程度的政策优惠。二是在民营银行试点地区合理规划民营银行机构数，包括在同一地区试点两家以上民营银行以形成必要的同业竞争环境；同时适当对大型银行新设分支机构进行必要限制，为民营银行保留必要的发展空间。此外，随着我国银行存款保险制度的建立与完善，民营银行作

---

① 参见金融监管研究院公布整理数据。

② 民营银行近年来仅在资本充足率一项监管指标上出现下滑，并随之开启了普遍的增资活动。

为商业银行也具有参保资格和义务，能够有效化解因经营不善而造成的风险，对于股东风险自担的要求应当可以逐步放宽。

（三）健全竞争投诉处理机制

对于银行业的合理竞争安排而言，拥有完善的配套投诉处理机制直接决定了一些监管政策的实施效果。以美国 1977 年《社区再投资法》的实施为例，为了促进社区再投资和鼓励金融包容，该法明确禁止银行对某些人群或地区采取歧视性的信贷政策，但由于缺少对违反行为进行相关处罚的规定，① 最终该法案在促进银行承担社会责任方面发挥的约束作用仍然十分有限。

近年来，虽然我国市场开放程度越来越高，但产业政策仍然在社会主义市场经济中起着关键性的重要作用，从这个意义上说，我国的发展仍属于国家驱动，而不是市场主导。因此，在经济开放中必然会出现许多影响竞争中性政策的情形，此时拥有完善的投诉处理机制就能够有效地保障市场竞争效率、实现竞争平等。为配合《外商投资法》体系下由商务部负责建立的外商投资企业投诉工作部际联席会议制度，我国可在此基础上成立常态化的投诉委员会，同时接受对违反竞争中性事项的投诉和处理。②

---

① 只是允许监管机构在这些银行申请存款工具（即新的经营许可、存款保险、与其他银行兼并、建立分支机构和变更营业场所）时可以采取某些限制措施。

② 值得指出的是，目前《外商投资法》下的投诉处理机制所被赋予的职权范围十分狭窄，仅限于沟通与协调，并不具备仲裁的权能。详细论述见本书第一章第一节"外商投诉工作机制"部分的内容。

第五章

国家金融安全审查的制度落实

全球性金融危机的爆发使各国很快将目光从传统的国家安全威胁因素上转移到金融市场，并迅速将其与全球化联系在一起。作为"安全阀"机制，国家安全审查是《外商投资法》下关涉外商投资领域开放的一项十分重要的制度，银行、保险等金融业作为国家命脉产业，其开放则愈离不开安全审查的介入。全面建设我国的国家金融安全审查机制，不仅是对国际发展新趋势的响应，更是我国银行业开放规制体系完善的关键一环。

第一节 银行业开放与金融安全的理论联系

一、国家金融安全的内涵与外延

对国家安全进行系统性的学理定性和概括是直到晚近（第二次世界大战结束前）才出现的：1947 年，美国颁布了世界上第一部专门的《国家安全法》，尽管该法中并没有给出"国家安全"的定义，但其标志着"国家安全"正式以立法固定表述的形式得以被推广和普及。此后，随着经济发展以及政治格局的变化，每一个时期各国对于"国家安全"的定义都不尽相同。如冷战时期，军事安全是国家安全的核心内容；而随着经济全球化的发展，以及人们对金融危机认识的加深，国家金融安全则逐渐成为"国家安全"范畴中更受关注的内容。

（一）国家金融安全的概念

1998 年的亚洲金融危机以及 2008 年的金融危机，以其影响力的广度、深度和持续性给全世界敲响了警钟：经济安全问题（金融安全）已经开始成为越来越突出的国际矛盾。在两次金融危机中，有些国家（如印尼、阿根廷等）因对危机处理不当而陷入经济倒退的泥潭，国内生产力水平遭受到的毁灭性打击甚至比战争带来的影响更为严重；而有些国家（如美国、中国等）则相对顺利地应对危机，并在危机过后迅速谋得经济复苏，或保持了较强的竞争实力。越来越多的国家开始在其"国家安全"的定义中加入经济安全或金融安全的内容，并致力于国家金融安全网的构建。

国家金融安全是国家安全的重要组成部分，一般认为其中同时包含了国家金融安全网、国家金融安全预警以及国家金融安全审查等内容。目前国际社会虽未对国家金融安全做出明确定义，但在美国、澳大利亚等西方发达国家的金融领域国家安全审查及预警制度中，皆有专门针对金融安全的内容，其中美国更是赋予了国家安全审查职能部门针对金融安全审查对象、范围十分宽泛的解释权。

"国家安全"的提法在我国立法体系中出现并不晚，早在1955年的《无线电器材管理条例》以及1982年的《中华人民共和国宪法》中就有多处涉及国家安全的规定。但这一时期，我国未对"国家安全"明确定性，直到1993年《中华人民共和国国家安全法》（以下简称《国家安全法》）的颁布，才对危害国家安全行为进行了全面规定。这一时期，政治、军事安全是我国关于国家安全的主要考量因素，而对于经济领域可能危害国家安全的行为，或是可能对国家安全带来威胁的敏感领域却一概未加明确。

加入WTO之后，中国加快了改革开放和经济建设的进程，在短短几十年中取得了经济领域的巨大成就，并在全球政治博弈中取得更多的规则制定话语权。2014年，习近平总书记提出"总体国家安全观"；2015年全国人大常委会对《中华人民共和国国家安全法》进行了修订，在第二十条中与时俱进地对如何维护国家金融安全提出了初步要求："国家健全金融宏观审慎管理和金融风险防范、处置机制，加强金融基础设施和基础能力建设，防范和化解系统性、区域性金融风险，防范和抵御外部金融风险的冲击。"这一规定极大地拓展了传统国家安全观的外延，并明确将金融安全纳入其中，为今后进一步完善国家金融安全网和建设国家金融安全审查制度打下基础。

（二）银行业开放对国家金融安全的影响

国家金融安全与金融市场开放中的一系列问题，如准入、监管以及竞争安排等都休戚相关，而银行业因其自身特有的风险属性，在其开放过程中必然需更深远地考虑金融安全这一命题。总体而言，银行业的开放对金融安全的影响主要体现在以下几个方面：首先，外资银行在进入一国金融市场后，可能会分散东道国的金融资源控制权，从而给国家金融安全带来不稳定因素；其次，外资银行可能会通过影响东道国银行业的效率来动摇国家金融安全；最后，外资银行可能会通过影响东道国金融体系的稳定性来给国家金融安全造成负面影响。

从各国的实践经验来看，银行业的开放与国家金融安全之间的关系实为复杂。在同样实行银行业开放的国家中，国家金融安全状况却可能存在截然不同的结果。

1. 韩国

韩国全面的金融自由化始于 20 世纪 90 年代，为了应对亚洲金融危机带来的巨大经济下行压力，以及来自美国等西方发达国家及 IMF 等经济组织的外部开放要求，韩国通过制定与实施包括开放银行业市场准入、取消外资股权上限限制、取消外汇交易限制等在内的一系列宽松政策，吸引了一大批国际资本流入其银行市场。至 2005 年，外资银行已通过设立机构以及收购股权等方式控制了韩国的银行业市场，其控股银行资产占据了整体银行业资产的七成以上，7 家全国银行中有 6 家外资股比超过 60%。银行业全面对外开放之前，韩国国内的银行系统以国有银行为主导，能够在政府的行政调控和金融管制之下保持稳健地发展，例如，政府通过对资本充足率不达标的银行进行关停和重组，使商业银行平均资本充足率从 1997 年的 6.2% 回升至 2004 年的 11.3%。而银行业全面开放后，金融主导权开始向外资银行倾斜，不仅没能够缓解国内经济疲软给韩国银行业带来的压力，反而还滋生出许多新问题。

首先，受财阀经济影响，外资银行在服务韩国实体经济发挥的作用很有限。三星、现代、LG 等大型财阀企业长期以来经营现金流充裕，对短期流动性贷款的需求并不强烈；而由于国内经济不景气，外资银行对韩国中小企业提供贷款的意愿也就相当低，韩国企业的融资主要只能依靠内源

融资进行，数据显示，2006 年韩国企业超过 80% 的融资来源于内源融资。（曲凤杰，2006）

其次，短期内大幅的市场开放往往较容易吸引短期投机资本，在放弃企业贷款市场后，许多外资银行开始将信贷目标转向消费信贷。[①] 信贷业务的竞争愈演愈烈，迫使各外资银行不惜通过降低放贷要求来换取市场份额。而大量不适格主体进入个人信贷消费领域，最终在 2003 年前后引发了韩国的"信用卡危机"。[②]

最后，市场的高度饱和使得银行业竞争非常激烈，而许多外资银行在韩国的布局在竞争压力下却并未充分发挥业务创新的优势，过分依赖于家庭贷款业务，2018 年在韩外资银行的净利息收入占到了营业收入的 54.38%。面对竞争之下不断被压缩的存贷利差空间，有近 20% 的外资银行面临巨大的亏损压力，至 2017 年，高盛国际银行、西班牙外换银行、苏格兰皇家银行，以及英国巴克莱银行等外资银行更是因经营亏损而纷纷退出了韩国市场。至 2018 年，韩国共有银行 57 家，其中，外资银行 38 家，机构数占比超 2/3，但外资银行总资产却只有韩国银行业的 8.28%，净利润合计仅占 5.95%。（牛建军等，2019）

2. 拉丁美洲国家

20 世纪 80 年代，拉丁美洲国家曾寄希望于靠引入外资来解决因债务危机而导致的一系列国内经济问题，因而在国内市场完全不具备相应风险抵御能力的情况下，贸然减少国家干预、放开资本账户以及外资金融业准入限制，以激进的开放策略最终导致全面金融危机的爆发。以阿根廷为例，其在宣布实施金融对外开放后，仅仅几年间已陆续放开了对利率、银行机构与业务准入、资本账户等方面的几乎全部限制，这些做法给国家金

---

① 如美国新桥资本在收购韩国第一银行后致力于发展消费贷款业务，其消费贷款占比一度由 1999 年的不足 20% 提升至 2001 年年末的 60%。

② 在本次危机中，韩国经济活动人口的人均持卡数甚至曾经一度突破了 6 张。2003 年危机彻底爆发后，韩国无力偿还贷款者超过 370 万人，占韩国经济活动人口的近 20%；拖欠债务超过 90 天的持卡人高达劳动人口的 16%；信用卡发行机构的坏账率更是达到 30% 以上。

融安全埋下了诸多不稳定因素。

外资银行刚开始进入拉美市场时曾一度以其优越的经营效率和先进的管理水平为拉美银行业市场注入了竞争活力，且由于拉美国内较高的存贷差，使得外资银行一度取得了极高的收益率。然而过快的开放及私有化进程使得外资银行依靠先天优势很快就占据了拉美市场的主导地位：1994 年到 2001 年间，外资银行在墨西哥的银行业总资产占比由 8% 飞速提升至 90%，巴西、阿根廷、智利等国的外资银行占比增速也都超过了 41 个百分点，占全国银行业资产总额的一半以上。[①] 市场份额的快速挤占使得拉美国家的国内银行业遭受重创，很快丧失了对本国银行市场的金融控制权：1994 年外资银行在阿根廷的存、贷款业务仅占银行业整体业务总量的 15.1% 和 13.0%，至 1999 年这两项数值已分别增长至 46.9% 和 42.9%（林晶，2001）。此外，资本市场在毫无制度准备的情况下仓促开放，也为大量国际投机资本创造了可乘之机，外国投资者借由投设银行实行监管套利，将大量资本转移至海外，给拉美国家造成了巨大的经济损失。

韩国与拉美国家银行业开放的经验教训表明，不加限制和政府引导的市场开放，将很难抵御来自内部和外部的市场风险，重则还失去金融控制权、深陷危机难以自拔。因而在微观的银行业监管制度架构完善的基础上，东道国还应当从更高的安全标准层面——国家金融安全——对外资银行加以约束和限制。

二、开放条件下国家金融安全的制度保障

从各国实践经验可见，国家金融安全是一个相对概念，特殊时期的金融安全观不应当被当作一成不变的参考标准——经济下行期为应对危机而采取的金融安全措施，在经济平稳或上行期，可能对自由竞争产生过激的抑制效果。这就对金融安全政策灵活性、针对性、弹力性以及可预测性提出了很高的要求。灵活性是指此类制度必须能够随着不同时期的现实需要

---

① 巴西的外资银行资产占比增长了 41%，阿根廷增长了 43%，智利增长了 46%。

做出相应调整；针对性是指针对危机而产生的金融风险漏洞做到"有的放矢"；弹力性是指金融安全制度即使在经济平稳时期也能够发挥长效机制，以应对随时可能发生的危机；可预测性是指不能因政策的灵活性和弹力性影响社会公众以及市场主体对金融安全政策的掌握和预判，此类制度应有较高的政策透明度。

（一）国家金融安全网的概念、作用及其不足

通常而言，保障一国金融安全的重要制度是金融安全网。所谓金融安全网，是指一国金融系统中一系列危机防范和管理制度的总称，包括所有试图避免银行倒闭及系统性风险、保证金融稳健运行的制度安排。审慎金融监管、存款保险制度（包括其他投资者保护制度）、央行的"最后贷款人"制度被认为是金融安全网的三大支柱。

以金融安全网在我国银行业的运作为例。首先，在分业监管模式下，由银行业监管部门（银保监会）根据《巴塞尔Ⅲ协议》，依据资本、流动性、风险管理、内部控制等监管指标对所有银行金融机构实施监管，防止并及时发现银行机构的经营风险，并及时予以纠正；这是金融安全网的第一道防线。其次，通过建立存款保险制度，一方面加强对银行存款人的保护，另一方面为银行经营失败设计完善的风险分摊、早期纠正和事后处置机制；这是金融安全网的第二道防线。最后，央行对于可能引发系统性风险的危机银行，"视情"[1] 提供必要的流动性支持，这是金融安全网的第三道防线。

然而，若从国家安全的角度来看金融安全网所发挥的作用，可发现其防御效果并不全面：首先，在风险防范的范围上，金融安全网所包含的内

---

[1] 央行在处理银行风险时有三种做法：对于不具有系统性影响的银行机构，由存款保险基金和各行业保障基金直接提供流动性支持或实施处置即可；对有系统性影响、财务状况基本健康、正常运营、后续可收回处置成本的银行，在压实金融机构、地方政府、金融监管部门责任的基础上，中央银行在必要时提供流动性支持；对可能引发系统性风险，但严重资不抵债、无法持续运营的金融机构，通常由政府财政部门采取相应措施予以处置。对于能采取控制措施避免引发系统性风险的金融机构，还应允许甚至推动其市场出清，以减少公共资金处置成本。

容远远不足以覆盖外资进入银行市场而造成的所有风险。国家安全和国家金融安全是一个复合概念，其中蕴含着不同学科、不同领域乃至于不同时期对于安全的不同认识；而金融安全网所包含的内容主要局限于金融监管手段，这对于维护一国金融安全来说并不充分。其次，金融安全网更侧重于从微观层面调整外资银行的经营活动，缺乏对国家安全系统整体的把握。例如，我国现行可供选择的外资银行风险防范措施大都集中于监管层面，所关注的风险也基本为金融风险，而对于外资进入银行业所带来的其他国家层面的风险，则缺乏成熟的、以国家安全为核心内容的必要审核和事先防范机制。最后，金融安全网所依据的法律体系在效力层级上并不能够应对所有的外资风险，且很可能遭遇"师出无名"的尴尬境遇，尤其是在国际金融开放博弈过程中，过多的监管干预很容易受到破坏市场自由竞争的诟病。最后，不合理的金融安全网本身也很可能会给一国金融市场稳定带来安全威胁。①

从金融市场成熟稳定的发达国家的实践来看，除了金融安全网之外，还有另一项制度能够弥补金融安全网存在的上述不足，并能够有效、全面地保障国家金融安全，那就是国家金融安全审查。

（二）国家金融安全审查的概念及作用

近年来，如美国、澳大利亚、欧盟等发达国家和经济体，开始将国家金融安全本身加入到政治经济博弈的制度框架之中。国家金融安全审查是国家金融安全的制度外化。善用者，固然能体现其积极价值；但滥用者，

---

① 有学者认为，在"完全金融安全网"下，金融机构将不会面临破产，且所有金融存款也都能够得到存款保险制度百分之百的覆盖。这些制度能够帮助一国在短期内实现金融稳定，但就长期来看，大量不良资产的拥积必将破坏金融市场的稳健和可持续发展。

则轻易便能将全球化推向一个极其狭隘的未来。①

1. 国家金融安全审查制度的概念

大多数实际上执行国家安全审查的国家，直接通过规定审查标准和审查程序的形式对外国投资进行国家安全维度的衡量和限制。因此"国家安全"的概念也就被相应地转化为这些国家当局在对某些具体领域的外资审查规则中所确立的各种标准，而受到国家安全审查制度约束的这些领域往往包括能源、国防工业、通信技术以及银行金融业等战略性或关键性产业部门。② 据此逻辑可知，国家金融安全审查亦即是基于国家安全层面构建的一系列针对外国金融投资的审查制度。

2. 国家金融安全审查制度的作用

国家安全审查制度对于预防外资可能带来的安全威胁（包括金融安全威胁）有十分显著的效果。

以美国为例，自 20 世纪 80 年代以来，为了应对外国直接投资流入带来的国家安全威胁，美国就已通过建立执行安全审查程序的专门监管机构，将那些具有战略重要性地位的产业置于美国企业的控制之下，并保护美国不受那些被视为对美国国家安全构成威胁的国家的影响。这一制度的优越性在于，形式上其完全符合自由市场对政策干预的限制性要求——所有有关外资审查程序的规定都是公开透明的——但却在实质上实现了干预市场的目的。从某种意义上说，国家安全审查制度的形成恰到好处地在各

---

① 事实上，近年来以美国为首的发达国家通过所掌握的国际话语权，一方面，不断游说和攻击新兴经济体以国家安全为前提的开放节奏，不惜为其冠上"国家资本主义"的帽子；另一方面，又通过国内立法，自由乃至于随意地以国家安全审查制度为盾，将外国投资拒之于高高的准入壁垒之外。如特朗普政府以国家安全为名，展开针对北京字节跳动科技有限公司对 Musical. ly 收购案的审查工作，并禁止其旗下的 TikTok 在美国开展相关业务即是一例。这一行为被普遍解读为美国所谓国家安全审查已表现出越来越露骨的政治价值取向，并开始呈现出由服务国家利益向服务个人利益（大选利益）倾斜的畸形走向。

② 例如，美国就将包含农业与食品、国防工业基础、能源、公共健康与卫生保健、银行与金融机构、饮用水与水处理系统、化学工业、信息技术、通信、运输系统，以及政府设施等在内的 18 个经济部门纳入关键产业或重要资源之内，由 CFIUS 对进入这些产业领域的外国投资进行安全审查。

个方面实现了美国国家利益的最大化。因而，在此后的几十年间，美国一直致力于这一制度的完善和强化。美国第一次在立法中正式提出与外国投资有关的国家安全问题，是在第一次世界大战期间颁布的 1917 年《与敌贸易法》（Trading with the Enemy Act，以下简称 TWEA）中，该法案赋予了美国总统非常宽泛但又相当模糊的权力，允许其在战争或紧急情况下，监督或限制美国与其敌人之间的一切贸易和投资，例如化工产业在战时被视作美国最重要的战略部门，因而美国据此将德国试图在美国化工产业获得主导地位的行为视作对国家安全的威胁，并进而做出严格限制。依据 TWEA 的规定，美国查封并国有化了几乎所有的德国公司以及德裔美国公民在美境内的全部资产。[①] 这一做法切断了德国在美的所有资金流，使大量的物质和知识产权转移到美国手中。第一次世界大战后，为恢复经济、巩固市场稳定，美国继续将国家安全作为限制外国直接投资的重要依据，国会颁布了许多旨在限制外国直接投资进入电信、航空运输、石油、银行金融等涉及国家经济发展命脉的部门的立法，如 1926 年《商业航空法》、1927 年《无线电法》以及 1933 年《紧急银行救济法》等。在第二次世界大战期间，美国除了重启 TWEA 对协约国在美企业进行国有化和强制性的资产技术转让外，还开始充分利用反垄断法来限制外国直接投资活动。[②]

到了 20 世纪 70 年代初，美国国内对于外国资本并购本国资产并由此威胁国家安全的担忧又开始重新被提起。在这一时期，外国在美国的投资开始急剧增加，尤其是中东石油国家经济实力的迅速崛起，开始让美国警惕石油输出国组织（OPEC）积累的石油美元可能被用来购买美国的关键资产。尽管警惕的主要对象很快又在 20 世纪 80 年代末转移到其他经济迅速崛起的国家身上，但其背后所蕴含的，美国对新崛起的竞争对手可能削弱其优势的危机意识是一致的。为此，美国总统福特于 1975 年发布《第

---

① 这些被没收公司的资产后来被转移或出售给杜邦（DuPont）和通用电气（General Electric）等美国公司。

② 例如，美国在 1939 年曾以反垄断和反不正当竞争为由，对德资跨国公司和与其有业务联系的其他跨国公司活动提起了 41 起反垄断诉讼。1943 年，仅 I. G. Farben 一家德资公司就被指控拥有 160 多项反竞争协议。

11858 号行政命令》（Executive Order No. 11858），建立了一个专门负责监控外国投资对美国安全影响的跨部门机构，即外国投资委员会（Committee on Foreign Investment in the United States，以下简称 CFIUS）。此后，随着 1988 年《埃克森-弗罗里奥修正案》（Exon-Florio Provision，以下简称 EFP）以及 1993 年《伯德修正案》（The Byrd Amendment）的颁布，总统被授权可对任何其认为可能给美国国家安全带来威胁的外资收购、并购活动喊停。①

至此，美国总统开始以国家安全审查为名，拥有了介入外国投资项目的正当理由。在这些项目之中，对于金融业的安全审查占据了极大的比重。根据 2005—2011 年的统计数据（见表 5-1），美国对外资开展国家安全审查涉及的行业十分广泛，除传统的制造、批发、零售业外，还包括金融和信息服务业。其中外商投资金融与信息服务业接受国家安全审查的案例在所有接受安全审查行业中的占比基本维持在 34% 左右的均值。

表 5-1　美国 2005—2011 年外资国家安全审查行业分布情况②

年份	行业					
	制造业	金融、信息服务业	采矿、公用事业和建筑	批发、零售和运输	其他	总计
2005	34（53%）	24（38%）	1（2%）	5（8%）	0	64
2006	51（46%）	33（30%）	16（14%）	10（9%）	1（<1%）	111

---

① 通常而言，在美国总统拍板之前，会由 CFIUS 负责对并购行为进行审查并就并购行为是否会对美国国家安全造成影响做出判断。《伯德修正案》要求 CFIUS 对"可能会影响美国的国家安全的……由外国政府控制或代表外国政府行事的实体试图从事任何可能导致控制权的合并、收购或收购的任何情况"进行调查。由此，CFIUS 的角色从一个负责监控和数据收集的机构，变成了一个能够提出并建议以阻止特定交易的"实权"机构。

② 表格数据来源：Zaring D., CFIUS as a Congressional Notification Service. Social Science Electronic Publishing, 2010, p190. 由于四舍五入的关系，表内百分比总和可能不等于 100%。

表5-1(续)

年份	行业					
	制造业	金融、 信息 服务业	采矿、 公用事业 和建筑	批发、 零售 和运输	其他	总计
2007	60(43%)	58(42%)	11(8%)	9(7%)	0	138
2008	72(46%)	42(27%)	25(16%)	16(10%)	0	155
2009	21(32%)	22(34%)	19(29%)	3(5%)	0	65
2010	36(39%)	35(38%)	13(14%)	9(10%)	0	93
2011	49(44%)	38(34%)	16(14%)	8(7%)	0	111
总计	323(44%)	252(34%)	101(14%)	60(8%)	1(<1%)	737

可见国家金融安全审查是美国在一般金融监管手段外用以维护本国金融与国家安全的重要手段。相较于国家金融安全网,采用这一手段防范金融风险的优势在于:一是能够基于国家安全观对外资进入银行等金融领域的行为进行事先风险防范,可更有效地针对多元化的风险形态;二是国家在干预投资的过程中拥有更大的自由裁量权;三是将关于国家安全的行政干预从银行监管措施中剥离出来,使得银行监管机制更符合竞争中性等基本原则的要求;四是将涉及国家安全的审查程序统一交由专门机构负责,有利于权责的明晰,并能够在一定程度上确保处理程序的高效和处理结果的一致性。

第二节　我国金融安全审查制度的现状与评析

国家金融安全审查制度不仅是对一国经济开放以及经济主权的重要制度保障，更是新时期国际复杂格局下参与全球金融博弈的重要手段，其在一国对外开放立法中的地位十分重要，这一点从绝大多数发达国家对于国家安全审查（包括国家金融安全审查）立法的重视可见一斑。就目前而言，我国的国家金融安全审查制度并不健全，因此对于相关制度的讨论，只能建立在对现行国家安全审查制度的理解和评价之上。

一、我国国家安全审查的制度沿革与现行架构

（一）我国国家安全审查制度的建设历程

我国的国家安全审查制度经历了从无到有、不断健全的发展历程，具体可总结为以下几个制度体系阶段。

1. 托生于准入审批制度的安全审查

在"外资三法"时期，以准入审批为核心的外资监管体系牢牢掌握着有关国家安全的门槛。在这一阶段，以"国家主权""社会公共利益"等为名目的安全门槛所针对的通常是外资企业的主体资格，如 1983 年《中外合资经营企业法实施条例》中将"有损中国主权"和"不符合中国国民经济发展要求"等情况作为不予批准中外合营企业申请设立的严格条件；1990 年《外资企业法实施细则》以及 1995 年《中外合作经营企业法实施细则》也分别将"损害国家主权或者社会公共利益"和"危及中国国家安全"列为申请设立外资企业（包括中外合作企业）不予批准的情形。从形式和效果而言，这些规定构成了我国国家安全审查最初的制度基础，但

"准入后国民待遇+正面清单"式的外资管理办法，使得此时围绕着外资准入的相关法律法规和规范性文件主要着眼于外资企业设立的规范，亦即所谓的"主体筛选"，形式上涉及国家安全方面的审查，无论在审查对象还是审查流程方面都十分简单直接，缺乏系统性和专业性。

2. 以投资指导目录为依据的安全审查

入世前后，我国以 1995 年《指导外商投资方向暂行规定》《外商投资产业指导目录》，以及 2002 年《指导外商投资方向规定》为基础，建立了一套以外商投资指导目录为框架的外资管理体系。此阶段的外商投资指导目录明确将外资根据行业分别设置准入标准的做法使得关于国家安全、社会公共利益以及国防军事安全等方面的审核开始出现多元化的细分。

首先，将"危害国家安全或者损害社会公共利益""危害军事设施安全和使用效能"的投资列为禁止类外商投资项目，进行严格的准入限制。① 其次，限制类项目虽未直接表明以"国家安全"为审查标准，但从行业设置来看，已充分涵括了国家安全的内容。例如，将与国防战略安全休戚相关的"稀有、贵重矿产资源勘探、开采"领域、与国内市场供给安全稳定相关的"国内生产能力已能满足国内市场需求"的领域、与安全开放试点相关的实行"吸收外商投资试点或实行专卖"的领域，以及"需要国家统筹规划"② 的产业领域等都纳入其中。最后，摒弃过去"大锅饭"式的统一审批，逐步放宽对允许类以及鼓励类的准入（安全）审批标准。

综合来看，这一时期的外国投资国家安全审查开始出现更加系统、细分的制度框架，将一些与国家安全、公共利益迫切相关的"高风险"项目区别于普通外商投资项目予以特别对待，是国家安全审查制度逐步完善的必要过程。但从根本上而言，国家安全审查在这一阶段并未脱离传统准入审批的制度框架，缺乏系统性及专业性仍然是安全审查制度建设中的主要弊病。

---

① 需要指出的是，从法规条文来看，我国此时将"国家安全"和"国防安全"作为两个并列概念对待，国家安全中并不完全包含国防军事安全的内容。

② 后为配合入世要求，此项被修改为"国家逐步开放的产业"。

3. 围绕外资并购建立的安全审查制度

随着我国入世后国内市场的进一步对外开放，外资进入的方式也愈发多样。为了更好地针对不同外商投资形式进行准入规范，2003 年我国原对外经贸部、国家税务总局等多部门联合颁布了《外国投资者并购境内企业暂行规定》（以下简称《并购暂行规定》），对外国投资者通过协议并购和资产并购方式进入中国市场的行为进行全面规范，并首次以部门规章的形式对外资并购存在危害"国家经济安全"的情形进行规制。① 与此前由宽泛的外资准入行政审批来替代国家安全审查的做法不同，《并购暂行规定》建立起了一套相对更为健全细化的国家经济安全审查门槛标准，如"在中国市场营业额超过 15 亿元人民币""在中国市场占有率达 20%"等，并对各主要部门在外资并购中的经济安全审查职能作出了初步划分。②

然而，依托《并购暂行规定》框架而初步建立的国家经济安全审查制度仍十分单薄：首先是审查对象范围过于单一，仅适用于外资以股权并购或资产并购投资境内企业的情形，而绿地投资则不纳入审查范围，随着我国对外开放与放松资本管制进程的加速，该审查范畴显然不足以应对形式多样的各类外国投资可能造成的国家经济安全威胁。其次是审查目的过于单一，建立在国家经济安全之上的并购审查的主要目的在于维护市场竞争秩序，防止过度集中和排除、限制竞争，无法完全涵盖国家安全这一宏大概念。再次是审查内容宽泛、笼统，对于审批机关（外经贸部或省级对外经贸主管部门）具体的经济安全审查内容、审查流程以及审查时限等都未

---

① 关于国家经济安全的提法并不是《并购暂行规定》首创，早在 1987 年国务院办公厅颁布的《指导吸引外商投资方向暂行规定》里就有关于"国家安全"和"有害于国民经济"的表述；此后在 2001 年证监会等部门联合发布的《关于向外商转让上市公司国有股和法人股有关问题的通知》中更是明确指出向外商转让上市公司国有股和法人股，应当遵循"维护国家经济安全和社会公共利益"的基本原则。2003 年外经贸部或国家工商行政管理总局认为外国投资者并购涉及市场份额巨大，或者存在其他严重影响市场竞争或国计民生和国家经济安全等重要因素的，可要求外国投资者作出报告。

② 如《并购暂行规定》第六条规定："本规定中的审批机关为中华人民共和国对外贸易经济合作部或省级对外贸易经济主管部门，登记管理机关为中华人民共和国国家工商行政管理总局或其授权的地方工商行政管理局。"

做出明确。① 最后是效力层级低、规则单一，并不足以支撑起国家安全审查制度的复杂框架。

2006年，《并购暂行规定》修订为《关于外国投资者并购境内企业的规定》（以下简称《并购规定》），其中对此前主管部门只能"被动审批"、安全审查程序期限规定不明等存在不足的部分进行了修改，如第12条规定，当事人未申报，但其并购行为可能对国家经济安全造成威胁的，商务部等相关部门可以主动介入，要求当事人终止交易或采取其他有效措施以消除对国家经济安全的负面影响。这一规定大大增加了外商并购投资触发国家经济安全审查程序的灵敏性，也为相关审查程序保留了更多的能动性空间。与此同时，《并购规定》还在第五章中加入了有关反垄断审查的规定，进一步增强了其在维护开放市场竞争效率方面发挥的作用。

2007年，十届全国人大常委会第二十九次会议正式通过了《中华人民共和国反垄断法》，并在第31条中提出外资并购境内企业等行为若涉及"国家安全"的，除需接受经营者集中审查外，还应当进行"国家安全审查"。这是我国第一次在立法层面出现"国家安全审查"的表述，标志着我国的涉外并购安全审查范围开始正式由"国家经济安全"扩大到"国家安全"，不再机械地以"经济"或"非经济"标准为界线来禁锢审查机构的职权。

2011年，国务院办公厅与商务部分别发布《关于建立外国投资者并购境内企业安全审查制度的通知》（以下简称《并购安全审查通知》）和《商务部实施外国投资者并购境内企业安全审查制度有关事项的暂行规定》（以下简称《并购安全审查规定》），进一步细化了有关我国外资并购安全审查的内容、范围、审查部门职能与工作机制以及审查程序的规定。从《并购暂行规定》的有益摸索，到《并购安全审查通知》和《并购安全审

---

① 按照《并购暂行规定》的规定，负责参与国家经济安全审查的主管部门职能与其说是主动"审查"，更应该算是被动"审批"，亦即只有在接到报告或申请后才能开启关涉国家经济安全的审批流程，并不像美国的安全审查制度那样在外资并购发生之前和之后拥有主动发起介入调查的权力。

查规定》的进一步完善，我国外资安全审查制度的建设在这一时期经历了审查范围由小到大、审查依据由粗到细、审查内容由虚到实、审查程序由无到有的过程，不仅大大提高了涉外资并购审查的透明度，更为今后健全更为系统的国家安全审查制度奠定了基础。至此，以"国家安全"为名的专项审查制度开始正式在我国建立起来。

4. 关于外商投资的安全审查制度

2015 年 4 月国务院办公厅出台《自由贸易试验区外商投资国家安全审查试行办法》（以下简称《自贸区安全审查试行办法》），开始尝试探索在自贸区内构建系统外商投资安全审查机制的途径。根据《自贸区安全审查试行办法》的规定，此前在我国立法中一直处于笼统定义的国家安全审查制度第一次在审查范围、审查内容以及工作机制和程序方面有了具体的规定：一是审查范围，自贸区内的相关审查机制摆脱了并购审查的范围局限，扩大到了对所有可能影响国家安全的投资主体、并购对象以及行业投资进行安全审查，不仅包含外国投资者的并购行为，还包括新设以及通过协议控制、可转换债券等多种方式进行的投资；二是审查内容，除传统的国防安全、经济安全以及社会秩序外，还引入对国家文化安全、国家网络安全、关键技术研发能力等多方面的国家安全标准；三是审查机制和程序，自贸区内的国家安全审查职权具体落在外国投资者并购境内企业安全审查部际联席会议身上，从现有规定来看，该联席会议由国务院领导，国家发展改革委与商务部主要牵头，其他具体成员并不固定，可根据所涉审查行业的不同引入不同的相关部门共同开展，此外国家安全审查的程序与外资并购安全审查的程序一致。同年 7 月，全国人大常委会审议通过了对《国家安全法》的修订，提出建立对包括外商投资、关键技术、网络产品和服务等项目的国家安全审查制度和监督机制，但对于审查机制、审查内容及程序等具体内容均未做出规定。

2020 年 12 月，国家发展改革委发布《外商投资安全审查办法》，在《外商投资法》框架下首次对涉及外商投资事项的安全审查制度进行规范。在审查对象上，除外商并购外，还包含绿地投资、VIE 协议等外商投资形式；审查机构上，设立工作机制办公室，由国家发展改革委和商务部牵头承担外商投资审查日常工作；在审查内容上，首次明确将重要金融服务纳入审查范围；在审查程序上，适用主动申请与社会监督两套启动程序，①此外，还初步规定了一般审查和特殊审查两类程序，对可能影响国家安全的外商投资项目进行二次审查。

（二）我国现行国家安全审查制度的评价

目前我国的国家安全审查制度基本是建立在以外商投资以及外资并购审查为侧重的几部法规与部门规章之上。虽然国家安全审查机制的立法工作自 2016 年开始连续三年被纳入当年全国人大常委会的立法工作计划中，但《国家安全审查法》的出台似乎仍无定期。②因此综合来看，国家安全审查制度在我国的建设进程是相对较为缓慢的，就目前的主要架构而言，还存在以下几个较为显著的问题：

1. 制度基础单薄

近年来，尽管在我国的许多规范性文件中都提出过要完善和健全涉及外国投资的国家安全审查制度，③但具体实施却仍然滞后。该项制度的全部规范性基础仅来源于两部行政性法规（《并购安全审查通知》《自贸区安全审查试行办法》）以及两部部门规章（《并购安全审查规定》《外商投资安全审查办法》），不是受限于狭隘的审查对象（仅针对外资并购审

---

① 《外商投资安全审查办法》除要求外国投资者实施投资前主动申报外，还启动了社会监督程序，第 15 条规定："有关机关、企业、社会团体、社会公众等认为外商投资影响或者可能影响国家安全的，可以向工作机制办公室提出进行全面审查的建议。"

② 《全国人大常委会 2020 年度立法工作计划》并未将推进外商投资国家安全审查立法项目列入工作计划之中。

③ 如 2015 年《国务院关于加快实施自由贸易区战略的若干意见》提出"完善外商投资国家安全审查制度"；2015 年《国务院转批发展改革委关于 2015 年深化经济体制改革重点工作意见的通知》提出："推动修订外商投资相关法律，制定外资国家安全审查条例"；2017 年《国务院关于印发"十三五"市场监管规划的通知》提出"健全完善相关领域的国家安全审查制度"；2020 年中共中央、国务院《关于新时代加快完善社会主义市场经济体制的意见》提出"健全外商投资国家安全审查、反垄断审查"等制度，等等。

查），就是受限于特定的区域范围（仅在自贸区内）。相比西方发达国家完善的国家安全审查制度体系而言，这样的制度架构不论从适用范围、效力层级还是内容系统性上而言都无疑是十分单薄的。

2. 审查对象不明确

在我国现行的国家安全审查体系之下，接受审查的对象主要分为两大类情形，一是军工或设在敏感军事设施周边地域等涉及国防安全的境内企业，此类企业受到严格的国家安全条件限制，一旦接受任何形式的外国投资都需要接受国家安全审查；二是除军工外的其他重要领域内的境内企业，外国投资者投资此类企业触发国家安全审查的条件相对宽松一些，需达到取得企业实际控制权的条件方可。虽然这些规定大体上对启动国家安全审查的对象进行了粗略划分，但涉及具体执行仍存在许多不确定性，此外，《并购安全审查规定》第九条的规定使得国家安全审查对象的范畴愈发宽泛且不确定了。① 此外，如《外商投资安全审查办法》中虽对审查行业进行大致划分，但对于具体哪些领域属于"重要"基础设施、"重要"金融服务等，并未予以明确。据此来看，出台正式的国家安全审查行业目录极有必要。

3. 审查程序与审查机构职权不完善

其一，从《外商投资安全审查办法》规定的审查程序来看，开启安全审查程序的方式有两类：一是由外国投资者主动申请，二是由有关机关、组织或社会公众等提出建议；可后者从目前的规定而言更形似于民间自发的监督程序，并无专门的机构或组织负责监督所有外商投资项目，以保障其都能够被纳入安全审查程序，未来可能会陷入由于申报和建议主体的不

---

① 2011年《并购安全审查规定》第九条："对于外国投资者并购境内企业，应从交易的实质内容和实际影响来判断并购交易是否属于并购安全审查的范围。"给了审查机关极大扩大解释权以及自由裁量权的同时，也相对降低了安全审查制度执行上的透明度。事实上，像这样的裁量权留白是我国国家安全审查立法过程中的惯常做法，如2015年实施的《国家安全法》也非常笼统地规定对"影响国家安全的外商投资"进行安全审查，这样原则性的规定赋予了监管部门对于判断并购交易是否属于外商投资安全审查范围广泛的空间。

作为而遗漏审查的情形。其二，根据《并购安全审查通知》的规定，负责安全审查的具体机构是"外国投资者并购境内企业安全审查部际联席会议"（以下简称联席会议）。在这种联席会议机制之下，并购投资的具体审查部门可能会根据不同的投资领域做出相应变化。但在《外商投资安全审查办法》中，审查机关是专门的工作机制办公室，从目前的规范来看，具体组成部门以及职责分工并未明确。因此，后续若无专门性的审查程序进一步做出规范，则很难克服权责不明、程序混乱的问题。

4. 缺乏必要的审查监督机制

国家发展改革委和商务部既是工作机制办公室以及联席会议的牵头部门，也是发起外商投资安全审查的主要职能部门，因而在整个国家安全审查流程中对于每一项外资并购项目是否发起审查程序、如何展开审查程序以及最终的审查结果都有着至关重要的影响力。纵观整个国家安全审查体制，并无相对独立的监督机构对具体程序进行监督，鉴于每次参与审查决议的部门或都有所不同，监督机制的缺失极可能会给审查标准的一贯性带来不确定因素。

二、我国国家安全审查制度在维护金融安全方面的不足

我国现行的外资国家安全审查制度尚不完善，在立法框架层面，存在效力层级低下、适用范围狭隘、规范不健全、配套欠缺等问题；在具体的审查机制设置方面，存在机构职能不明晰、审查对象不明确、审查标准不具体、审查程序不健全等问题，并不足以满足《外商投资法》下对构建外国投资国家安全审查制度体系所提出的要求。

银行业的外资准入天然便伴随着较高的潜在金融风险，因而对外商投资安全审查也就有着更为迫切的现实需求。但从现行制度架构来看，我国的外资并购安全审查制度并不足以预防和应对外资银行开放准入后可能带来的全部风险。其原因主要归咎于国家金融安全审查制度在我国缺少必要的制度和立法基础：在我国目前仅有的几部涉及国家安全审查的规范性文

件中都将国家金融安全排除在外，并要求以专门立法的形式进行规范。①在 2015 年的《国家安全法》中，对于国家金融安全机制的认识也仅停留在国家金融安全网的层面，第二十条规定"国家健全金融宏观审慎管理和金融风险防范、处置机制"，第五十九条所确定的国家安全审查范围也未特别明确金融安全问题。

直到 2019 年，中央办公厅与国务院办公厅在联合发布的《中国人民银行职能配置、内设机构和人员编制规定》（以下简称《2019 人行职能规定》）中，才开始对金融安全审查提出了一些框架性的规定：一是确定由中国人民银行负责牵头我国的国家金融安全工作协调机制；② 二是确定由中国人民银行内设的金融稳定局来具体负责推动和实施国家金融安全审查工作，这也是我国第一次在制度层面提出"国家金融安全审查"的概念。2021 年十三届全国人大四次会议表决通过了《中华人民共和国国民经济和社会发展第十四个五年规划和 2035 年远景目标纲要》，在"强化国家经济安全保障"一章中专门提出要"实施金融安全战略"。2021 年实施的《外商投资安全审查办法》也首次将"重要金融服务"纳入审查范围，明确金融领域的外商投资应当接受国家安全审查，一定程度上填补了金融安全审查的法律空白。然而，由于金融安全审查专项立法的缺位，使得外商投资领域的金融安全审查仍存在审查标准不明确、程序及争议解决机制不健全等问题。可以说我国的国家金融安全审查制度虽已被纳入制度建设进程，但现有机制的宽泛约束并不能完全实现外商投资金融安全审查的职能。

---

① 如 2011 年的《并购安全审查通知》与 2015 年《自贸区国家安全审查试行办法》都提出对外商投资境内金融领域的安全审查另行规定。但专门规制金融安全审查的立法却在此后始终未曾出台，而《并购安全审查规定》中更是完全没有提及金融安全的问题

② 参见《中国人民银行职能配置、内设机构和人员编制规定》第四条第（一）款。需指出的是，该规定在效力上属于党内法规。

第三节 国家金融安全审查制度的国际比较及借鉴

一、美式国家金融安全审查机制

在经历了"9·11"事件之后,对恐怖主义的恐惧,对中东不稳定局势的担忧,以及对战略竞争对手①崛起的顾虑,引发了美国国内新一轮对于外国投资开放政策的争议。对此,美国国会于 2007 年通过了《外国投资与国家安全法案》(Foreign Investment and National Security Act,以下简称 FINSA),正式以立法形式针对 CFIUS 的审查职能、审查程序、审查标准和审查监督等内容构建了全面的规则框架。这标志着美国国家安全审查 (National Security Review) 法律体系得以初步建立,同时也标志着发达国家在贸易保护主义的影响下首次将国家安全审查作为干预外国投资的重要手段。此后,美国的这项制度通过一系列规则的补充,如《第 13456 号行政命令》(Executive Order No. 13456)、《美国外国投资委员会国家安全审查指南》、2008 年《关于外国人合并、收购、接管的规则》(Regulations Pertaining to Mergers, Acquisitions, and Takeovers by Foreign Persons,以下简称《2008 规则》) 以及 2020 年 1 月 13 日全面实施的《外国投资风险审查现代化法案》(Foreign Investment Risk Review Modernization Act,以下简称

---

① 根据皮尤研究中心 (Pew Research Center) 2012 年一项关于美中安全认知的研究项目显示,当被问及哪个国家对美国来说是最大的威胁时,美国受访者提到中国的比例要远超过其他任何国家(包括伊朗和朝鲜)。近年来,针对中国在国家安全方面的"敌视政策"愈发明确,2018 年特朗普政府签署的《外国投资风险审查现代化法案》(FIRRMA 法案) 被普遍解读为其立法目的是出于对中国利益集团收购美国公司的担心。

FIRRMA）等，得到不断的完善。[1]

对于外资进入美国银行市场或并购美国银行的，从现有金融安全制度架构上来看，需经历两个阶段的"安全"审核。第一阶段为国家安全审查，由专门的审查机构根据相应的程序对其投资行为及后果所包含的风险进行判断，并最终做出允许、限制或禁止的决定，若在这阶段受到禁止，则不必进入第二个阶段。只有那些被允许或限制性允许的外资金融投资行为才会进入到下一个阶段，在这一阶段，由银行业监督管理部门根据具体的金融监管职权实行审批，只有那些在财务状况、管理能力、信息披露、服务社区便利性等方面（financial, managerial, and other supervisory considerations）符合审查要求的投资行为才会最终获批。[2] 与此同时，根据 1960 年美国《银行合并法》（the Bank Merger Act 1960）的规定，银行监管部门还可以依据对收购行为一旦完成后是否会对市场竞争关系造成扭曲的预判（competitive considerations），来决定是否批准某项外资银行并购项目，当然这一审查的对象不仅是外资银行，也同样适用于美国本土银行。[3]

由此可见，国家安全审查机制对于美国的国家金融安全起到了"第一道保护屏障"的作用。

（一）国家安全审查机关

1. 外国投资委员会（CFIUS）

CFIUS 是一个由多政府部门代表组成的跨机构审查机关，在现行立法框架下，其内部各机构成员的职能划分明确而具体（见表 5-2）。

---

[1] 2018 年特朗普政府签署通过对 FIRRMA 法案的修订，该修订大幅调整了美国关于外国投资审查规定，尤其是提高了 CFIUS 的审查权限。为保障其条款生效的平稳过渡，美国财政部还专门据此发布了"试点计划"，对过渡期内的相关政策做出安排。2020 年 1 月 13 日，美国财政部正式发布 FIRRMA 法案，宣告其在全美范围内全面实施。

[2] 例如，美国《银行控股公司法》规定，联储需根据职权对外资收购境内银行 5%以上股权的行为进行审核批准。

[3] 1960 年的《银行合并法案》要求联邦银行监管机构——货币监理署、联邦储备委员会和联邦存款保险公司——在考虑其他因素的同时，还要考虑商业银行提出的并购案所带来的竞争效应，并购案必须事先提交给他们审批。

表 5-2　CFIUS 成员职责一览表

成员	职责
财政部	承担沟通、协调和服务性工作。具体包括针对每个案件指定领导部门；向 CFIUS 提交阶段性报告；向与案件相关部门报告等。
司法部	保护与国防和核心基础设施相关的敏感信息及技术。
国土安全部	负责核心基础设施和国防技术基础领域的外资并购审查。
商务部	在内部成立工作小组，成员包括国际贸易管理署、产业安全局等。分别负责外资并购交易、军民两用品出口等项目的监控，并每两年一次向国会和 CFIUS 提交中国实体在美国投资情况的报告。①
国防部	对申报安全审查的交易进行全面分析后，向 CFIUS 提交个案意见书。
劳动部	把关缓和协议中任何违反劳动法的条款。
国家情报局	协助情报收集和分析工作。

在被赋予审查权之前，CFIUS 仅是一个信息分析与政策建议的形式上的审查机构，而随着立法对其职能范围的一再加附与明确，② 由其介入调查的并购提案数直线上升。③ 2020 年全面实施的 FIRRMA 法案更是赋予了 CFIUS 对外资国家安全审查全流程的控制权。就具体职权而言，CFIUS 对受其管辖的外商投资交易可以以国家安全为标准采取三种措施：一是直接宣布暂停任何可能会给美国带来安全风险的外国投资交易；二是将审查的交易提交给美国总统；三是与受审对象达成具体的"缓冲协议"。需指出的是，在实际程序中，除了向国会汇报审查结果外，CFIUS 既不会披露其

---

① FIRRMA2018 专列了一项内容，即 Section18（b）对美商务部提交针对中国投资监管报告的职责做出了规定，其中不仅详细规定了报告的周期，还对报告的具体内容和标准做出了细致且繁多的规定。这也使得美国国家安全审查制度提高门槛的针对性愈发明显。

② 尤其是 FIRRMA2018 的全面实施，赋予了 CFIUS 前所未有的巨大权限，其管辖审查的范围也从此前外商并购投资行为进一步扩大到在美的所有非被动外国投资、房地产投资等；此外，外国政府下属的投资者若要在美国进行投资则被要求进行强制性申报。

③ 统计数据显示，2005—2006 年间，CFIUS 审查工作增加了 74%，此后审查工作量持续上升：2004 年约有 63 份，2005 年 102 份，2006 年 143 份，2007 年 318 份。

在审查中所考虑的因素，也不会对最终决定的原因做出解释，因而对于外界（尤其是接受审查的当事方）而言，几乎对一项审查结果在 CFIUS 内部的运作情况一无所知。①

2. 美国总统

美国在 1988 年的 EFP 中赋予了美国总统在对外资并购项目审查中发挥核心作用的权力。总统在收到 CFIUS 提交的国家安全审查报告后的 15 日内，对于阻止哪些外资并购项目有最终决定权，同时可要求相关部门（如司法部、国土安全部、财政部等）根据这一决定执行具体措施。

2018 年 FIRRMA 法案直接赋予了总统更强大的权力——允许其可以在认为合适的时间内暂停或禁止任何可能危及美国国家安全的交易或要求外国投资者撤资。

3. 美国国会

美国国会在监管外国投资方面也发挥了关键性作用——通过对外国收购的行政审批以及对外资安全审查立法程序的控制，它对 CFIUS 有关外资审查的决策进行监督，并在最终得出的审查结果中施加重大影响。具体来说，国会在外资安全审查中发挥的作用体现在两个方面：

一是项目申报前的早期介入。虽然从审批程序上来看，国会并没有早期介入外资并购项目的权力，一般而言，其须等到 CFIUS 完成审查程序后进行书面报告的阶段方可介入。但实际上，在外资并购项目未正式启动之前，国会已通过其他方式进行干预。例如 1990 年，119 名国会议员致信总统，要求对英国轮胎橡胶公司（British Tire and Rubber）对诺顿公司（Norton Company）拟议的敌意收购进行调查，并敦促总统以国家安全为由迅速采取行动；2001 年，在一家荷兰公司拟发起一项对美国硅谷企业的收购项目时，由于一些国会议员的坚持，促使 CFIUS 对此发起了一场持续 45 天的并购调查。国会采取的诸如此类的早期干预行动还有很多，通过这些

---

① 事实上，这种不作信息披露的情况在其他一些司法和行政机构的活动中也很常见，例如，行政机关根据《行政程序法》没有义务解释他们在执法中应优先考虑哪些法规的决定。

行动，国会将其在外资安全审查中的影响力发挥得淋漓尽致，并直接导致那些有意收购美国企业的外国投资者，在开始一项收购案之前，除了向CFIUS 提交审查申请外，还需与国会进行密切沟通。

二是对 CFIUS 调查结果的监督审查。在完成对外资并购项目的国家安全审查后，CFIUS 需要向美国国会汇报其做出的每一项决定；此外，CFIUS 每年还需向国会提交年报。美国国会有权否决 CFIUS 的审查结果。通过不断否决和修正 CFIUS 报告的内容，美国国会将其对国家安全审查的政策偏好灌输给 CFIUS，并使其在今后的审查中保持与国会意见的高度一致。

（二）国家安全审查对象和审查范围

根据《2008 规则》的规定，美国外资安全审查的对象主要是由两类主体发起的，可能会影响"重要基础设施"和"关键技术"的交易。这两类主体分别是：①任何外国公民、外国政府及外国实体；②任何被外国公民、外国政府或外国实体所控制的实体。① 而根据 FIRRMA 的规定，审查所针对的投资行为包括且不限于任何兼并、收购、接管、协议控制、租赁、获得特许等可能会影响美国安全或对美国产生控制影响的被动或非被动外商投资。

就审查范围而言，事实上 CFIUS 的审查范围远比"国家安全"的范畴更为广泛。《第 11858 号行政命令》规定，美国明确支持国际投资，但这一政策必须建立在保护国家安全的前提下；CFIUS 有权对任何其认为涉及国家安全的并购行为进行个案审查，这使得委员会能够充分解决某一交易可能引起的国家安全问题，而不是确定某些部门禁止、限制或劝阻外国投资。因此美国的国家安全审查对于银行业金融安全的审查也并不局限于某一机构类型或业务领域，在审查范围上有很强的灵活自主性。此外，根据

---

① 其中，外国政府不限于国家和地方政府，还包括其各自部门、代理人和被委托人。外国实体指根据外国法律成立并且其主要营业场所在美国之外或者在一个或多个外国证券交易所上市的任何分支机构、合伙企业、集团或集团分部、协会、财团、信托公司、公司或公司的任何部门及组织。

FIRRMA 的规定，美国国家安全审查制度还提出针对某些特定国家的审查管辖豁免，仅从政府一般监管层面对来自此类国家的投资项目进行管理，这些国家包括澳大利亚、英国和加拿大，其中 CFIUS 对于如何确定豁免标准被赋予了极大的裁量权。①

（三）审查程序

从具体操作层面来看，一国外资进入美国要经历的安全审查环节可能会十分复杂，包括项目意向阶段与美国有关政府部门甚至国会成员的沟通、申报前的非正式磋商，以及向 CFIUS 提起的正式申报程序等。若仅从 CFIUS 参与的正式的安全审查程序来看，则相对明晰很多，首先，潜在的外国收购者要在 30 天内将交易提交 CFIUS 进行评估，若 CFIUS 认为有必要的，也可以不经当事人申报，直接执行"通报"程序对相关交易进行审查；在接到申报或进行通报后，CFIUS 将进行初审，并对其认为有必要关注的项目可在随后的 45 天窗口期内做进一步调查；CFIUS 在调查评估期结束后，向总统提交建议，并由后者直接做出阻止或批准该交易继续进行的最终决定；最终 CFIUS 再将处理决定的内容和依据向国会做出书面报告，接受国会监督。整个审查程序的持续时间一般在 90 天以内。

此外值得一提的是，CFIUS 在具体的审查过程中还可视情况为审查对象提供一定的"缓冲措施"，即可与交易相关方就减轻对国家安全威胁的风险或缓冲条件进行谈判，并达成书面的《缓冲协议》（Mitigation Agreement），若此后交易方违反《缓冲协议》中的承诺，则将被处以最高达 25 万美元的罚款。② 这一做法被视为是在严格的国家安全审查制度之下的一

① 对来自某一国家的外国投资是否给予投资审查豁免主要考虑四个方面的因素：一是该企业母国是否与美国缔结了相关的共同防御条约（Mutual Defense Treaty），二是美国是否与该国达成了一项与外国投资有关的保障国家安全的相互安排（Mutual Arrangement to Safeguard National Security），三是该国的外商投资国家安全审查程序，四是CFIUS 认为适当的其他任何标准。

② 事实上，美国的国家安全审查执行至今，真正意义上遭到否决的并购案仅有上文中提及的两项，此外大多数审议结果都允许了并购的执行，其中对于允许执行的项目，最常见的做法就是签订《缓冲协议》，根据 CFIUS 提交的报告显示，仅 2010 年一年 CFIUS 就在 9 起交易中实施了缓冲措施。

项例外。当然这种例外也需遵循严格的条件限制，FIRRMA 规定除非协议本身符合有效、可以适当方式执行以及受到有效监督这三项条件，否则不得达成。

（四）审查标准

事实上，CFIUS 的法定职权范围拥有非常大的弹性空间，其审查过程中对于"国家安全"以及"外资控制"等概念的定义充满了不确定性[1]：理论上来说，CFIUS 的任一成员都可以在个案的基础上定义和评估国家安全风险，换言之，都可以从自身机构所代表的利益出发对"国家安全"做出定义。从这种意义上讲，CFIUS 倾向于对"国家安全"作"广泛而不限于特定行业的解释"。与此同时，由于国会通过立法赋予了总统为维护国家安全、消除威胁而行使的非常宽泛的自由裁量权（wide discretion），因而在总统对"何为威胁国家安全"下定义时，也可完全基于其自身的独立判断而做出。

（五）审查监督

美国国家审查的监督机制是在实践中逐步形成起来的，起初，CFIUS 的审查职能并不受任何机关的监督约束，但随着其审查决定与总统决策之间出现不一致情形的增加，国会开始介入具体的国家审查工作，并要求总统就其所作的决策向国会做出书面解释。这为国会在国家安全审查中行使监督职权打下了基础。此后，国会的监督职权逐渐增强，将总统身上的汇报义务转移到 CFIUS 身上，并要求其以两种形式进行逐案汇报和年度汇报。国会通过审议报告、质询具体交易情况、推翻个案决定等手段，极大地强化了对国家安全审查程序的监督作用。至于其他参与国家安全审查工

---

[1] 举例来说，在《2008 规则》颁布之前，美国立法规定如果外资持股不大于 10% 且目的为投资的，就不会构成对美国公司的"控制"，从而该并购交易就能免于 CFIUS 的国家安全审查。但《2008 规则》颁布后，则将这一规定改为：CFIUS 在对外资并购交易进行国家安全审查时，只有在确定外资入股的目的是单纯投资时，才需要考虑 10% 的持股比例。这表明《2008 规则》在判断外资是否对美国企业形成"控制"时，已不再将外方持股比例视作唯一的考虑因素；而相比确定的持股比例而言，投资目的是一个过于主观的判断依据。

作的机构负责人，如商务部长、国防部长、国务卿以及其他联邦机构的负责人等，则需在不少于 180 个工作日的周期内向 CFIUS 提交相关工作进行情况的报告并接受 CFIUS 的监督。

二、澳式金融安全审查机制

澳大利亚没有专门的国家安全审查（National Security Review）或对国家金融安全审查立法，也未在任何其他立法中对"国家安全"的概念进行定义，对于外资并购过程中可能涉及到的对澳大利亚产生国家安全威胁活动的审查和限制，仅以"国家利益审查"（National Interest Review）的表述出现在官方文件中。

（一）相关概念的界定

关于国家利益审查的规定最早出现于 1975 年《澳大利亚外国收购与接管法》（The Foreign Acquisition and Takeovers Act，以下简称 FATA）和《1989 年外资并购与接管条例》（Foreign Acquisition and Takeovers Regulation，以下简称《1989 规则》）两部外资并购立法之中。[①] 这两部立法大致确定了国家利益审查的量化标准，规定财政部长得以根据并购法的内容阻止其认为有可能"与国家利益相悖（contrary to the national interests）"的并购交易。

1. 澳大利亚"国家利益"的概念

"国家利益"是一个相当宽泛和主观的概念，若要以此作为对外资审查的依据，首要需对其所涉及的范围进行明确。在《澳大利亚外国投资政策》当中，"国家利益"被分为五个层面的内容：国家安全，竞争环境，其他政府政策（如税收、环保）的执行，社会经济发展，以及投资者经营的透明度和市场化程度。通过"国家利益"范围的大致限定，投资者得以在比较确定的范围内对审查制度做出更有预见性的判断。

---

① 其中《1989 规则》的修订十分频繁，本书所讨论的规则依据的是 2018 年颁布的版本。

2. 其他重要概念的界定

澳大利亚在 FATA 中对"潜在表决权"（potential voting power）、"未来权益"（future interest）、"股份权益"（shareholding power）三个概念做出了明确界定，使外资可能通过并购活动取得的权益形式得以被做出扩张解释，能够防止具有隐蔽性的权益在外资取得运营资格后通过其他方式转变为实际控制权，这一规定便于国家审查制度在限制外资权益上的灵活性操作。[①]

关于"关键基础设施"的表述最早仅出现在澳大利亚的国防领域。2016 年澳洲电网（Ausgrid）并购案正式在外资并购规则中确立了这一概念。同年 3 月，澳大利亚在《1989 规则》的修正案中，赋予澳大利亚财政部通过外国投资审查委员会（FIRB）对国有"关键基础设施"外资并购进行审查的权力。2017 年 1 月澳大利亚"关键基础设施中心"（Critical Infrastructure Centre，以下简称 CIC）成立，设在司法部下，职能是保护国家的关键基础设施免于遭到破坏、间谍、要挟等行为的威胁，其中也包括了采取特殊防范措施以免其中的外国投资会对国家利益造成损害。随后，澳大利亚又发布了《强化澳大利亚关键基础设施的国家安全报告》以及《关键基础设施安全法案》，将电力、供水、通信、港口等领域确定为关键基础设施。

（二）审查机构

澳大利亚负责执行国家利益审查的机构是联邦国库部（Federal Treasury of Australia）和外国投资审查委员会（Foreign Investment Review Board，以下简称 FIRB）。其中国库部负责制定相关的审查立法，而 FIRB 负责审议和监督实施。但与美国的 CFIUS 不同，成立于 1976 年的 FIRB 并不是一个法定机构，其设立的目的仅是就澳大利亚的外国投资政策向国库部长和政

---

① 其中，"潜在表决权"是指公司的股份权益，在股东全体大会上投出的以下权益：（1）因为实施此权利，在将来可能会存在的权利；（2）如果实现，这项权利可以用于在公司的全体大会上投票。"股份权益"是指一个公司在股东全体大会上能够投出的最大数额的表决权。

府部门提供咨询。FIRB 的职责范围包括：①根据 FATA 以及相关立法的规定，对拟设在澳大利亚的海外投资进行审查，并将审查建议提交给财长；②就 FATA 法案和有关政策的实施向财长提出建议；③促进澳大利亚国内外对 FATA 以及有关政策的认识和理解；④根据 FATA 法案和有关政策指导外国人及其代表、代理人的行为；⑤监督并确保 FATA 法案和有关政策的执行；⑥就其他政策事宜向财长提供意见。

由于 FIRB 的职能仅为咨询性质，因此真正有权就其政策和建议做出最终决定的是国库部——当国库部取得 FIRB 的审查议案后，将由国库部长全权拍板，并为此承担个人责任。

（三）审查对象和程序

澳大利亚的国家利益审查大致将审查对象根据投资主体的不同而分为两类，一类为由外国政府投资者提起的投资申请；另一类为由外国私人投资者提起的投资申请。对于前者，澳大利亚不以投资价值大小作为是否开启审查的判断依据，一律由审查机关考察其可能对国家利益带来的威胁，并决定是否批准提案申请。对于外国私营部门的投资审查则相对宽松，澳大利亚政府允许在特定价值范围①内给予一定的审查豁免权。

就具体审查程序而言，与美国的国家安全审查程序相似，澳大利亚的审查程序也分为申报、初审和调查，通常初审和调查期合计不会超过120 天。

（四）审查标准

对于外资私营部门直接投资或并购的国家利益审查，除了有明确的货币限额作为是否启动审查程序的重要依据外，澳大利亚政府还对"敏感领域"的私人投资做出了例外规定，一旦某一投资领域被认为属于"敏感领域"，则其中的外资并购项目将不再受限额保护，一律需面临国家利益审查。

---

① 澳大利亚每年 1 月 1 日会根据《1989 规则》第 13 条的规定指数，计算并发布当年的货币限额。

对于强制性启动国家利益审查的外国政府投资而言，澳大利亚主要依据 2009 年发布的《外国政府在澳大利亚投资的考量原则》中的审查标准判断其是否能够获批：一是独立性判断标准，即判断投资者的投资或经营行为是否能够独立于政府干预之外，可见澳大利亚对此类投资是否过多体现外国政府政治目的等有着极高的警惕；二是合法性判断标准，即判断投资者及其投资行为是否合法，以及是否能够遵守一般性商业行为准则；三是竞争中性判断标准，澳大利亚有着一套十分完善的竞争中性审查制度，因而做出对外国政府投资是否会破坏市场竞争秩序的判断时，将主要借助这一审查制度来完成，如此亦可实现国家安全审查与竞争中性审查的完美结合；四是政策执行保障判断标准，即将国家既定税收或其他财政政策的执行效果纳入安全审查的考察范围之中，对于可能给本国执行此类政策带来阻碍的投资行为及时喊停；五是一般性的国家安全判断标准，这一标准与美国的国家安全审查标准相似，审查部门将在全面考察某一投资是否会造成国家安全威胁的基础上作出判断，因而与前几项比较而言，这一判断标准的自由裁量空间就显得十分宽松；六是本土企业经营安全判断标准，即在考虑到前五项标准之外，还要防范外国政府投资对澳大利亚本土企业可能造成的经营和发展方面的负面影响。

尽管"国家利益"与"国家安全"一样，其模糊的外延定义使得审查机关得以在审查过程中充分发挥自由裁量权，将不符合其所认为的"国家利益"价值判断的投资项目拒之门外。但澳大利亚实行国家利益审查制度的根本目的也并非一味排斥外资，从某种意义上来说，相比于美国政治色彩浓烈的国家安全审查，这一制度对于澳大利亚政府而言更主要的利益取向还是在于本国经济社会安全。因此，该制度也设有相应的缓冲措施，即赋予了国库部长极为充分的裁量自由，保证其得以在特定情况下"附条件"地允许某些投资项目的推进。①

三、国际经验的总结与借鉴

安全审查在金融领域的适用能够有效防范外国投资带来的风险威胁，有益于维护一国金融市场的稳健。从美国与澳大利亚的国家金融安全审查制度经验中，可以总结出一些对我国构建金融安全审查制度有借鉴价值的内容：

其一，应当重视国家金融安全审查在维护金融稳定中发挥的作用，而不是仅仅将金融安全机制局限于金融安全网一途。美澳两国虽都未曾在立法中明确国家金融安全审查的概念，但却在立法中明确将金融安全列为审查范围。这使得金融安全审查被吸收进国家安全审查的整体框架之内，便于有效利用既有的、健全的审查制度和审查程序。此外，由于国家安全审查的外延要大于金融安全审查的范畴，因而采用国家安全审查统一规制银行业的外国投资，赋予了一国当局更大的自主裁量权。

其二，健全的审查机构设置以及完善的职权划分，不仅能够提高安全审查的效率，更能够针对不同领域的安全审查做到"有的放矢"。以美国来说，CFIUS 成员中包含了几乎所有的主要国家主管部门，使其不论针对什么类型、什么领域的外国投资或并购行为都能够在专业领域内作出及时有效的判断。银行业作为专业性要求很强的投资领域之一，在判断某一投资行为是否会造成系统性金融风险以及危害国家金融安全时，其背后往往蕴含着大量的金融和监管知识，对于非银行监管部门而言，有着较高的专业门槛。而多元化的审查机构成员组成能够有效解决这一问题。

其三，通过有效的审查对象分类，能够将不同的安全风险也进行分

---

① 例如，在 2009 年兖州煤业于 Felix Resource 的投资案中，兖州煤业获批的附加条件包括：（1）兖州通过一家澳大利亚公司经营其澳大利亚煤矿，总部及其管理团队要设在澳大利亚，首席执行官与首席财务需常驻澳大利亚；（2）并购后的公司至少有两名董事常驻澳大利亚，且其中一位为独立董事；（3）兖州煤矿的澳大利亚经营公司必须在 2012 年年底之前在澳大利亚证券交易所上市，届时兖州煤矿的持股比例降至 70%。

类。如澳大利亚将外国投资分为国家投资和私人部门投资两类，即可以在不同风险测度下区别对待各类投资行为，有针对性地放宽某些私人金融投资审查的同时，严格把关关涉他国政府的投资行为。因为通常而言，政府投资者在他国行政干预、竞争等方面可能给一国市场带来的威胁都要大于私营部门投资。

其四，在安全审查程序中，对于外国投资规模控制的要求不仅可以体现在外资持股占比限制上，还可以体现在外国投资的货币折算价值限制上。如澳大利亚就采用了这样双管齐下的审查标准，且还将敏感性行业中的外国投资列为限额豁免的例外。这一制度设计不仅考虑到投资并购项目完成后外国投资者的控制力大小，还从全局角度考虑到投资项目总金额大小可能带来的不同程度的风险，豁免例外的规定则更是为这一制度留下了必要的操作空间。

其五，认识到安全审查制度配套监督机制的必要性。美澳两国立法赋予了国家安全审查机构极大的权限，使其几乎可以阻止任何其认为存在国家安全隐患的外国投资项目。因而若没有必要的监督，这项权力就极有可能出现被滥用的情形。监督机制的介入能够防止国家安全审查泛化之后对正常市场投资经营活动以及公平竞争环境带来负面限制，多部门协商则更能够对具体的投资项目中的国家安全问题做出全面、客观的判断，且其结论的得出也就更能够得到信服和认同。

第四节　构建我国国家金融安全审查制度的建议

以近年来全球经济形势来看各国的银行业市场，发展情况并不乐观。在投资者对经济前景下行风险担忧日益加剧的情况下，贸易争端的起伏严重打击了全球经济活动和商业信心。通过各国央行采取的宽松的利率政策以及银行本身的放贷行为，银行往往会直接暴露在其他行业的脆弱性中。①在这一背景下，银行业的稳健与安全对一国国家安全的影响至关重要。根据《外商投资法》第三十五条关于建设国家安全审查制度的要求，现行的外资并购国家安全审查制度显然不能达到一般国家安全审查体系的制度效果，更不能够替代国家金融安全审查机制对维护我国金融安全发挥积极作用。

因而我国应根据《并购安全审查通知》以及《自贸区安全审查试行办法》的规划要求，尽快建立健全专门针对外商投资金融安全进行审查的制度；同时在《2019 人行职能规定》框架性规定的基础之上，就下几方面的制度建设做出努力。

一、明确国家金融安全审查在立法中的定位

缺乏专门的国家金融安全审查制度是我国目前在外国投资领域维护国家金融安全的一大阻碍。现有的国家安全审查制度明确排除了其在金融领域的适用，因而我国目前维护国家金融安全职能的主要依据仅为金融安全网中采取的宏观或微观金融监管措施，对于金融安全网不能覆盖的风险则缺乏必要的应对措施。例如，《外资银行行政许可事项实施办法》中对于外资银行申请设立、入股境内银行金融机构的限制仅局限于对治理结构、并表管理能力、监管评级等金融审慎监管条件，对于投资项目本身可能给东道国金融市场带来的竞争集中度、政策执行、国家安全、其他企业经营安全等造成的负面影响则完全不加考察。

---

① 一方面，在通胀持续低迷的经济背景下，各国央行普遍采取了更为温和的利率政策，而这些宽松的利率政策则会导致银行股票市场估值下降，并进一步增加银行财务状况的脆弱性。另一方面，信贷业务也会增加银行在下行经济压力下的风险敞口，IMF 在 2019 年的《全球金融稳定报告》中试图用银行对其他部门的信贷数据来说明这项风险敞口，数据表明，中资银行的加权敞口最大，因为它们向国内企业、家庭和其他金融公司发放了大量贷款。此外中国许多中小银行资本充足率和利润均明显低于大型机构，脆弱性更强。银行体系脆弱性加权风险敞口是衡量银行风险敞口的有用指标，尽管它没有考虑到银行系统的资本水平，仍能较为直观地反映银行经营的风险状况。

虽然我国可以参考美澳等国的做法，将金融安全审查纳入国家安全甚至制度的整体框架中一并执行，但就目前我国的国家安全审查制度建设情况来看，立法层级过低是不容忽视的一项主要问题。迄今为止颁布的所有涉及国家安全审查制度的最高层级也不过为部门规章，其法律地位的低下在某种程度上也限制了其审查作用的发挥。

二、细化金融安全审查对象的分类

在《并购安全审查通知》对并购安全审查范围的规定来看，并未涉及金融安全以及金融领域的任何内容。《自贸区安全审查试行办法》中虽有做出如"敏感并购对象""敏感技术"，以及"敏感地域"等表述，但从第一条第（一）款所划定的审查范围来看，这些"敏感"所涉及的行业基本与国防或军事设施相挂钩，金融业的特殊性并未得到体现。最新颁布的《外商投资安全审查办法》倒是首次将"重要金融服务"纳入外商投资安全审查范畴之内，但一方面，其对于哪些属于重要金融服务并未进一步细化，另一方面，此项审查的启动还需附加另一个重要条件，即外国投资者取得所投资企业的"实际控制权"。这些都给国家金融安全审查的启动带来了极大的不确定性。因此，若要在今后国家金融安全审查制度的建设中继续沿用我国既有的国家安全审查机制，就有必要先明确定义审查对象，并根据实际情况对其进行必要分类。

首先，要明确外资金融安全审查所针对的投资类型。我国现行国家安全审查制度在对审查对象类型的划分中，过度侧重于对并购行为的限制，而却没能够正视新设投资可能给国家带来的安全威胁，仅将规制新设投资风险的任务寄托于准入审批制度。但事实证明，新设投资在不断放开的审批限制下，所隐含的潜在风险并不亚于并购可能带来的安全威胁。这一点从并购项目在外商投资项目中的数量占比亦可见一斑。统计数据显示，

2017 年我国外资并购项目占新设项目总数的 5.8%，而五年前这一指标为 4.9%；① 外商在华的投资方式仍以绿地投资为主。因此，考虑到风险来源的多元化，不应当将新设投资排除在国家金融安全审查范围之外。对此，可以在今后的相关立法中参考沿用《中华人民共和国外国投资法（草案征求意见稿）》（以下简称《外国投资法（草案征求意见稿）》）以及《外商投资安全审查办法》中对安全审查范围的划分，即将审查的对象统一扩展到一切形式的外国投资（同时包括新设投资和外资并购）与所有投资领域。② 这不仅能够确保审查的交易类型更加全面，也能通过灵活的审查介入更好地维护国家金融安全。

其次，可以参考澳大利亚对审查投资对象的分类形式，将银行领域的外国投资分为外国政府投资与私营部门投资两类。一方面，对于有政府背景的投资项目采取更为严格的安全审查标准和审查程序，另一方面，适当放宽对外国私人投资者投资项目的限制。从我国目前外资安全审查制度启动的程序来看，具有很明确的强制性，《并购安全审查规定》第二条规定："对于属于并购安全审查范围，但申请人未向商务部提出并购安全审查申请的，应暂停办理，并在 5 个工作日内书面要求申请人向商务部提交并购安全审查申请，同时将有关情况报商务部。"《外商投资安全审查办法》则在此基础上更进一步，除将对拒不申报的外商投资采取必要措施外，还允许有关机关、社会团体等提起启动安全审查程序的建议。相比之下，我国审查程序的启动方式已较此前有了更多选择，但从国际经验来看，还可更为细化。例如，美国的国家安全审查启动程序就极为灵活，以投资者自愿申报和审查机关主动介入两种方式都可以开启国家安全审查，赋予了审查

① 数据来源参见商务部《中国外商投资报告 2018》以及《中国外商投资报告 2013》。

② 《外国投资法（草案征求意见稿）》第四十八条明确规定："国家建立统一的外国投资国家安全审查制度，对任何危害或可能危害国家安全的外国投资进行审查。"同时，还将"外国投资"界定为不仅包括并购，还包括绿地投资、中长期融资、取得自然资源勘探开发或基础设施建设运营特许权、取得不动产权利以及通过合同、信托等方式控制境内企业或者持有境内企业权益。参见《外国投资法（草案征求意见稿）》第十五条。

机关强大的主导权。又如澳大利亚，选择允许对部分并购资金体量较小的外国私人投资进行安全审查豁免，为促进投资便利以及提高审查效率提供了保障。考虑到此类制度既能够充分保障竞争中性制度的实现，同时也能降低不必要的安全审查成本、提高投资效率，十分值得我国在今后的立法工作中加以借鉴。

最后，鉴于外资进入我国银行业可能带来的负面影响并不仅仅局限于金融领域，因而还应将关于"国家金融安全"的考察范围作广义解释。在"外资准入前国民待遇+负面清单"管理模式下由审批制向备案制过渡的过程中，新开放的外商投资领域也可能带来国家安全风险问题。因此，国家安全审查应结合"负面清单"放开准入限制的领域，将维系国家经济持续发展命脉和事关国计民生的重要产业都列入覆盖范围之内；鉴于外资银行目前正经历准入限制越来越少、监管限制越来越灵活、自治空间越来越大的过程，其很可能对金融市场稳定造成影响，因此也需要对此进行国家安全审查以减少金融风险。这一点也可以参考美国在国家安全审查中对各行业采取的侧重分配，从经验数据来看，每年银行金融业的安全审查案件数都占全部审查件数的 30% 左右，如此高的安全关注度亦能够充分保障国家金融市场在外部市场不稳定的情况下的相对稳健。

三、完善金融安全审查标准

我国制定金融安全审查标准时，可以借鉴澳大利亚在国家审查标准中所提出的"投资考量"原则，具体从以下几个方面设计金融安全审查标准：一是对投资者与母国政府具体联系的判断，以考察外国政府投资主体（如主权基金等）的进入是否会对关键领域的安全与稳定带来风险，对银行业而言则可据此进一步考察外资银行与母国监管部门间的关系，防止他国通过干预投资主体行为的方式扰乱东道国金融秩序。二是考察投资者及其投资行为的合法与合规性，外资银行是否能够符合巴塞尔协议下的各项监管标准也可被纳入其中。三是考察外资进入我国银行市场后是否会对竞争环境造成扭曲，或是否会形成垄断；对于这一项审查内容，我国通常都是通过外资银行行政审批程序实现的，但实践中过多的监管干预往往会遭受大量的破坏竞争秩序的诟病，将这一限制权限转移到金融安全审查部门，能够减轻银行监管部门的监管压力。四是全盘考虑外商投资银行业的行为是否会对我国国家安全和经济发展带来威胁或负面影响，以及是否会给市场中的其他同类企业的稳健经营造成安全威胁等。

就我国目前的国家安全审查标准来看，主要关注的内容是外资并购后所享有的实际控制权，如《并购安全审查通知》《自贸区安全审查试行办法》以及《外商投资安全审查办法》等都规定了，单个或数个外国投资者并购后持股总额达到 50% 以上，或虽不足 50% 但据其表决权可对公司决议产生重大影响的，将会启动国家安全审查程序。[①] 对于投资并购项目的金额大小则未作明确规定。从实践效果来看，这样的规范内容是有失妥当的——仅以控制权作为判断风险的标准，将无法区分大型并购项目与小型并购项目带来的不同程度的安全风险。因此，可以参考澳大利亚在国家利益审查中的做法，除比例外，更应当将数额限制纳入标准。通过放宽小规模的外资企业收购审查而提高行政审批的效率，减少审批资源的浪费。此外，还可借鉴美澳在安全审查机制中的灵活操作，将"缓冲措施"纳入审查标准之中，允许某些限制准入的投资项目在符合一定条件的情况下获准进行。

当前，我国在《外商投资安全审查办法》中也已对此类规范做出尝试，如在第十三条中提出了对"附条件通过安全审查"情形的初步规定。今后，我国应通过出台更为详细的配套执行办法，将给予附加条件的具体要求，以及后续附加条件实施情况的相关检查程序进一步予以细化和明确。因为从此项制度的国际实践效果来看，能够在赋予审查机构足够裁量权的前提下，尽量保证发挥市场的自我调节功能。

---

① 参见《国务院办公厅关于建立外国投资者并购境内企业安全审查制度的通知》第一条第（三）款；《国务院办公厅关于印发自由贸易试验区外商投资国家安全审查试行办法的通知》第一条第（三）款；《外商投资安全审查办法》第四条第（二）款。

四、明确审查机构与进一步完善权限配置

从目前的制度架构来看，我国的国家安全审查机制和国家金融安全审查机制职能落在两个不同的机构：

①以商务部为主导的涉及外商投资的国家安全审查。从我国现有安全审查职能分配来看，商务部在其中发挥着绝对的主导作用。首先，外国投资者对于属于并购安全审查范围内的投资应向商务部提出并购安全审查申请；其次，由商务部负责提请安全审查联席会议进行审查，并通知最终审查结果；最后，《外商投资安全审查办法》所确定的外商投资安全审查工作机制办公室也将由商务部与国家发展改革委一同牵头承担日常工作。

②以人民银行为导向的金融安全审查。我国虽未提出过专门的金融安全审查制度，也并未就相关机构做出系统性规定，但根据《2019人行职能规定》，国家金融安全审查的具体实施部门则为人民银行下设的金融稳定局。可见目前我国对于此两项审查制度的最终归属有着明显的倾向性，即由商务部在总体上负责外商投资审查，而人行等金融监管部门则具体针对金融业外商投资进行专业化的安全审查。

总体而言，这一设计思路能够一定程度上顾全安全审查制度中关涉金融业部分的特殊性与专业性，但就目前的制度架构而言，与先进国际经验相比，显然还存在着严重的不足，因而可能在以下几个方面给审查工作的开展造成阻碍：其一，机构职能划分不明晰，尽管国家安全审查和金融安全审查由不同的审查机构负责执行，但由于目前我国立法中对于"金融安全"和"国家安全"并未做出明确的区别定义，因而在实践操作中将难免造成审查机构选择的混淆；究竟什么情况下的并购属于影响国家金融安全的行为交由人行下设的金融稳定局进行审查，而什么情况下的并购因威胁国家安全交由以商务部为主导的安全审查联席会议等机构决议，中间缺乏明确的界限，究竟以投资机构类型作为划分依据，还是以并购行业领域作为划分依据，完全不明确。其二，对于两个审查机构之间职权交叉、重叠

的情况如何解决并不明确，仅从行政级别上看，两个审查机构之间的差距十分大，因而审查结果也存在效力层级上的巨大差异，如何达成信效一致尚属难题。其三，金融稳定局所实施的审查程序的性质并不明确，若如澳大利亚 FIRB 那样只负责审查建议，而不负责最终决议，则就需要对最终有权决议的机关进行明确；若如美国 CFIUS 那样可以相应地做出审查报告，并提交更高一级的审查部门审议（如安全审查联席会议），则仍需对两个机构之间的权责分配进一步明确；若金融稳定局自身有审查决定的权力，则该决议难免效力层级过低，相应的审查程序也有待商榷和完善。

根据《外国投资法（草案征求意见稿）》第五十五条的规定，在联席会议未开始审查之前，其参与成员并不确定，考虑到决议效力层以及实践中的可操作性，对于金融安全审查机构职能的设置，可采取美澳等国的普遍做法，设立专门的国家安全审查机构——即将"安全审查工作机制办公室+具体审议部门"的审查工作模式常态化，由工作机制办公室牵头，根据不同的安全审查对象和审查范围组成专业的审查联席会，并在此基础上对其下设的成员机构职能进行一一明确。根据《并购安全审查通知》第三条第（二）款的规定，安全审查联席会议成员包括了外资并购所涉及的行业和领域的相关部门，央行及其下设机构完全可以被纳入这一审查机制之中。据此，可将金融稳定局的金融安全审查职能与安全审查联席会议的安全审查职能相结合，使其承担一般安全审查下的金融安全审查专项职能。并在这一基本架构之下，进一步明确其所享有的权利，制定相关的组织制度以及运作程序。

五、建立健全金融安全审查监督机制

我国现行国家安全审查制度的审查决议具有明确的不可诉性。根据我国《行政诉讼法》的规定，国家安全审查并不属于其中列举的行政诉讼受案范围。[①] 此外，《外商投资法》第三十五条也明确指出"外商投资安全审

---

① 2017 年《中华人民共和国行政诉讼法》第十二条、第十三条。

查制度……依法作出的安全审查决定为最终决定"，完全排除了外资申请者在申请受拒时主张行政诉讼或行政复议程序的可能性。

事实上，给予国家安全审查以司法审查和诉讼豁免，是目前各国国家安全审查制度中的通常做法，而在我国现行的安全审查制度框架下，这一规定也具有十分现实的意义：首先，由于我国安全审查联席会议机制对于个案审议的成员组成并不确定，即使开展司法审查也难以确定责任主体。其次，国家金融安全审查作为一种十分特殊的行政行为，决定了其审议过程的不公开性和审议标准的专业性，[①] 第三方很难获得足够的信息处理其间争议，即使赋予法院以最终决定权，其象征意义也大于实际功效。最后，国家安全审查制度的终局性赋予了此项制度极高的法律地位，使其得以成为最后"安全阀"的存在。

然而需要指出的是，就西方发达国家健全的金融安全审查制度而言，虽然在程序上通常被设置为不可诉，但往往都配套了完善的监督机制，以保障审查程序与审查结论的合理性。反观我国的安全审查机制，却并未形成相关审查决议的监督体系，目前仅在《外商投资安全审查办法》中粗略地提出对审查决议执行情况的监督要求，至于对审查决议本身的监督程序则尚属空白。本着强化监督、完善审查程序的出发点，我国在今后国家金融安全审查制度建设过程中，应充分借鉴美、澳等国做法，完善专门的审查决议汇报制度，分别以逐案汇报和年度工作汇报形式，由审查机构接受上级主管部门（国务院）以及全国人大的工作监督和质询。

---

① 从世界主要发达国家的国家安全审查程序来看，透明度都很低，审查机关通常无须对审查依据和决议理由做出解释说明。具体参见本章上一节的研究内容。

结束语

从"外资三法"到《外商投资法》，我国的外商投资立法体系经历了由初级到高级、由低效到高效、由不健全到健全、由分散到统一的改革进程，与此同时，我国银行业对外开放的制度基础也随之发生了显著变化。在《外商投资法》及其配套制度出台之前，我国对于银行业开放的政策基调一直以来都十分谨慎的，即使是在加入 WTO 体系做出一系列开放承诺后，仍然对银行业的开放制度做出了特别保留。虽然这一设计符合大多数国际银行市场开放的通常做法，但总体而言，我国在这一时期对于外资银行准入、监管、竞争安排、金融安全等方面的制度构建是较为混乱和薄弱的。从开放基础而言，我国的相关制度效力层级低下、规范分散；基本的准入监管原则不明确，导致外资银行准入出现时紧时松、部分紧部分松的不均衡布局；具体的规范内容与配套制度不完善。此外，我国在外资银行监管机构职能完善、外资银行监管制度建设上仍然较为滞后，以至于大多数针对外资银行的监管活动需要通过大量的行政审批来完成，这又进而衍生出竞争制度健全、安全保障体系不完善等问题。

从外资银行在华发展现状的有关数据来看，我国银行市场合理利用外资的情况并不理想：①内外资银行在我国银行市场的结构占比不均衡，即使是在保持较高增速的前提下，与内资银行相比，外资银行不论是在机构数量还是资产总额占比上都仍远远落后。造成这一现象的原因有多个方面。第一，国有股在我国银行市场的固有份额一直以来都非常高，这大大挤占了其他市场主体进入的空间、提高了其共同参与竞争的难度；第二，受多重监管的压力，外资在选择投资主体类型时较为保守，仅有的几家法人银行的资本体量也都相对较低；第三，银行市场面向民间资本放开，更进一步挤占了外资银行的生存空间，并从而整体改变了固有的竞争格局。②外资银行的地域分布不均衡，资本大量集中于我国的东部以及沿海地区，考虑到现实存在的金融市场环境的差异性，这大大增加了我国全面推进银行业开放制度改革的难度。③我国的银行业外资来源较为单一，这一方面使得我国外资银行市场存在结构性不稳定的风险，容易受少数国家或地区资本的集中影响；但另一方面也降低了部分银行业开放制度设计的难度，如外资银行负面清单的制定就因清单规制主体的单一而更具指向性。④外资的先进管理理念与内部治理体系并未对国内银行机构带来显著影响，这从目前内外资银行间的盈利能力差距中可见一斑。⑤内外资银行业务侧重存在明显差异，体现为外资银行在传统业务领域先天弱势，而在外汇等特别业务方面又有类似"超国民待遇"。

有鉴于这一系列的现实困境，要实现外资银行在我国的可持续发展、推动银行业进一步扩大开放，可谓道阻且长。而解决这些问题的前提，则在于厘清银行业实现稳健开放的基本制度环境要素，只有抓住症结、从源头上合理规划，才能从根本上构建有序的银行业开放规则。具体来说，银行业的开放与四个制度环境的构筑息息相关：其一是外资准入制度环境，其决定了外资进入银行业的"门槛"问题，集中体现了银行业对外开放第一阶段的制度准备；其二是外资监管制度环境，外资跨过"门槛"进入国内银行市场后，必须对其进行科学的监管，才能保障其运营、退出的有序展开；其三是银行业竞争制度环境，外资银行被纳入一国市场内的同时也意味着新的竞争关系随之产生，若非对外资银行进行主体结构与行为的双重竞争调整，则将难免出现无序竞争的情况，这也有悖于引进外资的根本初衷；其四是金融安全制度环境，银行业的特殊性主要体现为高风险性，因而坚强有力的国家金融安全保障成为了银行市场对外开放的重要基础。

有意思的是，《外商投资法》的颁布恰好对以上四个层面制度环境的构建提出了纲领性的规划。①对我国的外商投资准入制度作出了调整，将"准入前国民待遇"全面适用于我国的外资准入；②及时调整了外资管理模式，用负面清单取代了传统的正面清单；③将竞争中性原则作为对外商投资竞争政策的基调；④提出了进一步建设和完善我国外资安全审查制度的总体要求。这些纲领性的规划构筑起了一个针对外资开放的全新的制度格局。在这一"新格局"的影响下，我国银行业开放制度的改革与完善也应随之找准方向——以准入、监管、竞争、安全制度的设计为根本导向。通过对此间具体问题的研究，本书得出了以下结论：

第一，与其他行业相比，银行业的准入制度十分特殊，可以被细分为机构准入和业务准入两个方面，而机构准入中又可分为机构主体准入以及人员准入。因而，国民待遇在银行准入中的适用就涉及需要在机构以及业务方面的全面考量。我国的对外开放伴随着加入 WTO 的进程得到了长足的发展，在世贸规则体系下，我国通过一系列国际协定以及颁布的相关国内法，对外资银行的准入待遇做出了基本设定，而就其实质来看，我国当时施行的外资银行准入制度全面依据的是"准入后""不完全"的国民待遇，其中，"准入后"体现为外资享受国民待遇的阶段与中资不同，而"不完全"则表现为外资并未能够享受完整的国民待遇，从各种准入意义上（无论是机构准入还是业务准入）来说，其所拥有的国民待遇都极为有限。"准入后国民待遇"极大地打击了外资进入中国银行市场的积极性，同时也进一步加剧了市场竞争主体间的不平等。从各国实践经验来看，一国银行业市场准入标准的高低与其银行业发展水平之间存在着微妙的联系。例如，日本、澳大利亚、欧盟等经济体用实际行动表明，即使是实行了较为彻底的"准入前国民待遇"，也能够保障银行市场的相对稳健，当然，必要的适用限制也不可或缺。又比如，美国给予外国资本在其银行业中享有的国民待遇比较"保守"，但却积极鼓励其他国家向其银行资本提供"准入前国民待遇"，这从另一个角度提醒我们应当正视"准入前国民待遇"背后潜在的风险。以美国构建的十分健全的外资银行准入制度而言，外资在进入一国银行业时往往应当受到来自准入类别、准入内容等方面的约束，与此同时，一系列关键措施的出台也能够有效地降低开放风险：将关键领域纳入禁止准入、对某些行业附加特别保护措施、为地方政府保留自主权、保留本国公民在人员准入方面的主动优势等。

"准入前国民待遇"在我国银行业的实践无论从时间还是空间上看，都极为不足。就目前我国的实施情况来看，外资银行无论是在机构、人员还是业务准入方面，其所受到的规制与中资银行相比都是极不平衡的。因此我国需要在充分借鉴国际成功经验，并切实考虑本国实情的基础上，对银行业准入前国民待遇制度进行完善。可行路径包括三个层面：①要优化外资银行市场准入制度，进一步推进"准入前国民待遇"在银行业的试水。首先，当前内外资银行间的待遇差别主要在于股东主体资格限制方面，因此今后应探索在银行业外资国民待遇限制方面从单纯的主体限制向业务限制调整。其次，在具体的市场准入限制形式上，我国目前还存在较多的"刚性"条款，这不利于实现市场监管制度的灵活性，因而今后在市场准入限制形式上应更多地尝试"柔性"准入标准。再次，应坚持保留必要的市场准入限制，坚持"法人导向"的机构分类监管，坚持对某些敏感领域或基于互惠条件保留必要的市场准入限制。最后，尽量简化外资银行市场准入程序，以"简政放权"思想为指导，减少不必要的程序门槛，提高外资"走进来"的积极性。②合理规范审慎监管。审慎性条件是我国用于限制银行业准入的一项十分常见的内容，其本身也发挥着制约国民待遇适用的作用，因而其具体内容也应当符合必要性的原则。③建立必要的准入风险防范措施，如将"门槛"限度、关键行业、地方裁量、国籍等因素纳入规则制定的考虑范畴。

第二，银行业广泛适用"准入前国民待遇"并不意味着降低门槛自然引入风险的必然结果，可充分运用负面清单管理模式的积极影响，完善我国的外资银行监管制度能够行之有效地防范准入放宽而产生的风险。与传统的外资管理模式相比，负面清单管理模式恰如其分地反映了"法无禁止即可为"的行政治理理念，因而对于我国目前实行的外商管理体制改革而言，选择负面清单意味着外资管理理念与重心已经开始全面从管制向自治调整。这一转变背后的理论逻辑有三：首先，负面清单明确了私法自治在法律"空白地带"的适用，为私法自治活动的强化奠定了基础；其次，负面清单限制了政府自由裁量权对私法自治的干预，最直接的效果就是为我国的行政体制由审批向备案制的改革提供了制度保障；最后，负面清单赋予了私法自治更公开透明的制度环境，从市场环境建设的角度鼓舞了外资参与我国经济活动与经济建设的积极性。银行因其行业自身的高风险性和强监管性，决定了在开放过程中，其相应的负面清单在调整范围和发挥的作用方面都具有很强的特殊性。在过去几十年的开放历程中，我国对于外资银行负面清单的探索也充分尊重和体现出了这些特殊性：其一，我国的外资银行负面清单经历了由点到线再到面的不断探索，从最初的局限于上海自贸试验区内的试验性清单，到区内区外两张清单，再到如今致力于构建全国一张清单的过程，不同金融基础的地区分批次、有先后地实现了银行业外资清单管理模式由"正"到"负"的转变，体现出对负面清单自身调整规律的充分尊重。其二，我国的外资银行负面清单经历了由多到少、由粗到细的过程，一方面具体条款一再缩减，另一方面限制准入的条件内容则越来越清晰明确，通过稳步放松管制增强了清单的可操作性。与此同时，我国外资银行负面清单管理模式的施行和普及，还伴随着我国外资银行从审批制逐渐向核准备案制过渡的制度沿革。因此，我国外资银行负面清单制度的完善蕴含着三个层面的具体要求：一是对负面清单本身的完善；二是对"核准+备案制"下的外资审批制度的完善；三是对放松管制后外资银行私法自治权的落实、保障与必要约束。

首先，针对清单本身的完善，需要从厘清清单的内涵与实质开始。从国际经验和我国的实践比较可以发现，我国的外资银行负面清单可分为三类：一是在国际协定中以"不符措施"形式存在；二是以国内立法程序制定与颁布的全国统一清单形式存在，具体包括自贸区内与自贸区外的两张《外商投资准入特别管理措施（负面清单）》；三是以准入限制的形式散见于各类外资监管制度中的准负面清单。其中，第一类清单在国际开放标准不断刷新高度的背景下，尚缺乏足够的灵活性，且适用范围也十分局限；第二类清单容易遭遇来自负面清单棘轮效应的挑战；第三类清单若不能控制规模，则会扼杀负面清单的积极效果，使得政策透明度大打折扣。有鉴于此，我国应在清单管理思维与治理模式转变的基础上，切实推进各类清单的完善。其次，负面清单的运用蕴含了外资银行审批制改革的巨大挑战，我国应在总结多年改革经验的基础上，对现行框架进行调整，全面实现由审批制向备案制的治理模式过渡。最后，不断放宽的准入条件以及审批制的弱化，使得外资银行被赋予了极大的自由空间，而据此就需要借由足够完善的自治规范对其作出必要约束，总体而言，可以通过完善清单规范、落实清单指导思想、转变监管思路与行政介入方式、健全投诉与救济机制等方式加以实现。

第三，《外商投资法》中对营造公平外国投资竞争环境的规定，从顶层设计上为竞争中性原则在我国投资领域的全面适用奠定了基础，从银行业的竞争制度安排来看，竞争中性原则的适用势在必行。当前，对于竞争中性原则的解读基于不同国家的实践，得出不同的结论，进而出现了澳大利亚式竞争中性、美式竞争中性等不同的原则性提法和竞争制度体系；即使是在发展水平相似的不同发展中国家间，对于竞争中性原则的理解和体现也不尽相同，因此，要在银行业开放过程中充分实践竞争中性原则，就必须充分考虑到竞争中性原则对我国银行业的积极影响和消极影响。首先，竞争中性原则带来的首要外部影响在于其以正当竞争安排的方式对我国企业"走出去"设置了障碍，作为主要资本输出国，我国国有企业在其中发挥了举足轻重的作用，尤其是我国的国有银行，在国际银行市场中扮演了十分重要的角色，无论在资本体量还是在软硬件建设方面都有着明显的竞争优势，因此竞争中性原则中对银行业国有资本的约束无疑将会对我国目前的银行业出口格局造成直接影响。其次，竞争中性原则对外国资本"走进来"也产生了深刻的影响，外资在竞争中性思想的指引下，对于谋求国内公平竞争市场环境的呼吁日益增多，而从目前我国银行业市场的竞争结构来看，无论从主体结构还是行为结构来看，国有资本都在发挥着无与伦比的关键性作用，其在总量上也处于绝对优势，若今后对其优势条件进行削减，则无疑会引起一系列连锁反应。最后，尽管竞争中性原则在我国银行市场的适用极有可能会引起许多不稳定反应，但我国目前却并没有太多的空间对其说不，考虑到越来越多的国家都已将竞争中性原则纳入其国际投资协定的谈判文本，我国在今后高规格的各类国际经贸谈判中，将不可避免地面临全面承诺此项原则的情形。有鉴于此，我国银行业对于竞争中性原则的合理吸收和利用，已经势在必行。通过借鉴日本、澳大利亚、印度等国将竞争中性原则适用于本国银行市场的经验，可以发现，真正影响竞争环境的并不是单纯的主体占比，而是制度细节。有一些国家，即使大量地在本国银行市场中引入了外资主体并为其提供优惠政策，如日本，但外资银行的竞争力依然很弱；而有的国家，如印度，即使不同主体（包括国有资本、外资和民营资本）在银行市场中的占比都很均衡，但也没有动摇国有资本在银行市场中的主体地位，反而是实现了各类资本间的协作与共赢。

我国的银行市场开放经历了漫长的过程，且一直以来始终秉持着极为谨慎的态度，时至今日，外资银行和民营银行在市场竞争中发挥的作用极其有限。因此，从这个角度来看，竞争中性原则对我国的银行业开放能够产生积极的影响：①能够促进我国银行市场竞争主体的多元化配置，通过适当调整国有资本占比，为逐渐僵化的银行市场重新注入活力。②能够进一步完善竞争制度体系，以减少"政府扭曲"为基调，对反垄断、反不正当竞争制度的调整提供思想指引。③能够积极鼓励银行业"走出去"与"走进来"，减少不必要的制度壁垒，并尽快实现与国际高标准间的接轨。具体来说，我国银行业竞争制度对竞争中性原则的体现可以从以下几个方面实现：其一，完善银行业竞争中性立法，从更高的制度层级明确提出竞争中性的立法主张；其二，进一步优化银行市场开放后的竞争环境，明确国有银行在竞争中的定位、优化外资银行的竞争环境、吸引民营银行作为一种新的竞争主体有序进入市场；其三，要健全竞争投诉处理机制，做好竞争关系的善后工作。

第四，银行开放与金融安全休戚相关，而纵观各个国家、各个时期的国家安全理论后不难发现，金融安全是国家安全中至关重要的一环。历史经验表明，未能兼顾国家金融安全的银行业开放，必然导致失败的结局，韩国及拉丁美洲国家的教训即是如此。作为21世纪对外开放最重要的命题之一，国家金融安全的保障制度主要包括国家金融安全网以及国家金融安全审查这两项，而相对于前者，后者的实施更为细致和灵活。目前虽还未有一个国家在其正式立法中对何为国家金融安全审查做出定性，但从各国实践中不难看出，这项制度已经开始成为大国间进行博弈的一项至关重要的手段。例如美国就曾多次通过国家金融安全审查的方式将存在潜在风险的外国资本拒之门外。相较之下，我国国家金融安全审查制度的建设则显得相当滞后。经历了从准入审批制，到投资指导目录制，到外资并购审查制的沿革历程，目前，我国仍未建成健全的国家金融安全审查制度，只笼统地以外商投资安全审查制度一以代之。现行的制度框架中，仍存在着制度基础单薄、审查对象不明确、审查程序与审查机构职权不完善、审查监督机制缺位等诸多问题。反观美、澳等国家安全审查制度相对成熟的国家，审查机关职权明晰、审查对象明确、审查范围规范、审查程序完备、审查标准留有相当大的完善和弹性空间，此外，还专门为审查制度配备了健全的审查监督机制，确保此项制度不会被脱离于监管之外被滥用。从这些成熟的机制中可以看出，充分尊重金融安全在国家安全审查机制中的地位是推动这一制度走向全面完善的基础，健全的审查机构设置以及完善的职权划分，不仅能够提高安全审查的效率，更能够针对不同领域的安全审查做到"有的放矢"；通过有效的审查对象分类，能够将不同的安全风险也进行分类；此外，行之有效的监督机制也必不可少。

因而，在银行业开放背景下，我国有必要借鉴国际先进经验，通过完善现行的国家金融安全审查制度，以其作为"安全阀"的形式来保障金融市场的稳健发展。具体制度进路包括：①在立法中明确国家金融安全审查的内容，并可视情况将其纳入国家安全审查程序之中。关键性立法的缺失是我国目前在构建国家金融安全审查网络时面临的最大困难，由于缺少统筹全局且定位全面的顶层设计，使得我国目前的国家安全审查制度本身尚不完善，更勿论仅处于笼统概念提法阶段的金融安全审查了。因此，接下来有必要将国家安全审查法的立法工作纳入制度建设议程，从全局上做出更长远的战略规划。与此同时，还需要提升现有国家安全审查制度的效力层级，使其能够与现行外商投资法的立法架构相互匹配。②细化金融安全审查制度的审查对象分类，首要就是将金融安全纳入国家安全审查范畴，明确外资金融安全审查所针对的所有投资类型，并可参照国际做法，将银行领域的外商投资分为外国政府投资与私营部门投资两类分别进行不同程度的审查。③完善金融安全审查标准，具体可通过考察外国投资主体的参与程度、投资行为本身的合法合规性、投资行为对竞争环境的扭曲程度影响，以及可能给我国带来的潜在安全风险等方面内容，构建全方位的审查标准体系；并将"缓冲措施"纳入审查标准之中。④明确审查机构与进一步完善权限配置。经过几轮制度设计的调整，我国的国家安全审查职能部门也出现了变动，相应的权限配置也随之进行了调整，今后我国应当着重明确各审查机构间的权限范畴，尤其是明晰金融安全审查部门的定位与职责。⑤完善安全审查监督机制和司法救济机制。

参考文献

一、中文文献

（一）著作类

巴茨，等，2008. 反思银行监管 ［M］. 黄毅，张晓朴，译. 北京：中国金融出版社.

包勇恩，2013. 巴塞尔Ⅲ规制资本法律制度研究 ［M］. 北京：中国政法大学出版社.

曹士兵，1996. 反垄断法研究 ［M］. 北京：法律出版社.

查士丁尼，1993. 法学总论 ［M］. 张企泰，译. 北京：商务印书馆.

单飞跃，卢代富，等，2005. 需要国家干预：经济法视域解读 ［M］. 北京：法律出版社.

丁邦开，周仲飞，2004. 金融监管学原理 ［M］. 北京：北京大学出版社.

格伯尔，2004. 二十世纪欧洲的法律与竞争 ［M］. 冯克利，魏志梅，译. 北京：中国社会科学出版社.

格斯，2008. 规制：法律形式与经济学理论 ［M］. 骆梅英，译. 北京：中国人民大学出版社.

葛顺奇，2018. 外商投资"负面清单"管理模式研究 ［M］. 北京：人民出版社.

韩银安，2011. 地缘经济学与中国地缘政治经济战略 ［M］. 北京：世界知识出版社.

加特, 1999. 管制、放松与重新管制 [M]. 陈雨露, 等, 译. 北京: 经济科学出版社.

姜建清, 2006. 国际商业银行监管环境与体制 [M]. 北京: 中国金融出版社.

杰克逊, 西蒙斯, 2003. 金融监管 [M]. 吴志攀, 等, 译. 北京: 中国政法大学出版社.

凯勒曼, 等, 2016. 21 世纪金融监管 [M]. 张晓朴, 译. 北京: 中信出版社.

柯林斯, 2014. 规制合同 [M]. 郭小莉, 译. 北京: 中国人民大学出版社.

李珂, 等, 2013. 法经济学基础理论研究 [M]. 北京: 中国政法大学出版社.

林珏, 2016. 区域自由贸易协定中"负面清单"的国际比较研究 [M]. 北京: 北京大学出版社.

路乾, 2016. 美国银行业开放史: 从权利限制到权力开放 [M]. 北京: 中国科学出版社.

马怀德, 1994. 行政许可 [M]. 北京: 中国政法大学出版社.

马歇尔, 2005. 经济学原理 [M]. 北京: 商务印书馆.

梅斯, 海尔姆, 柳克西拉, 2006. 改进银行监管 [M]. 方文, 周济, 刘芳, 等, 译. 北京: 中国人民大学出版社.

赛德曼, 等, 1992. 法律秩序与社会改革 [M]. 时宜人, 译. 北京: 中国政法大学出版社.

赛德曼, 赛德曼, 2008. 立法学理论与实践 [M]. 刘国福, 曹培, 译. 北京: 中国经济出版社.

施蒂格勒, 1996. 产业组织和政府管制 [M]. 潘振民, 译. 上海: 上海人民出版社, 上海三联书店.

史纪良, 2005. 银行监管比较研究 [M]. 北京: 中国金融出版社.

史普博，1999. 管制与市场 [M]. 余晖，等，译. 上海：上海三联书店，上海人民出版社.

泰格，利维，1996. 法律与资本主义的兴起 [M]. 纪琨，译. 上海：上海学林出版社.

梯若尔，德沃特里庞，2002. 银行监管 [M]. 石磊，王永钦，译. 上海：复旦大学出版社.

王俊豪，2001. 政府管制经济学导论 [M]. 北京：商务印书馆.

王利明，2010. 民法 [M]. 5 版. 北京：中国人民大学出版社.

王全兴，2002. 经济法基础理论专题研究 [M]. 北京：中国检察出版社.

王文宇，2004. 金融法 [M]. 北京：元照出版社.

西瓦兹，2015. 金融创新与监管前沿文集 [C]. 高凌云，译. 上海：上海远东出版社.

徐士英，2013. 竞争政策研究：国际比较与中国选择 [M]. 北京：法律出版社.

姚旭，2011. 银行公司治理法律问题研究 [M]. 北京：法律出版社.

张俊浩，2000. 民法学原理 [M]. 北京：中国政法大学出版社.

张乃根，2014. 法经济学：经济学视野里的法律现象 [M]. 上海：上海人民出版社.

植草益，1992. 微观规制经济学 [M]. 北京：中国发展出版社.

周仲飞，2010. 银行法研究 [M]. 上海：上海财经出版社.

周仲飞，郑晖，2004. 银行法原理 [M]. 北京：中信出版社.

（二）期刊类

安俊，等，2001. 中国银行业的有效竞争研究[J]. 财贸经济（8）：17-22.

巴曙松，等，2016. 从金融结构角度探讨金融监管体制改革 [J]. 当代财经（9）：43-51.

柴振国，等，1996. 论合同自治 [J]. 法学家（4）：9-15.

常秀鹏，2014. 法律移植与本土法治之路 [J]. 学习与探索（1）：75-80.

陈兵，2016. 简政放权下政府管制改革的法治进路：以实行负面清单模式为突破口 [J]. 法学 (2)：28-41.

陈汉，等，2018.TPP 关于国有企业的规则研究 [J]. 北京化工大学学报（社会科学版）(1)：58-64.

陈林，等，2014. 中国外资准入壁垒的政策效应研究：兼议上海自由贸易区改革的政策红利 [J]. 经济研究 (4)：104-115.

程吉生，2004. 美国外资银行准入监管法律制度研究 [J]. 求索 (4)：19-21.

程吉生，2006. 从 OCC “最终规则”的修订看美国外资银行准入监管的新动向 [J]. 江西社会科学 (1)：147-151.

戴晓芙，2008. 大兼并与日本银行业的竞争新格局 [J]. 现代日本经济 (1)：19-23.

单文华，1998. 外资国民待遇及其实施条件 [J]. 中国社会科学 (5)：16.

单文华，2013. 外资国民待遇与陕西的外资政策研究 [J]. 西安交通大学学报（社会科学版）(3)：81-88.

邓菲，2006.WTO 框架下外资银行市场准入监管的审慎性措施研究 [J]. 华中师范大学学报（人文社会科学版）(5)：12-14.

丁茂中，2015. 我国竞争中立政策的引入及实施[J]. 法学 (9)：107-117.

丁重，等，2009. 制度倾斜、低技术锁定与中国经济增长 [J]. 中国工业经济 (11)：16-24.

东艳，等，2014. 美国区域贸易投资协定框架下的竞争中立原则分析 [J]. 当代亚太 (6)：117-131.

董希淼，等，2018. 银行业对外开放历程与深化 [J]. 中国金融 (7)：18-19.

冯辉，2016. 竞争中立：国企改革、贸易投资新规则与国家间制度竞争 [J]. 环球法律评论 (2)：152-163.

高程，2013. 从规则视角看美国重构国际秩序的战略调整 ［J］. 世界经济与政治 （12）：81-97.

高晋康，等，2007. 外资准入条件下中国商业银行内部风险控制法律制度的构建 ［J］. 法学家 （6）：83-89.

高晋康，等，2005. 论我国银行关联交易监管法律制度之完善：美国《联邦储备法》第 23 条的启示 ［J］. 比较法研究 （4）：64-77.

龚柏华，2013. "法无禁止即可为" 的法理与上海自贸区 "负面清单"模式 ［J］. 东方法学 （6）：137-141.

郭德香，2012. 外资银行准入制度及其立法思考 ［J］. 学习论坛 （9）：77-80.

国红阳，2015. 银行业开放与国家金融安全分析 ［J］. 中国管理信息化 （4）：167.

韩龙，2009. 规制与监管美国金融改革方案对金融法品性的再证明：解读美国金融改革方案之法学理念与基础 ［J］. 河北法学 （11）：13-23.

韩龙，2009. 金融法为何是规制与监管之法？ ［J］. 甘肃政法学院学报 （5）：1-8.

韩龙，等，2010，美国外资并购国家安全审查制度的新发展. ［J］. 时代法学 （10）：93-103.

贺小勇，2004. 论我国外资银行市场准入条件与 WTO 规则的冲突与完善 ［J］. 法学研究 （11）：47-52.

胡加祥，2014. 国际投资准入前国民待遇法律问题探析：兼论上海自贸区负面清单 ［J］. 上海交通大学学报 （哲学社会科学版）（1）：65-73.

江平，等，1993. 市场经济和意思自治 ［J］. 法学研究 （6）：20-25.

金孝柏，2009.GATS 国民待遇与市场准入：一个文献综述 ［J］. 世界贸易组织动态与研究 （10）：21-29.

黎四奇，2001. 欧盟对金融集团内部交易及风险集中的监管 ［J］. 国际金融研究 （11）：17-21.

李昌麒，2008. 论经济法语境中的国家干预 ［J］. 重庆大学学报 （社会科学版）（14）：85-92.

李金泽，2002. 我国外资银行市场准入制度存在的问题与对策［J］. 中国金融研究（9）：43-52.

李科珍，2011. 我国外资准入制度的现状、问题及其重构［J］. 北方法学（1）：153-160.

李仁真，1998. 论欧盟银行法的构架和特征［J］. 武汉大学学报（1）：52-57.

李仁真，等，2012. 论金融机构的"生前遗嘱"制度［J］. 证券市场导报（7）：10-15.

李晓玉，2014. "竞争中立"规则的新发展及对中国的影响［J］. 国家问题研究（2）：129-137.

李永成，2008. 政府干预经济的中国经济法思考［J］. 经济法论坛（1）：113-128.

李有桐，2012. 城市商业银行股权结构研究［J］. 河北金融（3）：12-15.

李宇，2018. 徘徊于自治与管制之间：外国投资法草案评述［J］. 法治研究（3）：10-19.

李志辉，等，2009. 中国银行业三十年改革变迁与未来发展趋势［J］. 现代财经（4）：3-8.

连平，等，2018. 以扩大开放推动我国银行业稳健发展［J］. 银行家（6）：11-13.

廖凡，2012. 金融市场：机构监管？功能监管？［J］. 法商研究（1）：96-103.

凌江红，1996. 论外资银行的市场准入条件与准入壁垒［J］. 上海金融（11）：26-28.

刘笋，2003. 从多边投资协议草案看国际投资多边法制的走向［J］. 比较法研究（2）：26-37.

刘卫东，等，2002. 论国家安全的概念及其特点［J］. 世界地理研究

（2）：1-7.

刘轶，2009. 金融监管模式的新发展及其启示：从规则到原则［J］. 法商研究（2）：152-160.

刘征峰，2018. 负面清单、透明度与法治原则：兼评我国自贸区外资管理的路径改革［J］. 暨南学报（哲学社会科学版）（4）：121-132.

陆岷峰，等，2019. 中国银行业七十年发展足迹回顾及未来趋势研判［J］. 济南大学学报（社会科学版）（4）：5-19.

罗开位，等，2004. 商业银行治理：一个新的解释框架：银行业"契约型"治理的经济学分析［J］. 金融研究（1）：105-116.

吕文洁，2016. 金融服务业负面清单及自贸试验区改革研究［J］. 世界经济研究（9）：110-117.

马其家，等，2016.TPP对中国国有企业监管制度的挑战及中国法律调整：以国际竞争中立立法借鉴为视角［J］. 国际贸易问题（5）：59-70.

马一，等，2016. 日本民营银行监管研究：兼谈对我国民营银行发展的借鉴［J］. 区域金融研究（6）：35-44.

毛竹青，2015. 美国金融安全审查机制［J］. 银行家（11）：93-95.

牛建军，等，2019. 在韩外资银行2018年经营业绩特点分析及启示［J］. 杭州金融研修学院学报（7）：60-65.

欧达婧，2019. 外商投资企业投诉工作机制探究：《外商投资法》26条的适用、局限与完善［J］. 现代管理科学（10）：111-113.

漆丹，2015. 我国银行业竞争推进制度研究［J］. 法学评论（2）：85-91.

漆多俊，2010. 世界金融危机的经济法解读[J]. 经济法论丛（10）：1-14.

钱晓萍，2014. 国际投资条约准入规则研究与中国应对之策［J］. 现代财经（5）：93-104.

沈坤荣，等，2001. 中国银行业开放的理论依据与预期效应研究［J］. 管理世界（5）：101-110.

宋翠玲，2013. 中国银行业开放水平的全面测度［J］. 财经问题研究（10）：62-67.

宋晓燕，2019. 中国外商投资制度改革：从外资"三法"到《外商投资法》［J］. 上海对外经贸大学学报（5）：5-13.

苏同华，2022. 金融开放与我国有效金融安全网建设［J］. 华东师范大学学报（哲学社会科学版）（3）：89-94，127.

隋平，等，2014. 银行风险行为监管研究［J］. 郑州大学学报（哲学社会科学版）（5）：44-48.

孙南申，等，2015. 外国投资国家安全审查制度的立法改进与完善建议：以《外国投资法（征求意见稿）》为视角［J］. 上海财经大学学报（4）：82-92.

汤凌霄，2004. 从限制性到审慎性：我国外资银行准入监管的趋势［J］. 求索（7）：28-29，243.

王贵，2017. 论我国公平竞争审查制度构建的基准与进路［J］. 政治与法律（11）：11-19.

王克稳，2017. 行政审批（许可）权力清单构建中的法律问题［J］. 中国法学（1）：89-108.

王利明，2014. 负面清单管理模式与私法自治［J］. 中国法学（5）：26-40.

王鸾凤，2007. 试析越南的金融改革［J］. 南洋问题研究（2）：8-13.

王鹏飞，美国金融安全审查机制的改革进展及启示［J］. 现代金融（4）：29-30.

王淑敏，2012. 地缘政治视域下的中国海外投资准入国民待遇保护：基于"冰岛拒绝中坤集团投资案"的法律思考［J］. 法商研究（2）：112-120.

王涛，等，2005. 外资准入政策与国家经济安全问题研究文献综述［J］. 上海经济研究（12）：21-30.

王维安，2003. 银行业开放与国家金融安全［J］. 财经研究（12）：25-31，38.

王小琼，等，2008. 美国外资并购国家安全审查立法的新发展及其启示：兼论《中华人民共和国反垄断法》第 31 条的实施 [J]. 法商研究（6）：11-21.

王元龙，等，2005. 加入 WTO 后过渡期：中国银行业的应对 [J]. 国际金融研究（5）：4-9.

魏琼，2013. 简政放权背景下的行政审批改革 [J]. 政治与法律（9）：58-65.

吴庆荣，2006. 法律上国家安全概念探析 [J]. 中国法学（4）：62-68.

项安安，2017. 论我国外资准入审批制度改革的完善 [J]. 中国海洋大学学报（4）：101-106.

肖冰，等，2012.《跨太平洋伙伴关系协议》（TPP）挑战 WTO 现象透视 [J]. 南京大学学报（哲学人文科学社会科学版）（5）：29-37.

肖华荣，等，2006. 外资银行进入对上海银行业的影响研究：基于市场结构的分析和实证 [J]. 金融研究（11）：141-149.

严佳佳，等，2016. 自贸区视角下的外资银行进入适度水平研究 [J]. 宏观质量研究（1）：81-93.

叶颉，等，2019. 我国民资设立民营银行的市场准入难易度实证分析 [J]. 福州大学学报（哲学社会科学版）（3）：73-78，84.

易军，2005. 私人自治与法律行为 [J]. 现代法学（3）：8-17.

易军，2014. "法不禁止皆自由"的私法精义 [J]. 中国社会科学（4）：121-142，207.

余劲松，1997. 论国际投资法的晚近发展 [J]. 法学评论（6）：9.

张铁强，等，2007. 银行业全面开放条件下金融安全问题研究：国际比较与我国实证 [J]. 南方金融（7）：7-12，18.

赵竞竞，2018. 银行业外资"准入前国民待遇"制度比较：以上海自贸区的实践为视角 [J]. 国际经贸探索（2）：69-82.

赵学清，等，2013. 欧美竞争中立政策对我国国有企业影响研究 [J].

河北法学（1）：33-37.

赵玉敏，2012. 国际投资体系中的准入前国民待遇：从日韩投资国民待遇看国际投资规则的发展趋势 [J]. 国际贸易（3）：46-51.

周仲飞，2007. 新外资银行法：完善中的不足 [J]. 华东政法学院学报（2）：113-116.

周仲飞，2009. 资本充足率：一个被神化了的银行法制度 [J]. 法商研究（3）：101-111.

周仲飞，等，2005. 论金融控股公司市场准入的监管 [J]. 上海财经大学学报（4）：58-65.

宗良，等，2018. 新一轮金融对外开放下的中国银行业竞争格局 [J]. 银行家（6）：14-16.

左小蕾，2013. 为民营银行营造公平竞争环境 [J]. 中国金融（19）：32-33.

（三）研究报告及其他

国际货币基金组织货币和资本市场部，2017. 2017 中国金融体系稳定评估 [R].

国际货币基金组织，2017. 基金组织国别报告 [R]. 2017（08）：17/247 号.

国际货币基金组织，2017. 基金组织国别报告 [R]. 2017（08）：17/248 号.

世界银行. 全球营商环境报告 2020 [R].

商务部. 中国外商投资报告 2013 [R].

商务部. 中国外商投资报告 2018 [R].

中国银行国际金融研究所全球银行业研究课题组，2019. 基准利率改革背景下全球银行业的机遇与挑战：中国银行全球银行业展望报告（2019年第四季度）[R]. 中国金融，2019（10）.

中国银行国际金融研究所全球银行业研究课题组，2019. 金融供给侧结构性改革与银行业发展新使命：中国银行全球银行业展望报告（2019年第二季度）［R］．中国金融，2019（4）．

商务部，2019.2018 年度中国对外直接投资统计公报［R］．

二、外文文献

（一）著作类

ALAN S A, SYLVIA O, RAFAEL G, 2002. China and the long march to global trade: The accession of China to the World Trade Organization ［M］. London: Routledge.

BAIRD et al., 2014. Elements of bankruptcy ［M］. New York: Foundation Press.

BARTH J. et al., 2006. Rethinking bank regulation: Till angels govern ［M］. Cambridge: Cambridge University Press.

BLAIR et al., 1995. Ownership and control – rethinking corporate governance for the twenty first century ［M］. WA: the Brookings Institution.

CHRISTOPHER F, TONY W, 2000. Impediments to trade in services: Measurement and Policy implications ［M］. London: Routledge.

CLAUDIA C, ANA L V, 2013. Productivity of foreign banks: Evidence from a financial center ［M］. Greece: Fotios Pasiouras.

DOUGLAS M B, 1993. Corporate governance ［M］. VA: Michie Company.

FRANK H et al., 1998. The economic structure of corporate law ［M］. MA: Harvard University Press.

FRANKLIN G, 2000. Corporation law ［M］. California: West Group.

FREDERIC S, MISHKIN, 2001. Prudential supervision: What works and what doesn't ［M］. Chicago: University of Chicago Press.

GEDDES, 2004. Case studies of anticompetitive SOE behavior, in competing with the government, anticompetitive behaviour and public enterprises ［M］. CA: Hoover Institution Press.

HENRY S et al., 2013. China′s superbank: Debt, oil and influence: How China development bank is rewriting the rules of finance [M]. Singapore: John Wiley & Sons Singapore Pte. Ltd.

JONATHAN R M et al., 2003. Banking law and regulation [M]. CA: Aspen Publisher Inc.

LAWRENCE E M et al., 2006. Corporation finance and governance: Materials and problems for an advance course in corporations [M]. NC: Carolina Academic Press.

MATEJ M et al., 2012. The economics of bank bankruptcy law [M]. Berlin: Springer-Verlag Berlin Heidelberg.

MATHIAS DEWATRIPONT et al., 1994. The prudential regulation of banks [M]. Cambridge MA: MIT Press.

SHELAGH HEFFERNAN, 1996. Modern banking in theory and practice [J]. New York: John Wiley &Sons Ltd.

THOMAS P, 2006. Legal framework for the admission of FDI [M]. NL: Eleven International Publishing.

TOBIAS et al., 2001. Legal aspects of regulatory treatment of banks in distress [M]. WA: International Monetary Fund.

WESTBROOK et al., 2010. A global view of business insolvency systems [M]. WA: World Bank Publications.

WILKINS M., 2004. The history of foreign investment in the United States1914-1945 [M]. Cambridge, MA: Harvard University Press.

WILLIAM A. L et al., 2014. Banking and financial institutions law in a nutshell [M]. MN: West Academic Publishing.

WILLIAM S et al., 2013. Corporate Governance and the Global Financial Crisis: International Perspectives [M]. Cambridge: Cambridge University Press.

ZARING D, 2010. CFIUS as a Congressional Notification Service [M]. Social Science Electronic Publishing.

(二) 研究报告类

ANTONIO C et al., 2011. Competitive Neutrality and State-Owned Enterprises: Challenges and Policy Options [R]. OECD Corporate Governance Working Papers.

BARTH J, CAPRIO G, LEVINE R., 2001. Banking systems around the globe: Do regulations and ownership affect performance and stability [R]. Prudential Supervision: What Works and What Doesn't. University of Chicago Press.

BASEL COMMITTEE ON BANKING SUPERVISION, 2011. Resolution policies and frameworks-progress so far. [R]. Basel Committee.

BASEL COMMITTEE ON BANKING SUPERVISION, 2015. Guidelines for identifying and dealing with weak banks [R]. Basel Committee.

CHRISTIANSEN H, 2013. Balancing commercial and non-commercial priorities of state-owned enterprises [R]. OECD Corporate Governance Working Papers.

CRS REPORT FOR CONGRESS, 2008. Foreign Investment, CFIUS, and homeland security: An overview [R]. Congressional Research Service (CRS) for Congress.

FDIC, 2013. Crisis and response: An FDIC history, 2008-2013 [R]. Federal Deposit Insurance Corporation.

FDIC, 2014. Resolutions handbook [R]. Federal Deposit Insurance Corporation.

IMF, 2017. People's Republic of China financial sector assessment program detailed assessment of observance of basel core principles for effective banking supervision [R]. International Monetary Fund.

IMF, THE WORLD BANK, 2009. An overview of legal, Institutional and regulatory framework for bank insolvency [R]. International Monetary Fund and the World bank.

JOACHIM P, 2018. Investment policies related to national security: A survey of country practices [R]. OECD Working Papers on International Investment.

NCC, 1997. Competitive neutrality reform: Issues implementing clause 3 of the competition principles agreement [R]. National Competition Council Working Papers.

NCC, 2003. Assessment of government progress in implementing the national competition policy and related reforms [R]. National Competition Council Working Papers.

OECD, 2008. The role of state‒owned enterprises in the economy: An initial review of the evidence [R]. OECD Report.

OECD, 2009. Corporate governance and the financial crisis: Key findings and main messages [R]. OECD Report.

OECD, 2009. Policy roundtables, state owned enterprises and the principle of competitive neutrality [R]. OECD Report.

OECD, 2010. Corporate governance and the financial crisis: Conclusions and emerging good practices to enhance implementation of the Principles [R]. OECD Report.

OECD, 2011. Guidelines on corporate governance of state‒owned enterprises [R]. OECD Guidelines.

OECD, 2014. Competitive neutrality: National practices in partner and accession countries [R], OECD Report.

OECD, 2017. Methodology for assessing the implementation of the G20/OECD principles of corporate governance [R]. OECD Methodology Report.

ROSS L, 2004. The corporate governance of banks: A concise discussion of concepts and evidence [R]. World bank policy research working paper: 340 ‒350.

SCHAECK K et al., 2009. Are more competitive banking systems more stable [R]. IMF Working Paper, WP/06/143.

STIJIN CLAESSENS, et al., 1998. How does foreign entry affect the domestic banking market? [R]. World Bank Policy Research Working Paper.

THE WORLD BANK, 2003. Legal, institutional and regulatory framework to deal with weak bank [R]. The World Bank Working Papers.

UNCTAD, 2014. Research partnership platform: competitive neutrality and its application in selected developing countries [R]. UNCTAD Working Papers.

（三）国际准则及各国立法、准则类

Australia, Australian Government Competitive Neutrality Guidelines for Managers. 2004.

Australia, Commonwealth Competitive Neutrality Policy Statement. 1996.

Australia, Foreign Acquisitions and Takeovers Amendment (Government Infrastructure) Regulation 2016.

Australia, Foreign Investment and National Security Act of 2007.

Australia, National Competition Policy. 1993.

Australia, Regulations Pertaining to Mergers, Acquisitions, and Takeovers by Foreign Persons. 1991.

Australia, the Competition and Consumer Act. 2011.

Australia, the Trade Practices Act. 1974.

Australia's Foreign Investment Policy, Attachment A, September 2009.

Basel Committee on Bank Supervision. Core Principles for Effective Banking Supervision. September, 1997.

Basel Committee on Banking Supervision. Corporate governance principles for banks. 2015.

Basel Committee on Banking Supervision. Principle for enhancing corporate governance of Bank. 2010.

Consolidated Version of the Treaty on the Functioning of the EU. 1992.

Directives (EU) 2007/36/EC Shareholder Right Directive.

Directives (EU) 2014/59/EU Bank Recovery and Resolution Directive.

Directives (EU) 2017/828 Shareholder Right Directive.

Financial Stability Board. Key Attributes of Effective Resolution Regimes for Financial Institutions. October, 2011.

Financial Stability Board. Principles on Bail-in Execution. 21 June, 2018.

German Act on Monitoring Financial Stability of 2012.

German Act on the Establishment of a Financial-Market Stabilization Fund of 2008.

German Corporate Governance Code (as amended on 7 February 2017).

OECD. Competitive Neutrality: Maintaining a Level Playing Field Between Public and Private Business. 2012.

OECD. G20/OECD Principles of Corporate Governance. 2015.

Regulation (EU) No. 575/2013 on prudential requirements for credit institutions and investment firms and amending Regulation.

REGULATION (EU) No. 806/2014 establishing uniform rules and a uniform procedure for the resolution of credit institutions and certain investment firms in the framework of a Single Resolution Mechanism and a Single Resolution Fund.

The World Bank. Principles for Effective Insolvency and Creditor Rights Systems (Revised), 2005.

U. K. Banking Act 2009: Special Resolution Regime Code of Practice. March, 2017.

U. K. Banking Act of 2009.

U. K. Financial Services (Banking Reform) Act of 2013.

U. S. Dodd - Frank Wall Street Reform and Consumer Protection Act of 2010.

U. S. Federal Deposit Insurance Act of 1950.

U. S. Federal Deposit Insurance Corporation Improvement Act of 1991.

U. S. Foreign Investment and National Security Act 2007.

U. S. National Defense Authorization Act for Fiscal Year 1993.

U. S. Omnibus Trade and Competitiveness Act of 1988.

Vietnam Competition Authority. 2014.

（四）论文类

ALLEN N B, et al., 1987. Competitive viability in banking: Scale, scope, and product mix economies[J]. Journal of monetary economics, 20(3): 501-520.

ALLEN N B, et al., 2004. Exporting financial institutions management via foreign direct investment mergers and acquisitions [J]. Journal of international money and finance, 23 (3): 333-366.

ANDRA B, PHILIP V, 2017. Corporate investment and bank-dependent borrowers during the recent financial crisis [J]. Journal of banking & finance, 78: 164-180.

ARNOUD W A, 1999. European lessons on consolidation in banking [J]. Journal of banking & finance, 23 (2-4): 609-613.

ARUN T G, 2010. Corporate governance of banks in developing economics: Concepts and issues [J]. Corporate governance: An international review, 12 (3): 371-377.

BABAN H, 2015. US National security and foreign direct investment [J]. Thunderbird international business review, 3: 185-196.

BARTH J, CAPRIO G, LEVINE R, 2004. Bank regulation and supervision: What works best? [J]. Journal of financial intermediation, 2 (1): 1-62.

BESANKO D, KANATAS, G, 1996. The regulation of bank capital: Do capital standards promote bank safety? [J]. Journal of finance intermediation, 5 (2): 160-183.

BRIAULT C, 2002. Revisiting the rationale for a single national financial services regulator [J]. FSA occasional paper, 16: 1-48.

BRUCE E A, 2003. Reconsidering the importance of law in japanese corporate governance: Evidence from the Daiwa bank shareholder derivative case [J].

Cornell International law journal, 36 (11): 1-20.

BUCH C M et al., 1996. Creating efficient banking systems: Theory and evidence from eastern Europe [J]. Journal of comparative economics, 25 (3): 450-453.

CAMPBELL A, HUPKES E, 2011. Special bank resolution and shareholders´ rights: Balancing competing interests [J]. Social science electronic publishing, 17 (3): 277-301.

CAORIO G, HONOHAN P, 2016. Beyond capital ideals: Restoring banking stability [J]. Social science electronic publishing, 10: 1-40.

CHENG BIAN, 2021. Foreign direct investment screening and national security: Reducing regulatory hurdles to investors through induced reciprocity [J]. Journal of world investment & trade, 22 (4): 561-595.

CLAUDIA M B, ALEXANDER L, 2007. FDI versus exports: Evidence from German banks [J]. Journal of banking & finance, 31 (3): 805-826.

CULBERTSON W et al., 1937. Most favored nation treatment [J]. Proceedings of the American society of international law at its annual meeting (1921 -1969), 31.

DANIEL R, FISCHEL, 1982. The "race to the bottom" revised: Reflections on developments in delaware's corporation law [J]. Northwestern university law review, 76.

DAVID M, 1993. New directions in corporate law: Communitarians, contractarians, and the crisis in corporate law [J]. Washington & Lee law review 50.

DAVID M, 2017. Balancing the governance of financial institutions [J]. Seattle U. L. Rev., 40 (2): 743.

DIAMOND D, 1984. Financial intermediation and delegated monitoring [J]. The review of economic studies, 51 (3): 393-414.

ERIC J G, 2013. Shareholder enforced discipline: How much is too much?

[J]. Social science electronic publishing, 40 (2): 165-176.

EVA H, 2009. Special bank resolution and shareholders' rights - Balancing competing interests [J]. Journal of financial regulation and compliance, 17 (3): 277-301.

GOODSPEED T B, 2017. Liability insurance, extended liability, branching, and financial stability [J]. The cato journal, 39: 324.

HAELIM A et al., 2018. Reducing moral hazard at the expense of market discipline: The effectiveness of double liability before and during the great depression [J], International political economy: Investment & finance e-journal.

HARA O, 2001. Insider trading in financial markets: legality, ethics, efficiency [J]. International journal of social economics, 28 (10/11/12): 1046-1063.

HARDY C O, 1932. Credit policies of the Federal Reserve System [J]. Publication, 37 (49): 621-623.

HUTCHISON M, Mcdill K M, 1998. Determinants, costs, and duration of banking sector distress: The Japanese experience in international comparison [J]. Banking & financial institutions e-journal, 10: 21-39.

ISABEL M et al., 2017. Board of directors and CSR in banking: The moderating role of bank regulation and investor protection strength [J]. Australian accounting review, 28 (3): 428-445.

JOEL F H, CHEN L, YUE M, 2012. Regulatory arbitrage and international bank flows [J]. The journal of finance, 67 (5): 1845-1895.

JOHN O. C, 1980. Federal reserve board control over bank holding companies: Board of governors of the federal reserve system v. first lincolnwood corp [J]. Boston college law review, 21: 1-40.

JONATHAN C S, 2007. Note, scrutinizing foreign investment: How much congressional involvement is too much? [J]. IOWA L review, 93: 325-342.

JONATHAN R, MAUREEN O, 2003. The corporate governance of banks

[J]. FRBNY economics policy review, 9: 1-40.

JOSEPH J N, CHRISTOPHER DO, 1997. The ongoing process of international bank regulatory and supervisory convergence: A new regulatory-market " partnership" [J]. Ann. Rev. banking L., 116: 19-37.

JOSHUA W C, 2007. China's latest threat to the United States: The failed CNOOC - Unocal merger and its implications for the Exon-Florio and CFIUS [J]. Int'1 & Comp. L. Rev., 17 (1): 21-67.

KERN A, 2009. Bank resolution regimes: Balancing prudential regulation and shareholder rights [J]. J. Corp. L. Stud. 61 (9): 1-40.

KOUTSOMANOLI F A. et al., 2009. Efficiency and productivity growth in the banking industry of Central and Eastern Europe [J]. Journal of banking & finance, 33 (3): 557-567.

LEVY Y. et al., 2007. Concentration and foreign penetration in Latin American banking sectors: Impact on competition and risk [J]. Journal of banking and finance, 31 (6): 1633-1647.

LUCA E et al., 2015. Quack corporate governance, round III: Bank board regulation under the new European capital requirement directive [J]. Theoretical Inq. L., 16: 211.

MADHABENDRA S, et al., 2019. Impacts of FDI and remittance inflows in developing Asia: A comparative dynamic panel study [J]. The economic society of Australia, 38 (4): 311-328.

MALCOLM D K, 2018. The G20′s reform of bank regulation and the changing structure of the global financial system [J]. Global policy, 9 (S1): 21-33.

MANTHOS D, et al., 2021. Economic condition and financial cognition [J]. Journal of banking & finance, 2 (1): 1-23.

MARTTI V et al., 2009. Competitive neutrality and distortion of competition: A conceptual view [J]. World competition, 5 (2): 1-32.

MATT F, 2013. Whose China model is it anyway? The contentious search for consensus〔J〕. Review of international political economy, 20（2）: 1-3.

MIRELA V. HRISTOVA, 2012. Dodd-Frank's corporate governance reform〔J〕. Review of banking & financial law, 30: 516-527.

MISBACK A E, 2018. Orders issued under bank merger act〔J〕. Federal reserve bulletin, 104（2）: 23-65.

MULLINEUX A 2006. The corporate governance of banks〔J〕. Journal of financial regulation & compliance, 47（4）: 375-382.

OLIVER E W, The economic of governance: Framework and implications〔J〕. Journal of institutional and theoretical economics, 140.

OLUBUNMI F, KARTHIK K, 2017. Risky lending: Does bank corporate governance matter?〔J〕. Journal of banking & finance, 83: 57-69.

P. G, 1995. The market for shares of companies with unlimited liability: The case of American express〔J〕 Journal of legal studies, 24: 60-63.

PALITHA K et al., 2019. FDI and heterogeneity in bank efficiency: Evidence from emerging markets〔J〕. Research in international business and finance, 49: 100-113.

PEEK, et al., 2000. Implications of the globalization of the banking sector: The Latin American experience〔J〕. New england economic review, 1: 116-165.

PETER O M, 2009. Corporate governance of banks〔J〕. European business organization law review, 10（3）: 411-436.

RAMON T, 2012. The legal toolbox for regional integration: A legal analysis from an interdisciplinary perspective〔J〕. ELSNIT conference paper, 27: 1-9.

RODOLF A, HAMID M, 2013. How to design trade agreements in services: Top down or bottom up?〔J〕. Working paper of WTO ERSD: 8-32.

ROSHANTHI DIAS, 2021. Capital regulation and bank risk-taking- new global evidance〔J〕. Accounting & finance, 61: 847-884.

SAIBAL G, 2012. Foreign banks in india: liabilities or assets? [J]. The e-conomic society of Australia, 31 (2): 225-243.

SAULE T O, 2017. Bank governance and systemic stability: The golden share approach [J], Ala. law review, 27: 1029-1034.

SAUNDERS A et al., 2004. Banking sector and restructuring in Eastern Europe [J]. Journal of banking & finance, 17 (5): 931-957.

SHULL et al., 1971. The bank merger act of 1960: A decade after [J]. Antitrust bulletin, 16 (4): 59-71.

SINGLA H K, 2008. Financial performance of banks in India [J]. Iup journal of bank management, 7 (1): 50-62.

STIJN C, NEELTJE V H, 2014. Foreign banks: Trends and impact [J]. Journal of money credit and banking, 46 (s1): 295-326.

TAMAR F, 2016. A Story of three bank - regulatory legal systems: Contract, financial management regulation, and fiduciary law [J]. University of bologna law review, 1 (1): 91.

TANG V N et al., 2016. Competitive neutrality: Challenges of application for vietnam [J]. Social science electronic publishing, 1 (2): 40.

VAUPLANE H D, 2009. Procedural aspects of the bail-in mechanism: Conflict between public and private interests, in butterworths journal of international banking and financial law [J]. Physical status solidi (RRL) - Rapid Research Letters, 7 (11): 1009-1013.

Wells C A H, 2002. Cycles of corporate social responsibility: An historical retrospective for the twenty-first century [J]. Kansas law review, 51: 77-140.

WILLIAM H S, 2010. Optimization and its discontents in regulatory design: Bank regulation as an example [J]. Regulation and governance, 4 (1): 3-21.

YILDIRIM H S, et al., 2007. Restructuring, consolidation and competition in Latin American banking markets [J]. Journal of banking & finance, 31 (3): 629-639.

ZHEN Z. et al., 2014. The thinking of " negative list" management mode implemented by administrative approval system [J]. Canadian social science, 4: 39-68.